중국문화의 모든 것

이것이 중국이다

저자

徐枫 · 杨建军(主编)

莫旭强 · 邓炯 · 余珊(编著)

池圣女(译)

序

我们在观察周围的事物时，对不同事物之间的区别、对"相异性"会尤其注意。数个世纪以来，欧洲人就开始把他们对中国的观察带回西方，着眼于吸引他们的那些"意味深长且不乏稀奇"的现象。令他们感到无比惊讶的一定是这一极为多元的"大洲"、丰富灿烂的文明、优美的古典诗歌；挑动他们好奇心的一定是饭桌上喝酒的规矩，一定是官式宴请的时间（18点的晚宴对不少欧洲民族来说实在是太早了！），一定是那些关乎"脸面"的问题，一定是中国公园的晨练或广场舞，一定是无处不在的汉字书写艺术，一定是人际关系的复杂战略，一定是用手指比画出的数字6或者8……

今天这个世界，人际交往的密切程度前所未有，同一星球上的人们增进相互之间的理解十分必要，而能否找到那些区别于他人的"看似微不足道"的微妙之处，才是实现这种"理解"的关键。

"没有知识的旅行者是一只没有翅膀的鸟。""从未出国旅行的人，会充满偏见。"这样的名言反映了旅行的价值。要了解另一种文化，应该有一个经验丰富的导游，《这就是中国：中国日常文化》能扮演好这一角色。这本书能帮助我们熟悉中国普通百姓的生活习惯，接触到中国诸多的物质和非物质文化遗产。只有通过书中这些具体的表现形式才能真正地了解中国文化的独特性。从人际交往到就业和收入，从民间习俗到信仰和传统象征物，从家庭、饮食到中医、戏曲和诗词，《这就是中国：中国日常文化》是我们认识中国社会的窗口，让我们打开看吧！

白乐桑

法国国立东方语言文化学院博士生导师
法国教育部汉语荣誉总督学

서

우리는 주위의 사물을 관찰할 때 각기 다른 사물 간의 다른 점, 즉 '상이성'에 대해 각별한 주의를 기울인다. 앞선 수세기 동안 유럽인들은 그들이 중국에 대해 관찰한 결과물을 서방 세계로 가져갔다. 그들을 매료시켰던 '깊은 의미를 지닌 희귀한' 현상들에 주목한 것이다. 그들로 하여금 경탄해 마지 않게 하는 것은 극히 다원화된 '대륙'의 풍부하고 찬란한 문명, 우아하고 아름다운 고대 시가, 그들의 호기심을 흔들어 놓은 식탁 위의 음주문화, 관가의 저녁 만찬 시간(18시의 저녁 만찬은 유럽인들에게 있어 너무 이른 시간임), 또 어디에나 존재하는 '체면'에 관한 문제, 중국 도처의 공원에서 이루어지는 새벽 단련 혹은 광장무, 어느 곳에서나 볼 수 있는 한자와 서예 예술, 사람 관계의 복잡 미묘한 처세술, 손 동작으로 그려내는 숫자 6 혹은 8……

오늘날 세계는 인간관계가 더욱 다양하고 복잡해서 같은 지구상의 사람들 사이의 상호 이해와 교류가 더욱 절실해졌다. 타인과는 다른 '보기에 사소하고 아무것도 아닌' 미묘한 차이점을 찾는 것이 서로의 '이해'를 실현할 수 있는 관건이 될 수 있다.

'지식이 없는 여행자는 날개가 없는 새와 같다', '나라 밖을 여행해 보지 않은 사람은 편견을 가질 수밖에 없다'는 명언들은 여행의 가치가 얼마나 소중한지를 잘 나타내고 있다. 다른 문화를 이해하려면 경험이 풍부한 가이드가 필요한 것처럼 『중국문화의 모든 것 **이 것이 중국이다**』는 이러한 역할을 훌륭하게 수행해 낼 것이다. 이 책은 우리가 중국 보통 사람들의 일상과 생활습관을 이해하고 중국의 수많은 유무형 문화유산을 공부하는 데 길잡이 역할을 해 줄 것이고, 책 내용의 구체적인 표현 방식을 통해 우리는 진정한 중국문화의 독창성을 이해할 수 있을 것이다. 사람 사이의 관계에서 직업과 수입까지, 민간 풍속에서 신앙과 전통 상징물까지, 가정과 음식에서 중국의 전통 의술, 희곡과 시가에 이르기까지 『중국문화의 모든 것 **이것이 중국이다**』는 우리가 중국 사회를 이해할 수 있는 창구가 될 것이다. 자! 그럼 이제 첫 페이지를 열어 보자!

백낙상

프랑스 국립동방언어문화학원 박사생 지도교수
프랑스 교육부 한어 명예 총독학

目录 목차

01 概览 ⸻⸻⸻ 007
개황

02 家庭 ⸻⸻⸻ 025
가정

03 服饰 ⸻⸻⸻ 035
복식

04 饮食 ⸻⸻⸻ 041
음식

05 居住 ⸻⸻⸻ 057
주거

06 交通 ⸻⸻⸻ 065
교통

07 通信 ⸻⸻⸻ 075
통신

08 收入 ⸻⸻⸻ 081
수입

09 教育 ⸻⸻⸻ 089
교육

10 就业 ⸻⸻⸻ 099
취업

11 历法与节日 ⸻⸻⸻ 107
역법과 명절

12 人际交往 ⸻⸻⸻ 119
사교 활동

13 文化与休闲 ⸻⸻⸻ 127
문화와 여가

14 卫生与健康 ⸻⸻⸻ 139
위생과 건강

15 信仰与价值观 ⸻⸻⸻ 145
신앙과 가치관

16 民间习俗 ⸻⸻⸻ 157
민간 풍속

17 民间禁忌 ⸻⸻⸻ 171
민간 금기

18 传统象征物 ⸻⸻⸻ 179
전통 상징물

19 中医、气功与武术 ⸻⸻⸻ 191
중의(中醫), 기공과 무술

20 戏曲与乐器 ⸻⸻⸻ 201
희곡과 악기

21 绘画与书法 ⸻⸻⸻ 211
회화와 서예

22 诗词与小说 ⸻⸻⸻ 219
시사(詩詞)와 소설

23 工艺品 ⸻⸻⸻ 233
공예품

24 名城与古迹 ⸻⸻⸻ 247
유명 도시와 명승고적

일러두기

1. 본문의 어휘 설명 및 참고 문헌은 본문 바로 밑에 주석을 달았다. 중국어 새 단어도 페이지 하단에 정리했다.

2. 중국어 원문은 간체자를 사용했고, 한국어 옆에 쓰인 한자는 번체자로 표기하고 괄호는 치지 않았다.
   예 汉语 – 한어 漢語

3. 본문에 사용된 중국 인명과 지명 등의 고유명사 발음 표기는 문화체육부가 고시한 「교육부 한글 외래어 표기법-중국어 표기」를 따랐다.
   예 dong – 둥 ｜ que – 췌 ｜ zhuang – 좡

4. 중국 인명은 1911년 신해혁명을 기준으로 삼아 그 이전은 한자 독음으로, 그 이후는 중국어 발음으로 표기했다.
   예 屈原 – 굴원 ｜ 毛泽东 – 마오쩌둥

5. 중국 지명은 중국어 발음으로 표기했다. 단, 현재 우리가 익숙하게 사용하고 있는 일부 고유명사와 중국어 발음으로는 설명이 어려운 지명은 예외적으로 한자 독음으로 표기했다.
   예 长江 – 창장 ｜ 香港 – 홍콩 ｜ 兵马俑 – 병마용

6. 외국 지명은 이해를 돕기 위해 영어 발음을 기준으로 표기했다.
   예 俄罗斯 – 러시아 ｜ 加拿大 – 캐나다

01

概览 개황

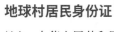

地球村居民身份证

姓名　中华人民共和国(中国)

人口　13.83亿(截至2016年底)

陆地面积　约960万平方千米

位置　亚洲东部、太平洋西岸

首都　北京

经济中心　上海

民族　56个民族

最高的山脉　喜马拉雅山脉

最长的河流　长江(全长6,397千米)

지구촌 주민 신분증

이름　중화인민공화국(중국)

인구　13.83억(2016년 말까지)

육지 면적　약 960만 제곱킬로미터

위치　아시아 대륙 동부, 태평양 서안에 위치

수도　베이징

경제금융중심　상하이

민족　56개 민족

최고 산맥　히말라야 산맥

최대 하천　창장(전체 길이는 6,397킬로미터)

简史

中国是世界四大文明古国[1]之一，已经有约5,000年的文明历史。自第一个朝代夏朝（约公元前2070年—公元前1600年）建立，至今已有约4,100年。中国社会发展经历了原始社会、奴隶社会、封建社会、半殖民地半封建社会等几个历史阶段，1949年10月1日，中华人民共和国成立。

---

1 四大文明古国，或称四大古文明，是流行于汉语文化圈的一个概念，一般指古埃及、古巴比伦（一说为美索不达米亚，今伊拉克）、古印度及中国这四个人类文明最早诞生的地区。

注 脚注只在中文加注，以下不再说明。

약사

중국은 세계 4대 고대 문명국[1] 중 하나로 5,000여 년의 역사를 가지고 있다. 첫 번째 왕조인 하왕조(약 기원전 2070년~기원전 1600년)를 기점으로 지금까지 4,100년의 역사를 가지고 있다. 중국의 사회 발전은 원시사회, 노예사회, 봉건사회, 반식민지반봉건사회 등 역사적 단계를 거쳤고, 1949년 10월 1일에 중화인민공화국이 수립되었다.

---

1 4대 문명 고국 또는 4대 고대 문명은 한자문화권 내에서 사용하는 개념이다. 일반적으로 고대 이집트, 고대 바빌론(일명 메소포타미아, 지금의 이라크), 고대 인도와 중국을 가리키는 것으로, 인류 문명이 제일 먼저 탄생한 지역을 이른다.

주 각주는 중국어에서만 주석을 단다. 이하 같음.

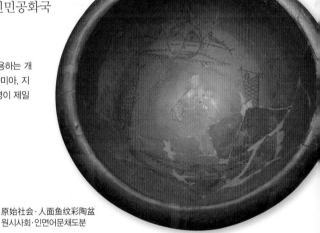

原始社会·人面鱼纹彩陶盆
원시사회·인면어문채도분

새 단어

位置 wèizhì 명위치 ｜ 民族 mínzú 명민족 ｜ 山脉 shānmài 명산맥 ｜ 河流 héliú 명하류 ｜ 简史 jiǎnshǐ 명약사, 간사 ｜ 朝代 cháodài 명왕조의 연대 ｜ 原始 yuánshǐ 형원시의 ｜ 奴隶 núlì 명노예

人潮涌动的街道 인파가 넘치는 거리

人口

中国是世界上人口最多的国家。据统计，2016年底，中国总人口为13.83亿。[2]

中国人口分布很不均匀，东部沿海地区人口密集，西部高原地区人口稀少。江苏、山东、台湾等省人口密度高于500人/平方千米，而内蒙古、新疆、青海、西藏等省区人口密度不到50人/平方千米。

---

[2] 中华人民共和国国家统计局，《中国统计摘要2017》，中国统计出版社，2017年，第16页。

인구

중국은 세계에서 인구가 가장 많은 나라이다. 통계에 따르면 2016년 말 중국의 총 인구는 13.83억 명이다.[2]

중국의 인구 분포는 지역적으로 매우 불균형해서, 동부 연해 지역은 인구 밀도가 높고 서부 고원 지역은 인구 밀도가 낮다. 장쑤, 산둥, 타이완 등의 인구 밀도는 1제곱킬로미터당 500명이 넘고, 네이멍구, 신장, 칭하이, 티베트 등의 인구 밀도는 1제곱킬로미터당 50명이 채 안 된다.

---

[2] 중화인민공화국국가통계국(中華人民共和國國家統計局)에서 편집하고 중국통계출판사(中國統計出版社)에서 2017년에 출판한 『중국통계적요2017(中國統計摘要2017)』 16페이지를 참조함.

面积

　　中国的陆地面积约960万平方千米，居世界第三位，仅次于俄罗斯和加拿大。中国最北端在漠河以北的黑龙江主航道的中心线上，最南端是南沙群岛的曾母暗沙，两处相隔约5,500千米；中国的最东端在黑龙江与乌苏里江主航道中心线的交汇处，最西端在帕米尔高原上，两处相隔约5,200千米。

면적

　　중국의 육지 면적은 약 960만 제곱킬로미터로, 러시아와 캐나다에 이어 세계에서 세 번째로 크다. 중국 영토의 최북단은 모허漢河 북쪽을 흐르는 헤이룽장黑龍江 주항로主航路의 중심선이며, 최남단은 난사군도南沙群島의 쩡무曾母암사로, 남북의 길이는 약 5,500킬로미터이다. 중국 영토의 최동단 지점은 헤이룽장과 우쑤리烏蘇里강 주항로 중심선이 합쳐지는 지점이고, 최서단 지점은 파미르帕米爾고원 위로, 동서의 길이는 약 5,200킬로미터이다.

世界地图 세계 지도

새 단어

统计 tǒngjì 圖통계 | 分布 fēnbù 圖분포 | 均匀 jūnyún 圖균등하다, 고르다 | 沿海地区 yánhǎi dìqū 圖연해 지역 | 密集 mìjí 圖밀집하다 | 稀少 xīshǎo 圖희소하다, 드물다 | 密度 mìdù 圖밀도 | 俄罗斯 Éluósī 圖러시아 | 加拿大 Jiānádà 圖캐나다 | 端 duān 圖끝 | 航道 hángdào 圖항로 | 群岛 qúndǎo 圖군도 | 交汇 jiāohuì 圖합류하다

帕米尔高原 파미르 고원

民族与宗教

    中国是一个多民族国家，共有56个民族。少数民族中人口超过100万人的有壮族、回族、维吾尔族、彝族、苗族、满族、蒙古族、藏族、土家族、布依族、朝鲜族等。

    中国实行宗教信仰自由政策。部分居民信奉佛教、道教、伊斯兰教、天主教、基督教（新教）等宗教。

白族 바이족

藏族 짱족

纳西族 나시족

새 단어

信仰 xìnyǎng 圏신앙 | 信奉 xìnfèng 圏(종교 따위를) 신봉하다 | 佛教 Fójiào 圏불교 | 道教 Dàojiào 圏도교 | 伊斯兰教 Yīsīlánjiào 圏이슬람교 | 天主教 Tiānzhǔjiào 圏천주교 | 基督教 Jīdūjiào 圏기독교

민족과 종교

    중국은 56개 민족으로 구성된 다민족 국가이다. 인구 100만 명 이상의 소수민족으로는 쫭壯족, 후이回족, 위구르維吾爾족, 이彝족, 먀오苗족, 만滿족, 멍구蒙古족, 짱藏족(티베트족), 투자土家족, 부이布依족, 차오셴朝鮮족 등이 있다.

    중국은 종교 신앙의 자유 정책을 실시하고 있다. 일부 국민들은 불교, 도교, 이슬람교, 천주교, 기독교(신교) 등 다양한 종교를 믿는다.

独龙族 두룽족

苗族 먀오족

拉祜族 라후족

简体汉字 간체한자

语言与文字

汉语是汉民族的语言，现代汉民族共同语——普通话是中国通用及官方语言；简体汉字是中国通用及官方文字。

由于历史与地理条件的影响，汉语中形成了多种方言。方言具有地域性，不同方言的区别主要在于发音，词汇和语法也有少量不同，但书面语是统一的。现代汉语方言大致分为七种：北方方言、吴方言、湘方言、赣方言、客家方言、闽方言和粤方言。

언어와 문자

한어漢語는 한족의 언어이고, 현대 한족의 공용어이다. 푸퉁화普通話는 중국에서 통용되는 언어이자 공식 언어이고, 간체자는 중국에서 통용되는 문자이자 공식 문자이다.

역사와 지리적 조건의 영향으로 한어에는 여러 가지 방언이 형성되었다. 방언은 지역성을 띠고 있는데, 지역에 따른 방언의 구별은 발음, 어휘와 어법에서 그 차이를 찾아 볼 수 있지만 문어체(글말)는 통일성을 유지하고 있다. 현대 한어 방언은 크게 북방방언, 오吳방언, 상湘방언, 감贛방언, 객가客家방언, 민閩방언과 월粤방언 등 7개로 나눌 수 있다.

行政区划

中国有34个省级行政区，包括23个省、5个自治区、4个直辖市以及2个特别行政区。

행정구역

중국은 23개 성, 5개 자치구, 4개 직할시, 2개 특별행정구역을 포함하여 모두 34개 행정구역으로 나뉘어 있다.

中国地图 중국 지도

새 단어

普通话 pǔtōnghuà 몡 푸퉁화 [현대 중국어의 표준어] | 通用 tōngyòng 됭 통용하다 | 官方 guānfāng 몡 정부 당국, 공식 | 简体 jiǎntǐ 몡 간체자, 약자 | 方言 fāngyán 몡 방언 | 地域 dìyù 몡 지역 | 书面语 shūmiànyǔ 몡 서면어, 글말 | 统一 tǒngyī 됭 일치하다, 통일되다 | 行政区 xíngzhèngqū 몡 행정구, 자치구 | 直辖市 zhíxiáshì 몡 직할시

中国省级行政区划简表 중국 성급 행정구역 명칭표

行政区划 행정구역	全称 명칭	简称 약칭	省会或首府所在地 중심도시 소재지
直辖市 직할시	北京市 베이징시	京 징	
	天津市 톈진시	津 진	
	上海市 상하이시	沪 후	
	重庆市 충칭시	渝 위	
省 성	河北省 허베이성	冀 지	石家庄 스자좡
	山西省 산시성	晋 진	太原 타이위안
	辽宁省 랴오닝성	辽 랴오	沈阳 선양
	吉林省 지린성	吉 지	长春 창춘
	黑龙江省 헤이룽장성	黑 헤이	哈尔滨 하얼빈
	江苏省 장쑤성	苏 쑤	南京 난징
	浙江省 저장성	浙 저	杭州 항저우
	安徽省 안후이성	皖 완	合肥 허페이
	福建省 푸젠성	闽 민	福州 푸저우
	江西省 장시성	赣 간	南昌 난창
	山东省 산둥성	鲁 루	济南 지난
	河南省 허난성	豫 위	郑州 정저우
	湖北省 후베이성	鄂 어	武汉 우한

行政区划 행정 구역	全称 명칭	简称 약칭	省会或首府所在地 중심도시 소재지
省 성	湖南省 후난성	湘 샹	长沙 창사
	广东省 광둥성	粤 위에	广州 광저우
	海南省 하이난성	琼 충	海口 하이커우
	四川省 쓰촨성	川/蜀 촨/수	成都 청두
	贵州省 구이저우성	贵/黔 구이/첸	贵阳 구이양
	云南省 윈난성	云/滇 윈/뎬	昆明 쿤밍
	陕西省 산시성	陕/秦 산/친	西安 시안
	甘肃省 간쑤성	甘/陇 간/룽	兰州 란저우
	青海省 칭하이성	青 칭	西宁 시닝
	台湾省[3] 타이완성	台 타이	台北 타이베이
自治区 자치구	内蒙古自治区 네이멍구 자치구	内蒙古 네이멍구	呼和浩特 후허호트
	广西壮族自治区 광시 좡족 자치구	桂 구이	南宁 난닝
	西藏自治区 티베트 자치구	藏 짱	拉萨 라싸
	宁夏回族自治区 닝샤 후이족 자치구	宁 닝	银川 인촨
	新疆维吾尔自治区 신장 위구르 자치구	新 신	乌鲁木齐 우루무치
特别行政区 특별행정구	香港特别行政区 홍콩 특별행정구	港 강	
	澳门特别行政区 마카오 특별행정구	澳 아오	

---

3 편집자 주: 중국은 '하나의 중국' 원칙에 입각하여 타이완을 23개 성 가운데 하나로 칭하고 있다. 이 책에서는 중국의 원칙에 따라 타이완을 '성'으로 간주한다.

广西·龙脊梯田 광시·용척제전

地形

中国的地形地貌类型复杂多样，有平原和丘陵，也有高原和盆地。中国的地势西高东低，从西到东呈三级阶梯下降。最高处为青藏高原，平均海拔4,000米以上，被人们称为"世界屋脊"。喜马拉雅山脉主峰珠穆朗玛峰，海拔8,844.43米，是世界第一高峰。[4]

---

4 2005年中国国家测绘局测量的岩面高为8,844.43米，尼泊尔则使用传统的雪盖高8,848米，2010年起两国官方互相承认对方的测量数据。

지형

중국의 지형은 복잡하고 다양해서 평원과 구릉, 고원과 분지가 함께 있다. 전체적인 지형은 서고동저 형태를 띠고 있으며 서쪽으로부터 동쪽으로 3단계로 나뉘며 점차 낮아지는 형세이다. 가장 높은 지역은 칭짱青藏고원인데, 평균 해발 4,000미터 이상으로 '세계의 지붕'으로 불린다. 히말라야산맥의 주봉인 초모룽마봉(에베레스트산)은 해발 8,844.43미터로, 세계 최고봉이다.[4]

---

4 2005년 중국국가측량국(中國國家測绘局)에서 측량한 암석 높이는 8,844.43미터이고, 네팔에서 전통적인 방법으로 측량한 높이는 쌓여 있는 눈을 포함하여 8,848미터이다. 2010년부터 양국은 서로 상대방의 측량 수치를 인정하기로 했다.

气候

　　中国大部分地区处于温带和亚热带。南部部分地区处于热带，北部则靠近寒带。青藏高原属于高原山地气候。

　　根据水分条件的不同，中国从东南到西北可划分为湿润、半湿润、半干旱、干旱四类地区。中国各地年平均降水量差异很大，降水量从东南到西北逐渐减少。东南沿海年降水量可达1,500毫米以上，而西北内陆多在200毫米以下。

기후

　　중국의 대부분 지역은 온대와 아열대에 속한다. 남부 일부 지역은 열대, 북부 일부는 한대에 속하며, 칭짱고원은 고원산지 기후에 속한다.

　　강수량에 따라 동남부 지역으로부터 서북부 지역까지 습윤, 반습윤, 반건조, 건조의 4개 지역으로 나뉜다. 중국 각 지역의 연평균 강수량은 큰 차이를 보이는데, 동남부 지역에서 서북부 지역으로 이동하면서 점차 줄어든다. 동남부 연해 지방 강수량은 1,500밀리미터 이상에 이르지만 서북부 내륙 지방은 200밀리미터를 넘지 못한다.

新疆·塔克拉玛干沙漠 신장·타클라마칸사막

새 단어

地形 dìxíng 圐 지형 ｜ 平原 píngyuán 圐 평원 ｜ 丘陵 qiūlíng 圐 구릉, 언덕 ｜ 盆地 péndì 圐 분지 ｜ 地势 dìshì 圐 지세, 땅의 형세 ｜ 海拔 hǎibá 圐 해발 ｜ 屋脊 wūjǐ 圐 용마루, 지붕 ｜ 温带 wēndài 圐 온대 ｜ 亚热带 yàrèdài 圐 아열대 ｜ 靠近 kàojìn 閺 가깝다 ｜ 寒带 hándài 圐 한대 ｜ 属于 shǔyú ~에 속하다 ｜ 湿润 shīrùn 閺 축축하다, 습윤하다 ｜ 干旱 gānhàn 閺 가물다 ｜ 降水量 jiàngshuǐliàng 圐 강수량 ｜ 差异 chāyì 圐 차이 ｜ 毫米 háomǐ 圐 밀리미터(mm)

长江 창장

河流、湖泊和海洋

中国河流众多，有很多大江大河。中国最长的河流是长江，全长6,397千米，是世界第三长河。黄河是中国第二长河，全长约5,464千米。黄河流域是中国古代文明的重要发祥地，是中华民族的摇篮，黄河因此被称为"母亲河"。著名的京杭大运河，全长1,797千米，是世界上里程最长、工程最大的古代运河。

中国还有很多湖泊。鄱阳湖是中国最大的淡水湖，平水位时面积约3,150平方千米。青海湖是中国最大的咸水湖，面积约4,435平方千米。

中国的近海由北向南依次为渤海、黄海、东海和南海，其中渤海为中国内海。

하천, 호수, 해양

중국은 하천과 길고 큰 강이 많은 나라이다. 중국에서 가장 긴 강은 창장이다. 총 길이는 6,397킬로미터로 세계에서 세 번째로 긴 강이다. 황허는 중국에서 두 번째로 긴 강이며 총 길이는 5,464킬로미터에 달한다. 황허 유역은 중국 고대 문명의 중요한 발상지로 중화민족의 요람이다. 그래서 황허는 '어머니의 강'이라 불린다. 유명한 징항京杭 대운하는 전체 길이가 1,797킬로미터로, 길이와 공사 규모가 세계에서 가장 큰 고대 운하이다.

중국에는 크고 작은 호수도 많다. 포양鄱陽호는 평균 수위일 때 호수 면적이 약 3,150제곱킬로미터로, 중국에서 가장 큰 담수호이다. 칭하이青海호는 중국에서 가장 큰 함수호(소금이 함유된 호수)로, 면적은 약 4,435제곱킬로미터이다.

중국과 인접한 바다는 북쪽에서 남쪽 순으로 보하이勃海, 황하이黃海, 둥하이東海, 난하이南海를 들 수 있는데, 그중 보하이는 중국의 내해이다.

🔲 이거 아세요?

中华人民共和国的国旗是五星红旗，旗面为长方形，其长与宽之比为3∶2，上面的五颗五角星及其相互关系象征中国共产党领导下的各族人民大团结。

五星红旗 오성홍기

중화인민공화국의 국기는 오성홍기五星紅旗이고 국기의 모양은 장방형으로 길이와 너비 비율은 3:2이다. 상단의 다섯 개 별은 중국공산당 영도 아래 여러 민족의 단결을 상징한다.

새 단어

流域 liúyù 圐 유역 │ 发祥地 fāxiángdì 圐 발상지 │ 摇篮 yáolán 圐 요람 │ 里程 lǐchéng 圐 이정, 노정 │ 运河 yùnhé 圐 운하 │ 湖泊 húpō 圐 호수 │ 淡水 dànshuǐ 圙 담수, 민물 │ 咸水 xiánshuǐ 圐 함수, 소금물 │ 依次 yīcì 圐 순서에 따르다

"中国"一名的含义

在中国古代，"国"字的含义是"邦"，"中国"就是"中央之邦"。历史上也以"中华""华夏"来指称中国。"中国"是"中华人民共和国"的简称。

'중국'이라는 의미

고대 중국에서 '국國'은 '나라'라는 의미로, '중국'은 '중앙에 있는 나라'라는 의미였다. 역사적으로도 '중화中華', '화하華夏'라는 이름이 중국을 뜻하기도 했다. '중국'은 '중화인민공화국'의 약칭이다.

一国两制

一个国家，两种社会制度，是邓小平为实现中国统一的目标而提出的方针。最早是为处理台湾问题而提出，后来应用于香港、澳门。

일국양제

일국양제는 하나의 국가, 두 개의 사회제도라는 의미로, 덩샤오핑이 중국의 통일을 실현시키기 위한 목표로 제시한 방침이다. 처음에는 타이완 문제 해결을 위해 제시됐으나 후에 홍콩과 마카오에 적용되었다.

特别行政区

现在中国有两个特别行政区，即香港特别行政区和澳门特别行政区，分别成立于1997年7月1日和1999年12月20日。

특별행정구

현재 중국에는 2개의 특별행정구가 있는데, 홍콩 특별행정구와 마카오 특별행정구이다. 이는 각각 1997년 7월 1일과 1999년 12월 20일에 수립되었다.

澳门 마카오

02

家庭 가정

家庭

中国人非常注重家庭和血缘关系。中国古代有"父母在，不远游，游必有方"的说法。如今，离开家乡和父母到外地工作的人越来越多，但逢年过节，他们总希望回到家乡，回到父母身边。所以，春节和"十一"国庆长假期间，是中国交通最繁忙的时候。

가정

중국인은 가정과 혈연관계를 매우 중시한다. 중국에는 '부모님이 계시면 멀리 떠나지 않고, 떠날 때에는 가는 방향이 있어야 한다'는 속담이 옛날부터 전해 내려오고 있다. 요즘은 고향과 부모를 떠나 타지에 취직하는 사람들이 점점 늘어나고 있지만, 설이나 명절이면 모두 고향과 부모님 곁으로 돌아가기를 바란다. 그래서 춘절과 '10·1' 국경일 연휴 기간은 중국의 교통이 가장 혼잡한 시기이다.

中国人的姓名

中国人的姓名，姓在前面，名在后面。

中国人的姓有单姓和复姓两种，常见的单姓有几百个，复姓有几十个。在单姓中，李、王、张、刘、陈是最多见的。常见的复姓有诸葛、欧阳、司马、端木、公孙等。

中国人的姓大多随父亲，也有少数人随母姓，中国人的姓是家族血缘关系的符号。中国人的名字往往具有一定的含义，通常是表达某种愿望，如："富、财"是希望发财，"贵、禄"是希望出人头地，"福"是希望幸福，"康、健、强"是希望身体健康、强壮，"德、贤、淑"是希望成为有德之人，"栋、杰、才"是希望成为有用之才。同时，不同时代相同的名字往往也代表不同的意义。

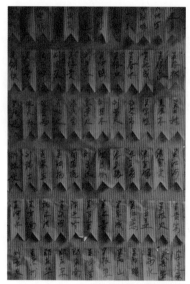

中国人的姓名 중국인의 성명

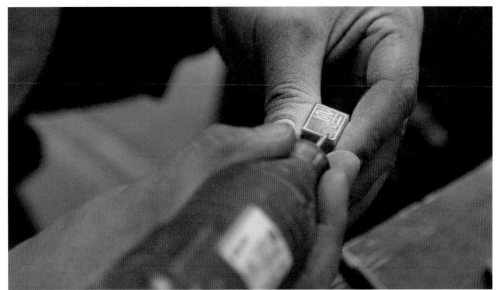

印章 도장

중국인의 성명

중국인의 성명은 성을 먼저 쓰고 이름을 뒤에 쓴다.

중국인의 성에는 외자 성과 복성이 있는데, 흔히 보이는 외자 성은 수백 가지에 이르고 복성은 수십 가지에 달한다. 외자 성에는 리李, 왕王, 장張, 류劉, 천陳씨가 가장 많고, 흔히 보이는 복성은 주거諸葛, 어우양歐陽, 쓰마司馬, 돤무端木, 궁쑨公孫 등이 있다.

중국인의 성은 대부분 아버지의 성을 따르고 어머니의 성을 따르는 경우도 있는데, 이는 주로 가족의 혈연관계를 나타낸다. 중국인의 이름은 종종 어떤 의미를 가지고 있는데, 보통 어떤 바람이나 희망을 나타낸다. 예를 들면 '부富, 재財'는 부자가 되기를 기원하고, '귀貴, 록祿'은 출세를 기원하고, '복福'은 행복을, '강康, 건健, 강强'은 건강을 기원하는 것이다. 또 '덕德, 현賢, 숙淑'은 도덕이 높은 사람을, '동棟, 걸杰, 재才'는 훌륭한 인재가 되는 것을 기원한다. 동시에, 같은 이름도 시대에 따라 서로 다른 뜻을 나타내기도 한다.

새 단어

注重 zhùzhòng 图 중시하다 ┃ 血缘 xuèyuán 图 혈연, 혈통 ┃ 外地 wàidì 图 외지, 타향 ┃ 繁忙 fánmáng 图 바쁘다 ┃ 符号 fúhào 图 부호, 기호 ┃ 含义 hányì 图 내포된 뜻·개념 ┃ 出人头地 chūréntóudì 图 출세

家庭结构与规模

中国的农业社会有几千年的历史。在这漫长的历史过程中，中国的家庭结构和家庭规模没有发生过较大变化。中国古代，人们追求的是家庭人口众多，崇尚"四世同堂""五世同堂"的生活。自1949年新中国成立以来，特别是20世纪70年代末实行计划生育政策后，中国的家庭规模普遍变小。由三人或两人组成的核心家庭约占家庭总数中的60%，其中仅由夫妻两人组成的家庭呈上升趋势。尤为值得注意的是，单人户的比例近十几年来大幅攀升，据人口抽样调查，2016年单人户占14.09%，而在1990年，这个比例仅为6.34%。[1] 1949年以前，中国户均人数长期稳定在5.3人左右，1990年为3.96人，2000年为3.44人，2010年为3.10人。[2] 不管是在农村还是在城市，成年子女结婚后都尽可能选择夫妻俩单独居住。还没有结婚的子女，也由于求学或工作等原因，在原生家庭生活的时间越来越短。

---

[1] 中华人民共和国国家统计局，《中国统计年鉴2017》，中国统计出版社，2017年，http://www.stats.gov.cn/tjsj/ndsj/2017/indexch.htm.

[2] 国家卫生计生委家庭司，《中国家庭发展报告2016》，中国人口出版社，2016年，第21页。

가정의 구성과 규모

중국의 농업 사회는 수천 년의 역사를 가지고 있지만 가족의 구성과 가정의 규모는 이 긴 시간 동안에도 큰 변화가 일어나지 않았다. 중국인들은 예로부터 식구가 많은 것을 추구해서 '4대' 또는 '5대'가 함께 생활하는 것을 이상적으로 생각했다. 1949년 신중국 건립 이후, 특히 1970년대 말에 산아제한 정책을 실시한 이래 중국의 가정 규모는 보편적으로 작아졌다. 현재 중국의 주요 가정 형태는 2명 내지 3명으로 구성된 핵가족이 전체 가정의 약 60%에 달하고, 그중 부부 2명으로 구성된 가정의 수는 점차 상승 추세에 있다. 특히 주목해야 할 것은 최근 10여 년 동안 독신 가정의 비율이 대폭 증가하고 있다는 점이다. 인구 표본추출조사에 따르면, 2016년 독신 가정 비율은 14.09%인데 1990년에는 이 비율이 6.34%에 불과했다.[1] 1949년 이전의 중국 가정의 평균 가족 수는 평균 5.3명 내외였으나 1990년에는 3.96명, 2000년에

새 단어

漫长 màncháng 形 (시간이) 길다 | 结构 jiégòu 名 구성, 구조 | 规模 guīmó 名 규모 | 追求 zhuīqiú 动 추구하다 | 崇尚 chóngshàng 动 숭상하다, 숭배하다 | 四世同堂 sìshì tóngtáng 名 한 집에 4대가 모여 사는 것 | 生育 shēngyù 动 출산하다 | 普遍 pǔbiàn 形 보편적이다 | 核心家庭 héxīn jiātíng 名 핵가족, 소가족 | 上升 shàngshēng 动 상승하다, 올라가다 | 趋势 qūshì 名 추세, 경향 | 攀升 pānshēng 动 오르다 | 抽样 chōuyàng 动 견본을 뽑다

는 3.44명, 2010년에는 3.10명으로 점차 감소했다.[2] 농촌과 도시를 막론하고 성인이 된 자녀들은 결혼 후 되도록 부부 둘만 따로 사는 쪽을 선택한다. 미혼인 자녀 역시 학업이나 취직 등의 이유로 원래 가정에서 생활하는 시간이 점차 줄어들고 있다.

---

1 중화인민공화국국가통계국(中華人民共和國國家統計局)에서 편집하고 중국통계출판사(中國統計出版社)에서 2017년에 출판한 「중국통계연감2017(中國統計年監2017)」을 참조함. http://www.stats.gov.cn/tjsj/ndsj/2017/indexch.htm.

2 국가위생계생위가정사(國家衛生計生委家庭司)에서 편집하고 중국인구출판사(中國人口出版社)에서 2016년에 출판한 「중국가정발전보고2016(中國家庭發展報告2016)」 21페이지를 참조함.

女性与家庭

　　新中国成立后，女性真正走出家门，女性就业越来越普遍，社会地位和经济地位也随之不断提高。根据中国法律规定，夫妻的地位平等，他们在家庭中的权利义务也平等，家务劳动一般都由夫妻共同分担。但由于中国古代长期有"男主外，女主内"的思想，女性分担的家务劳动往往仍多于男性，照顾幼年孩子的比例也大大高于男性。在家务分工上，女性较多承担做饭、洗衣、照顾子女、清洁卫生等事项，男性则较多承担对体力有较高要求的事项。在家庭重大事项的决策方面，男性参与决策的比例仍高于女性。

여성과 가정

　　신중국 건립 이후 여성들은 진정한 자유를 찾을 수 있게 되었다. 여성의 취업이 점차 보편화됨에 따라 사회적 지위와 더불어 경제적 지위도 그에 따라 계속해서 높아지고 있다. 중국 법률은 부부는 동등한 지위를 누리며 가정에서의 권리와 의무도 평등하다고 규정하고 있다. 현대 가정의 가사노동은 보통 부부가 공동으로 분담하고 있으나 중국의 오랜 전통에 '남자는 바깥 일을, 여자는 가사를 책임진다'는 인식이 남아있어 아직까지 여성이 부담하는 가사노동이 남성보다 높을 뿐 아니라 육아에 대한 부담 역시 대부분 여성의 몫이다. 가사노동 분담에 있어 여성은 주로 식사와 세탁, 육아 및 집안 청소를 담당하고, 남성은 비교적 많은 체력을 필요로 하는 일을 담당한다. 집안의 중요한 일을 결정하는 데 있어서는 아직까지 여성보다 남성의 참여 비율이 현저하게 높다.

새 단어

权利 quánlì 圈 권리 ｜ 义务 yìwù 圈 의무 ｜ 家务 jiāwù 圈 집안일, 가사 ｜ 分担 fēndān 圄 분담하다, 나누어 맡다 ｜ 承担 chéngdān 圄 맡다, 담당하다

计划生育政策和全面二孩政策

中国是发展中国家，人口众多且增长过快，如果不控制人口，势必造成严重的环境和社会问题。所以，20世纪70年代末，中国政府开始实行计划生育政策。截至2010年该政策已使中国的人口出生数减少了4亿多，这个数字大致相当于当时美国和墨西哥的人口总数。

中国计划生育政策的主要内容是：提倡晚婚晚育，少生优生。晚婚晚育，就是晚结婚，晚生孩子；少生优生，就是提倡一对夫妇只生一个孩子，而且规定夫妻双方均要做孕前体检，确保夫妻双方适合备孕。实行计划生育政策以后，独生子女越来越多，在同龄人口中的比例不断上升。城镇的计划生育政策更为严格，只要第一个孩子没有健康缺陷，一般家庭里都为独生子女。在农村，如果一对夫妇的第一胎是个女孩，则允许生第二胎。

从成长环境来说，独生子女一般可以接受更多的教育投资，得到家庭更多的照顾，获得更好的物质条件，但他们缺少伙伴，也缺少有助于培养合作精神的家庭环境。另外，独生子女政策还会带来一些社会问题，如提早进入老龄化社会等。

2013年12月28日，按照相关规定，一方是独生子女的夫妇可生育两个孩子，单独二孩政策依法启动实施。为完善人口发展战略，从2016年1月1日起，中国开始实施全面二孩政策，即任何一对夫妻都可以生育两个孩子。这标志着实行了30多年的独生子女政策正式停止。

二孩家庭 두 자녀 가정

산아제한 정책과 두 자녀 정책

중국은 개발도상국으로, 인구가 많을 뿐 아니라 증가 속도 또한 빠르다. 만약 인구를 조절하지 않으면 심각한 환경과 사회 문제를 야기할 것이므로, 중국 정부는 1970년대 말부터 강력한 산아제한 정책을 실시하여 2010년까지 신생아 수를 4억 명이나 감소시켰다. 이 수치는 당시 미국과 멕시코 전체 인구 수에 해당한다.

중국 산아제한 정책의 핵심 내용은 늦은 결혼, 늦은 육아, 적은 출생, 질 높은 양육이다. 늦은 결혼, 늦은 육아는 결혼과 육아를 늦게 하라는 뜻이고, 적은 출생과 질 높은 양육의 의미는 부부가 한 명의 아이만 낳되, 임신 전 검강검진을 받고 임신을 함으로써 건강한 아이의 출산을 보장받는 것이다. 산아제한 정책 실행 이후 1인 자녀의 수가 점차 늘어났고, 동년배 인구 사이에서의 비율도 점차 늘어났다. 도시의 산아제한 정책은 좀 더 엄격해서 첫째 아이의 건강 상의 문제가 없다면 일괄적으로 한 자녀 가정으로 제한했다. 농촌에서는 두 부부의 첫 아이가 딸일 경우 둘째 아이를 낳을 수 있도록 허락했다.

성장 환경 면에서 보면, 자녀가 하나인 경우 일반적으로 교육적 투자를 더 많이 받을 수 있고, 가정의 더 많은 보살핌도 받을 수 있다. 물질적인 풍요는 부족함이 없으나 형제나 친구가 부족해 서로 돕고 화합하는 가정 환경을 기대하기는 어렵다. 이 밖에도 한 자녀 가정 정책은 급격한 노령화 사회로의 진입 등의 사회 문제도 가져왔다.

2013년 12월 28일부터 관련 규정에 따라 부부 2명 중 1명이 독자인 경우 둘째를 낳을 수 있는 두 자녀 정책(单独二孩政策)을 실행했다. 인구 발전 완화 전략을 위해 2016년 1월 1일부터는 두 자녀 정책을 전면 허용했는데, 이는 곧 모든 부부가 두 명의 아이를 낳을 수 있다는 것이다. 이것은 지난 30여 년간 실시된 한 자녀 가정 정책이 공식적으로 폐지되었음을 의미한다.

二孩家庭
두 자녀 가정

새 단어

控制 kòngzhì 圖 규제하다, 억제하다 ㅣ 势必 shìbì 圖 꼭, 반드시 ㅣ 计划生育 jìhuà shēngyù 圆 산아제한 ㅣ 截至 jiézhì 圖 ~에 이르다 ㅣ 提倡 tíchàng 圖 제창하다 ㅣ 确保 quèbǎo 圖 확보하다 ㅣ 缺陷 quēxiàn 圆 결함, 부족함 ㅣ 允许 yǔnxǔ 圖 허가 하다, 윤허하다 ㅣ 伙伴 huǒbàn 圆 짝, 동반 ㅣ 老龄化 lǎolínghuà 圖 노령화하다 ㅣ 依法 yīfǎ 圖 법에 의거하다 ㅣ 启动 qǐdòng 圖 시동하다 ㅣ 实施 shíshī 圖 실시하다, 시행하다 ㅣ 战略 zhànlüè 圆 전략 ㅣ 标志 biāozhì 圖 상징하다 ㅣ 停止 tíngzhǐ 圖 정 지하다, 중지하다

结婚、离婚和同居

中国现行法定结婚年龄为男22岁，女20岁。但实际上，大部分中国人，尤其是城镇居民，结婚越来越晚。一份对中国十个城市的调查统计数字显示，2015年中国人平均结婚年龄为26岁。[3]

中国曾经是一个离婚率很低的国家。近二三十年以来，中国的离婚率呈明显上升趋势，尤其是在一些大城市。据统计，2016年北京市有10.58万对夫妻办理离婚登记，而上海市的这一数字为8.26万。[4]

未婚同居和婚前性行为等现象也逐渐增多。北京师范大学论坛"蛋蛋网"发起的一项"2018年北师大学生（含毕业生）性行为调查"的报告中显示，对于"能接受在大学期间有性行为吗"这一问题，选择接受的比例达81.04%，在2016年与2017年同一项调查的报告中，这一数据分别为74.31%与79.00%，比例逐年攀升。对于"是否有过性经历"这一问题，选择"有"的人数比例为46.84%。[5] 由此可以看出，年轻人对婚前性行为的态度表现得更为开放。

---

3 《中国幸福婚姻家庭调查报告》在京发布，(2015-11-20)[2018-05-17]，http://fj.people.com.cn/2015/1127/c372371-27196229.html.

4 中华人民共和国国家统计局，《中国统计年鉴2017》，中国统计出版社，2017年，http://www.stats.gov.cn/tjsj/ndsj/2017/indexch.htm.

5 北师大学生(含毕业生)性行为调查报告2018版，(2018-05-02)[2018-11-07]，https://mp.weixin.qq.com/s/xGDCrnnB5_-540cD_aOUrQ.

接亲 신부를 맞이하다

결혼, 이혼, 동거

중국 현행법에 따른 법정 결혼 연령은 남자 22세, 여자 20세이나 대부분의 중국인, 특히 도시 지역 사람들의 결혼은 갈수록 늦어지고 있다. 중국 10대 도시에 대한 조사 통계에 따르면, 2015년 중국인의 평균 결혼 연령은 26세이다.[3]

중국은 이혼율이 매우 낮은 국가였으나 최근 2~30년 이래 중국의 이혼율은 수직 상승했고 특히 일부 대도시의 이혼율은 더욱 심각해졌다. 통계에 따르면, 2016년 베이징시 이혼 건수는 10만 5천 8백건, 상하이시는 8만 2천 6백 건으로 집계되었다.[4]

结婚证 결혼증   离婚证 이혼증

미혼 동거와 혼전 성관계 등 현상도 날로 증가 추세에 있다. 베이징사범대학의 심포지엄인 '알알싸이트'의 '2018년 베이징사범대학생(졸업생 포함) 성행위 조사' 보고서에 따르면 '대학 재학기간 동안의 성관계 가능여부'를 묻는 질문에서 81.04%가 가능하다고 답변했다. 이는 2016년도와 2017년도의 동일 항목 조사에서 나타난 수치인 74.31%와 79.00%의 비율에 비해 매년 증가하고 있음을 보여 준다. 이 외에 '성관계 경험'에 대한 질문에서 '있다'를 선택한 비율은 46.84%로 나타났다.[5] 위의 조사 결과는 젊은 사람들의 혼전 성관계에 대한 태도가 갈수록 개방적이 되고 있음을 보여 준다.

---

3 2015년 베이징에서 발표된 「중국행복혼인가정조사보고(中國幸福婚姻家庭調査報告)」를 참조함.

4 중화인민공화국국가통계국(中華人民共和國國家統計局)에서 편집하고 중국통계출판사(中國統計出版社)에서 2017년에 출판한 「중국통계연감2017(中國統計年監2017)」을 참조함.

5 2018년에 발표된 「베이징사범대학생(졸업생 포함) 성행위 조사 보고서」를 참조함.

새 단어

离婚 líhūn 명동 이혼(하다) | 办理 bànlǐ 동 처리하다 | 登记 dēngjì 동 등록하다, 신고하다 | 同居 tóngjū 동 동거하다, 함께 살다 | 开放 kāifàng 동 개방하다

中国古代婚姻制度

　　在中国古代，结婚不需要去政府部门登记，只要双方父母同意，新人举行拜堂成亲的仪式，就能成为合法夫妻。

중국 고대의 혼인 제도

　　옛날 중국에서는 결혼할 때 따로 관공서에 신고하지 않고, 양측 부모의 동의만 얻으면 신랑 신부가 조상과 어른에게 절을 올리고 혼례를 치르는 의식을 통해 합법적인 부부로 인정되었다.

拜堂成亲 전통 혼례

03

服饰 복식

服饰

中国在漫长的历史发展过程中，发展出了丰富多彩的服饰文化，成为世界服饰文化大家庭中绚丽的一部分。

복식

유구한 역사의 발전과정 속에서 중국은 풍부하고 다채로운 의상 문화를 발전시켜왔고, 찬란한 의상 문화는 세계 의상 문화사에서 한 획을 긋고 있다.

◆ 衣服

在穿着方面，占中国人口绝大多数的汉族人的穿着已经趋向国际化，跟国际上普遍流行的穿着方式没有太大差别。在正式场合，人们普遍穿西装。同时，也有很多人喜欢在喜庆的日子里穿上有传统风格的唐装。来源于满族女性服装的旗袍，经过设计上的调整，也成为中国广大女性喜欢的服装之一。

值得一提的是，常被外国人称为"毛式服装"的服装样式，是孙中山先生所设计的，中国人称之为"中山装"。是孙中山先生所设计的。自新中国成立后，一直到20世纪70年代，"中山装"是中国成年男性穿得最多的衣服样式，但现在穿中山装的人比较少了。

中国少数民族的服装多种多样，具有鲜明的民族特色。

旗袍 치파오

새 단어

漫长 màncháng 휑 멀다, 길다 ｜ 绚丽 xuànlì 휑 찬란하다, 눈부시다 ｜ 趋向 qūxiàng 동 ~하는 경향이 있다 ｜ 场合 chǎnghé 명 상황, 장소 ｜ 西装 xīzhuāng 명 양복, 정장 ｜ 喜庆 xǐqìng 명 경사스럽다 ｜ 风格 fēnggé 명 풍격, 품격 ｜ 来源 láiyuán 명 기원, 출처 ｜ 旗袍 qípáo 명 치파오 ｜ 调整 tiáozhěng 동 조정하다, 조절하다 ｜ 设计 shèjì 동 디자인하다, 설계하다 ｜ 鲜明 xiānmíng 휑 선명하다, 명확하다

◆ 의복

　의복 패션에 있어 중국 인구의 절대다수를 차지하는 한족의 패션은 이미 세계적인 추세를 따르고 있으며 시류에 따라 유행하는 의복 패션과 큰 차이를 보이지 않는다. 공식적인 장소에서는 보통 정장을 차려 입고 경사스러운 날에는 당나라 전통 복장인 당장唐裝을 즐겨 입는다. 만족滿族 여성의 전통의상에서 기원한 치파오는 디자인에 일부 수정을 거쳐 현재 중국에서 많은 여성들이 보편적으로 즐겨 입는 복장 중 하나가 되었다.

　그 외 주목할 만한 것은 외국인들에게 '마오毛씨 의상'이라 불리는 복장인 '중산복'인데, 이 패션은 손중산孫中山 선생이 디자인한 것이다. 신중국 건립 후 1970년대 말까지 '중산복'은 대다수 성인 중국 남성들이 가장 즐겨 입는 패션이었지만 최근에는 중산복을 입는 사람들을 찾아보기 어려워졌다.

　중국 소수민족의 의상은 매우 다양하고 다채로우며, 독특하고 선명한 민족문화적 색채를 띠고 있다.

現代人生活服饰 현대인의 생활 의상

◆ 头饰

中国人的头饰主要有帽子以及一般为女士所用的耳环和发簪。

汉族人戴的帽子一般比较简单实用，用来御寒、遮阳或防雨。很多少数民族戴的帽子除了有实用功能外，更重要的是起装饰作用。对于一些少数民族来说，帽子甚至成为民族的标志。在某些地区，人们还习惯用头巾来代替帽子。耳环是一种普通的日常饰物。耳环主要是女士佩戴，男士佩戴耳环的比较少。汉族女性的耳环大多简洁，一些少数民族女性佩戴的耳环则比较绚丽多样。

发簪主要用来固定发式，用作发簪的材料一般为金属、玉石等。

◆ 머리장식

중국인의 머리장식으로는 모자와 일반 여성들이 애용하는 귀고리, 머리 비녀 등이 있다.

한족漢族이 즐겨 쓰는 모자는 보통 간단하고 실용적인 것으로 방한, 차양, 방수 등의 기능이 있다. 대개의 소수민족들이 쓰는 모자는 실용적인 기능 외에도 장식의 기능이 더 중요한 경향이 있다. 일부 소수민족에게 있어서 모자는 심지어 그 민족의 상징이 되기도 한다. 일부 지역에서는 사람들이 전통에 따라 모자 대신 두건을 쓰기도 한다. 귀고리는 일상생활에 자주 쓰이는 장신구로, 주로 여성들이 착용하고 남성들이 착용하는 경우는 드물다. 한족 여성들의 귀고리는 단순한 반면, 일부 소수민족 여성들이 착용하는 귀고리는 다채롭고 다양하다.

비녀는 주로 긴 머리카락을 고정하는 데 쓰이는데, 비녀를 만드는 재료는 보통 금속, 옥돌 등이다.

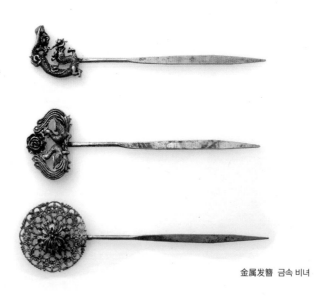

金属发簪 금속 비녀

布鞋 직물 신발

◆ 鞋

在中国，鞋的种类很多，做鞋用的材料也多种多样，有皮革、布料、塑料、草和麻等。鞋所使用的材料跟民族习惯和当地气候有很大的关系。比如，在中国北部，尤其在西北、东北的最寒冷地区，皮靴和毡靴十分常见。传统布鞋为手工制作，穿着舒适，鞋面有各种刺绣图案，堪称精美的手工艺品。

◆ 신발

중국에서 신발은 그 종류만큼이나 재료도 다양한데, 신발의 재료로는 가죽, 원단, 비닐, 건초, 마 등이 있다. 신발에 사용된 재료는 고유한 민족 습관과 그 지역의 기후와 깊은 연관이 있다. 예를 들면, 중국의 북쪽, 특히 가장 추운 서북, 동북 지역에서는 가죽 장화와 펠트 장화가 흔히 보인다. 전통 직물 신발은 수공으로 제작되며 착용감이 편안하고 신발 윗면에 각종 자수와 문양이 새겨져 있어 섬세하고 아름다운 수공예품의 멋을 한층 더해준다.

새 단어

头饰 tóushì 명 머리장식 | 耳环 ěrhuán 명 귀고리 | 发簪 fàzān 명 비녀 | 御寒 yùhán 동 추위를 막다, 방한하다 | 遮阳 zhēyáng 동 햇빛을 가리다 | 防雨 fángyǔ 동 비를 막다 | 标志 biāozhì 명 상징, 표지 | 头巾 tóujīn 명 두건 | 佩戴 pèidài 동 몸에 달다, 착용하다 | 简洁 jiǎnjié 형 간결하다 | 金属 jīnshǔ 명 금속 | 玉石 yùshí 명 옥, 옥석 | 皮革 pígé 명 가죽, 피혁 | 布料 bùliào 명 옷감, 천 | 塑料 sùliào 명 비닐, 플라스틱 | 皮靴 píxuē 명 가죽 장화 | 毡靴 zhānxuē 명 펠트 장화 | 刺绣 cìxiù 명 자수 | 堪称 kānchēng 동 ~라고 할 만하다

耳环

耳环是常见的饰物，人们会不时地更换耳环。但中国一些少数民族有不同的耳环使用风俗，如瑶族，耳环从佩戴之日起，就不能轻易取下。

귀고리

귀고리는 흔히 보이는 장식으로, 사람들은 귀고리를 자주 바꿔서 착용한다. 그러나 중국의 일부 소수민족은 귀고리를 풍습에 따라 착용하곤 하는데, 예를 들어 야오족瑤族은 귀고리를 한 번 착용하면 거의 떼는 법이 없다.

耳环 귀고리

木屐

在中国古代比较早的时候，人们习惯穿木屐，即木制的鞋子。相传孔子的木屐长度达一尺四寸。当然，这是按中国古代的长度单位算的，古代的"尺"比现在的"尺"短一些。

나막신

중국 고대 사람들은 풍습에 따라 나무로 만든 나막신을 즐겨 신었다. 전하는 바에 따르면 공자孔子의 나막신은 길이가 1자 4치에 달했다고 한다. 물론 이는 중국 고대의 길이 단위로 계산한 것인데, 고대의 '자'는 지금의 '자'보다 좀 짧았다고 한다.

木屐 나막신

04

饮食 음식

饮食

中国自古以来就有"民以食为天"的说法，饮食在中国人的生活中具有极其重要的地位。中国的饮食文化丰富多彩。世界各地不同风味的餐厅在城市里随处可见，但中国人普遍还是更钟情于传统饮食。

음식

옛날부터 중국에는 '백성은 음식을 하늘로 여긴다'는 속담이 있다. 그만큼 음식은 사람들의 생활 속에서 대단히 중요한 위치를 차지하고 있다. 중국의 음식 문화는 풍부하고 다채롭다. 세계 각지에서는 이국 풍미의 음식을 파는 양식점을 쉽게 볼 수 있지만 많은 중국인들은 여전히 자신들의 전통음식을 사랑한다.

一日三餐

◆ 早餐

中国人的早餐相对比较简单，通常是一杯豆浆、一杯茶或一碗粥，加上油条、鸡蛋、馒头或包子，也有的人早餐是吃一碗面条或一碗馄饨。最讲究的可能要算广东人的早餐(早茶)，往往有几十种点心供选择。在一些城市，西式早餐也逐渐流行，但一般都比较简单，通常是牛奶、咖啡和面包、汉堡等。

하루 세끼

◆ 아침 식사

중국인의 아침 식사는 비교적 간단해서 두유나 차 한 잔 혹은 죽 한 그릇에 여우티아오나 계란, 찐빵, 만두 등을 곁들인다. 그 외에 국수나 훈툰을 먹는 사람들도 있다. 광둥廣東 사람들은 아침 식사(아침 차)를 중요시해서 대개 몇 십 종의 딤섬點心을 차려놓고 입맛에 따라 골라 먹는다. 일부 도시에서는 서양식 아침 식사가 점점 유행하고 있는데, 보통 우유, 커피, 빵, 햄버거 등으로 비교적 간단하게 해결한다.

◆ 午餐

午餐通常也比较简单，往往是米饭、面条或馒头，一碗汤，一份素菜和一份荤菜。在大城市里，上班的人和学生中午一般不回家吃饭。大企业、机关单位和学校通常有自己的食堂，人们就餐十分方便。若单位或公司里没有食堂，人们就到附近的快餐店吃午饭，或买一个盒饭在办公室吃。现在通过网络订餐叫外卖的人，尤其是年轻人，多了起来。在生活节奏较慢的城市或农村，人们通常回家吃午饭。

◆ 점심 식사

점심 식사도 보통 간단히 먹는데 대부분 쌀밥이나 국수, 찐빵 또는 국 한 그릇, 야채 한 가지와 고기 반찬 한 가지씩이다. 대도시에서는 출근하는 사람들과 학생들은 점심을 집에 돌아가서 먹지 않는다. 대기업과 기관, 학교는 대개 자체 식당이 있어서 사람들이 편하게 식사를 할 수 있다. 구내 식당이 없으면 인근 패스트푸드점에서 점심 식사를 하거나 도시락을 사서 사무실에서 먹는다. 요즘에는 인터넷을 통해 배달을 주문하는 사람들이 늘고 있는데 특히 젊은 사람들의 이용률이 높아지고 있다. 일상생활이 좀 느린 도시나 농촌에서는 사람들이 보통 집으로 돌아가서 점심 식사를 한다.

◆ 晚餐

中国人晚餐一般是在家里吃，晚餐通常比较丰富，因为可以一家人在一起吃饭，有家庭气氛。另外，由于晚餐时间相对充裕，所以朋友们聚会也经常选在晚餐时间。

◆ 저녁 식사

중국인들은 저녁 식사는 주로 집에서 먹는데, 저녁 식사는 보통 풍성한 편이다. 온 가족이 함께 식사할 수 있기 때문에 화목한 분위기도 있다. 또 저녁 식사 시간은 상대적으로 여유가 있어서 저녁 시간을 친구들의 모임 시간으로 활용하기도 한다.

豆浆、油条
두유, 여우티아오

새 단어

钟情 zhōngqíng 圖 사랑에 빠지다 | 豆浆 dòujiāng 圈 두유 | 粥 zhōu 圈 죽 | 油条 yóutiáo 圈 여우티아오 | 馒头 mántou 圈 찐빵 | 包子 bāozi 圈 (소가 든) 만두 | 馄饨 húntun 圈 훈툰, 물만두 | 咖啡 kāfēi 圈 커피 | 面包 miànbāo 圈 빵 | 汉堡 hànbǎo 圈 햄버거 | 素菜 sùcài 圈 야채 요리 | 荤菜 hūncài 圈 고기 요리 | 快餐店 kuàicāndiàn 圈 패스트푸드점 | 盒饭 héfàn 圈 도시락 | 外卖 wàimài 圈 포장 음식, 배달 음식 | 气氛 qìfēn 圈 분위기 | 充裕 chōngyù 圈 충족하다, 풍족하다

北京烤鸭 베이징카오야(베이징 오리구이)

下馆子

中国菜品种很多，有些菜在家里制作起来比较麻烦，所以，要品尝各种菜肴，往往要去餐馆。中国人口语里把去餐馆吃饭叫作"下馆子"。

由于在餐馆有很多菜式供客人选择，所以中国人请客吃饭时，经常选择"下馆子"。

외식

중국요리는 종류가 워낙 많고, 일부 요리는 집에서 만들기가 번거롭기 때문에 다양한 요리를 즐기기 위해서 음식점에 가는 경우도 종종 있다. 중국인들은 음식점에 가서 식사하는 것을 '음식점에 내린다(샤관쯔)下馆子'라고 부른다.

음식점에서는 다양한 요리를 선택할 수 있게 제공하기 때문에 중국인들은 손님을 접대할 때 '외식'을 택하곤 한다.

새 단어

下馆子 xià guǎnzi 음식점에 식사하러 가다, 외식하다 ｜ 品尝 pǐncháng 동 맛보다, 시식하다 ｜ 菜肴 càiyáo 명 요리, 반찬

八大菜系

中国各地饮食习惯有很大的差异。

从吃的内容上看，由于各地的物产不尽相同，长期形成的饮食习惯便有所区别。南方人主食以米制品为主，北方人主食以面食为主，副食主要是肉、鸡蛋和各种蔬菜，但受气候影响，到了冬天，北方蔬菜的品种相对比较少。

从风味上看，中国各地形成了不同的菜系，比较著名的有八大菜系：广东菜、四川菜、山东菜、江苏菜、浙江菜、福建菜、湖南菜、安徽菜。北京菜在宫廷菜的基础上，吸收各地菜系的精华，也形成菜系。每个菜系都有自己的拿手名菜，如四川宫保鸡丁、山东糖醋黄河鲤鱼、湖南剁椒鱼头、浙江龙井虾仁、北京烤鸭等。

由于中国各地气候、物产和生活习惯的不同，人们的口味也会有差别。一般来说，江苏、浙江一带的人爱吃甜的，做菜总爱放点儿糖；北方人爱吃咸的，做菜时放盐较多；湖南人、四川人爱吃辣的，辣椒是常用的调味品；山西人爱吃醋，做菜离不开醋。所以，中国菜历来有"南甜、北咸、东辣、西酸"的说法。

중국의 8대 요리

중국 각지의 식습관에는 매우 큰 차이가 있다.

음식 내용을 보면 지역별로 생산되는 산물이 다르기 때문에 장기간 형성되어 온 식습관이 조금씩 차이가 난다. 남방 사람들은 쌀이 주식이고, 북방 사람들은 밀가루 음식을 주식으로 한다. 부식은 주로 육류와 계란, 각종 채소이지만 기후의 영향으로 겨울철에는 북방의 채소 종류가 비교적 적다.

맛의 풍미를 따지자면 중국 각지에서는 서로 다른 많은 요리 체계가 생겨났는데, 그중 비교적 유명한 요리는 광둥廣東요리, 쓰촨四川요리, 산둥山東요리, 장쑤江蘇요리, 저장浙江요리, 푸젠福建요리, 후난湖南요리, 안후이安徽요리 등 8대 요리를 들 수 있다. 베이징北京요리는 궁정 요리의 토대 위에서 각지 요리의 정수를 취해서 베이징만의 독특한 요리 체계를 형성했다. 각 지역의 요리 체계는 모두

剁椒鱼头 둬자오위터우(다진 고추 생선머리 찜)

그 자체의 대표 요리가 있는데, 예를 들면 쓰촨의 궁바오지딩(궁바오^{宮保} 닭고기), 산둥의 탕추황허리위(달고 새콤한 황허^{黃河} 잉어), 후난의 둬자오위터우(다진 고추 생선머리 찜), 저장의 룽징샤런(룽징^{龍井} 새우살 볶음), 베이징의 카오야(오리구이) 등을 들 수 있다.

중국 각지의 기후, 산물, 생활 습관에 따라 사람들의 입맛에도 차이가 난다. 일반적으로 장쑤, 저장성 일대의 사람들은 단 것을 좋아해서 요리를 할 때 설탕을 많이 넣는다. 북방 사람들은 짠 맛을 좋아해서 요리할 때 소금을 많이 넣고, 후난과 쓰촨 사람들은 매운 음식을 즐겨 먹어서 고추는 일상적으로 사용하는 조미료이다. 산시 사람들은 신 맛을 좋아해서 요리를 할 때 식초를 빼놓을 수 없다. 그래서 중국은 예로부터 '남쪽은 달고 북쪽은 짜고 동쪽은 맵고 서쪽은 시다'라는 설이 생겨났다.

새 단어

副食 fùshí 圆 부식 │ 菜系 càixì 圆 요리 체계 │ 宫廷 gōngtíng 圆 궁전, 궁궐 │ 精华 jīnghuá 圆 정수, 정화 │ 宫保鸡丁 gōngbǎojīdīng 궁바우지딩 │ 鲤鱼 lǐyú 圆 잉어 │ 辣椒 làjiāo 圆 고추 │ 调味品 tiáowèipǐn 圆 조미료

餐桌、餐具

中国人吃饭，传统习惯一般用圆桌，菜肴一道道摆在中间，人们碰杯夹菜，十分热闹。如果是朋友之间的聚会，可以随意入座，不讲究座次的安排。但如果是正式宴请，则要注意座次顺序，通常地位较高的人坐在离门口较远的位置，即面对门口的位置，而地位较低的人坐在离门口较近的位置。

说到餐具，中国人吃菜、吃饭习惯用筷子，喝汤用汤匙。筷子的材料通常为木头或竹子，汤匙则往往是陶瓷的。其他的餐具则主要为盘子、碗、茶杯、酒杯等。

식탁, 식기

중국인들은 식사할 때 전통적으로 보통 원탁을 사용하며, 요리를 가운데에 두고 잔을 부딪치고, 음식을 집어 주며 다소 떠들썩하게 식사한다. 만약 친구들과의 식사 모임이라면 마음대로 자리를 잡고 자리 순서를 따지지 않는다. 하지만 공식적인 연회 석상일 경우에는 좌석의 배치와 순서를 따져 지위가 높은 사람이 입구에서 멀리 떨어진 입구 반대편에 자리하고 상대적으로 지위가 낮은 사람은 입구와 가까운 자리에 앉는다.

식기에 대해 말하자면, 중국인들은 식사할 때 젓가락을 사용하여 요리를 집거나 밥을 먹고, 국을 먹을 때는 국 숟가락을 사용한다. 젓가락의 재료는 일반적으로 나무나 대나무이고, 국 숟가락은 거의 도자기이다. 그 외 식기로는 쟁반, 그릇, 찻잔, 술잔 등이 있다.

中式餐具 중국식 식기

새 단어

圆桌 yuánzhuō 圆 원탁 | **座次** zuòcì 圆 자리 순서 | **宴请** yànqǐng 圆 잔치를 베풀어 손님을 초대하다 | **餐具** cānjù 圆 식기,
식사 도구 | **汤匙** tāngchí 圆 (중국식) 국 숟가락 | **陶瓷** táocí 圆 도자기

中餐礼仪

　　中国菜的上菜顺序与西餐不同，首先上桌的菜多半为凉菜，如拌菜、腌肉制成的冷盘。每位客人面前摆着碗、碟、筷子和杯子，想吃什么菜，就自己夹。与西餐礼仪不同的是，中餐每道菜肴放置于一个餐盘上，任人自取，而不是把每道菜平均分配给每位客人。

　　在菜式方面，一般会荤素兼备，至少要有一道鱼及一道素菜，以调合口味及颜色，使整桌菜肴能色、香、味俱全。菜肴的数量往往与一桌的客人数量大致相当，既保证客人吃饱，又避免浪费。

　　热菜上完后，汤便端上桌。广东菜的汤则是例外，因为广东人吃饭以喝汤开始。中国宴席并没有西餐中所谓的甜点时间，但在宴席快结束时，通常会端上水果。

　　"干杯"是中国人的敬酒辞，有邀请客人一饮而尽的意思。"慢慢吃"是人们在餐宴上的惯用语，实际上是邀请客人多吃一点儿。

새 단어

凉菜 liángcài 圏 냉채 | 拌菜 bàncài (음식을) 버무리다, 무치다 | 腌肉 yānròu 圏 소금에 절인 고기 | 冷盘 lěngpán 圏 냉채 |
礼仪 lǐyí 圏 예의 | 兼备 jiānbèi 图 겸비하다 | 甜点 tiándiǎn 圏 디저트 | 宴席 yànxí 圏 연회석 | 干杯 gānbēi 图 건배하다 |
邀请 yāoqǐng 图 초청하다, 초대하다 | 一饮而尽 yìyǐn'érjìn 단숨에 다 마셔버리다 | 惯用语 guànyòngyǔ 圏 관용어

중국 식사 예절

중국요리를 올리는 순서는 서양과 다르다. 먼저 야채, 절인 고기 등을 재료로 한 냉채를 올린다. 각 손님 앞에는 밥공기, 앞접시, 젓가락과 물컵이 놓이고 먹고 싶은 요리를 직접 집는다. 서양식 식사 예절과 다른 것은 중국식 상차림은 모든 요리를 각각의 손님에게 똑같이 나눠 주는 것이 아니라, 한 가지 요리를 큰 접시에 담아내고 개인이 스스로 덜어 먹는다는 것이다.

요리 종류로는 대개 육류와 채소를 겸비하는데, 최소한 어류 한 가지와 채소 요리 한 가지를 입맛과 색깔에 맞게 배합하여 식탁에 올린다. 즉, 요리의 색깔과 향기, 맛이 잘 어우러질 수 있도록 한다. 요리의 양은 식탁에 앉아 있는 손님의 수와 비슷하게 수량을 정해서 손님들이 배불리 먹고, 또 낭비하지 않도록 조절한다.

따뜻한 음식이 식탁에 오른 후 국을 올리는데, 광둥요리의 국은 예외이다. 왜냐하면 광둥인들은 국을 마시는 것으로 식사를 시작하기 때문이다. 중국 연회에는 서양식 식사처럼 디저트 시간이 따로 없지만 연회가 끝날 무렵 보통 과일을 올린다.

'간베이干杯'는 중국인이 술을 권하는 건배사로, 손님에게 한 숨에 술잔을 비우기를 요청하는 의미이다. '천천히 드세요'는 연회에서 자주 쓰이는 관용어인데, 실제로는 손님들에게 많이 드시라는 의미이다.

炒 볶다

烹饪方式

中国菜的制作方式比较精细。在烹饪之前，食材通常会切得比较细小。因此，在厨房中，菜刀和砧板是必不可少的。在烹煮方面，圆底造型的炒锅可节约烹调时间。它既可用于炒、炸，又可用来蒸或煮。另外，数层相叠的蒸笼也很常用，它可以同时蒸多种食物。

요리 방법

중국요리의 조리 방법은 비교적 정교하다. 중국요리는 조리 전에 식재료를 잘게 썰어 놓는데, 이러한 이유로 주방에서는 항상 식칼과 도마를 빼놓을 수 없다. 조리할 때 쓰는 둥근 프라이팬은 볶음, 튀김뿐만 아니라 찌거나 삶는 데도 사용되어 조리 시간을 줄일 수 있는 장점이 있다. 이 밖에도 여러 층을 겹쳐 만든 대나무 재질의 찜통도 자주 사용되는데, 그것은 동시에 여러 가지 음식을 찔 수 있다.

새 단어

精细 jīngxì 웹 세심하다, 정교하다 | 烹饪 pēngrèn 용 조리하다 | 食材 shícái 명 식재료 | 菜刀 càidāo 명 식칼, 부엌칼 | 砧板 zhēnbǎn 명 도마 | 煮 zhǔ 용 삶다 | 炒锅 chǎoguō 궁중팬, 프라이팬, 볶음 냄비 | 烹调 pēngtiáo 용 요리하다 | 炸 zhá 용 기름에 튀기다 | 蒸 zhēng 용 증기로 찌다 | 煮 zhǔ 용 삶다, 익히다 | 蒸笼 zhēnglóng 명 시루, 찜통

蒸 찌다

饮品

◆ 茶

很多中国人有饮茶的习惯。传说茶是古代尝百草的神农发现的，至今已有几千年的历史。茶文化已从中国传播到世界各地。今天，茶仍是中国人最重要的日常饮品。中国茶品种在世界上最多，分绿茶、黄茶、白茶、青茶(乌龙茶)、黑茶和红茶六个大类。泡茶、饮茶的方式各地有所不同，最讲究的是广东、福建、台湾等地。

음료

◆ 차

많은 중국인들은 차를 마시는 습관이 있다. 수 천년의 역사를 지니고 있는 차는 신농神農씨가 갖가지 풀을 맛보고 발견한 것이라는 전설이 전해지고 있다. 차 문화는 중국에서 시작되어 세계 각국으로 전파되었다. 차는 오늘날까지 중국인의 가장 중요한 일상 음료로 애용되고 있다. 중국은 세계에서 차의 품종이 가장 많은데 녹차, 황차, 백차, 청차(우롱차), 흑차, 홍차 등 여섯 가지로 나눌 수 있다. 지역마다 차를 우려내서 마시는 방식에 차이가 있는데 그중 가장 엄격한 격식을 따지는 지역은 광동廣東, 푸젠福建, 타이완臺湾 등을 들 수 있다.

绿茶 녹차

◆ 酒

中国有"无酒不成席""无酒不成礼"的说法，在宴席上，酒是必不可少的饮品。中国各地方的人普遍饮用白酒，白酒用谷物酿造而成，比较著名的白酒有茅台、五粮液等。华东一带的人喜欢饮黄酒，黄酒也有悠久的历史。红酒、啤酒、法国的干邑白兰地、英国的威士忌等，也吸引着不少中国人。

새 단어

酿造 niàngzào 통빚다, 양조하다 | 悠久 yōujiǔ 형유구하다 | 干邑白兰地 gānyìbáilándì 코냑 | 威士忌 wēishìjì 위스키

◆ 술

중국에는 '술이 없으면 모임이 이루어질 수 없다', '술이 없이는 예가 이루어질 수 없다'는 속담이 있을 정도로 술은 연회에서 없어서는 안 될 존재이다. 중국인들이 일반적으로 마시는 술은 바이주白酒라 불리는데 이는 대개 곡식으로 빚은 것들이다. 그중 널리 알려진 바이주로는 마오타이주茅台酒, 우량예五粮液 등이 있다. 화둥華東지역 사람들은 황주黃酒를 즐겨 마시는데 이 또한 오랜 역사를 가지고 있다. 지금은 포도주, 맥주, 프랑스의 코냑, 영국의 위스키 등도 많은 중국인들을 매료시키고 있다.

茅台酒 마오타이주

◆ 豆浆

豆浆也是中国人日常饮品之一。豆浆一般用黄豆制成，也可以加入其他豆类，含有丰富的营养。

◆ 두유

두유도 중국인들의 생활 속에 빼놓을 수 없는 음료 중 하나이다. 두유는 주로 황두黃豆로 만드는데, 다른 종류의 콩을 섞어 만들기도 하며 풍부한 영양소를 함유하고 있다.

◆ 咖啡

如今，受西方生活方式的影响，喝咖啡成为中国年轻人的一种时尚。在中国，咖啡馆的顾客以年轻人居多。

◆ 커피

요즘은 서양식 생활 방식의 영향으로 커피를 마시는 것이 중국 젊은이들 사이에서 일종의 유행이 되었다. 중국에서는 카페의 손님들이 거의 다 젊은이들이다.

🛢 이거 아세요?

在中国，菜肴品种最多的宴席是满汉全席，是清朝时期的宫廷盛宴，上菜一般至少一百零八种(南菜五十四道，北菜五十四道)，分三天吃完。

중국에서 요리 종류가 가장 많은 연회상은 청나라의 궁정 연회상 '만한전석滿漢全席'인데, 요리 종류는 적어도 108종(남방 요리 54종, 북방 요리 54종)이고 3일에 나눠서 먹었다고 전해진다.

饮食与健康

要保证人体的健康，平常要依靠合理的饮食，一旦生了病，则要依靠医药治疗。中国自古以来，认为饮食和医药同出一源，即所谓"药食同源"，大致意思是说，食物一般都有一定的药理作用，可以用来防治疾病。对于不同的体质，可以通过不同的饮食来进行调理，从而增强体质，预防或减少疾病。

由于不同食物搭配在一起食用会产生不同的效果，而不同人在不同的身体状况下对食物也会有不同的反应，这就产生了"饮食宜忌"，中国人在这方面总结出了丰富的经验知识，包括食物搭配、饮食禁忌等方面的内容。

中国人还有以药入食的做法，用来帮助治疗疾病，改善身体素质，称为"药膳"。也有以药泡酒的做法，也可用来防病治病，称为"药酒"。

음식과 건강

건강을 지키려면 평소 적당한 음식을 섭취해야 하는데, 병이 생기면 먼저 병원에 가서 치료를 받아야 한다. 중국은 예로부터 음식과 약은 근본이 같다고 여겼다. '약과 음식은 그 근원이 같다藥食同源'는 의미는 모든 음식이 일정한 약리 작용이 있어서 질병의 예방과 치료에 쓰일 수 있다는 것이다. 각기 다른 체질에는 각기 다른 음식을 조리해서 체질을 강화하고 질병을 예방하거나 줄일 수 있다.

药膳 약선

서로 다른 음식을 배합하여 섭취했을 때 다른 효과가 생길 수 있다. 서로 다른 사람이 몸 상태에 따라 각기 다른 신체적 반응을 보여서 '궁합이 맞는 음식과 금기하는 음식'이 생겨나게 된 것이다. 중국인들은 이 분야에서 음식 궁합, 음식 금기 등의 내용이 포함된 풍부한 경험과 지식을 얻어 냈다.

중국인들은 또 음식에 약을 넣는 방법으로 질병의 치료를 돕고 체질을 개선하는 데 사용했는데, 이를 '약선藥膳'이라 부른다. 또 술에 한약재를 넣어 술을 담았는데 이 또한 질병의 예방과 치료에 쓰이므로 이를 '약주藥酒'라 불렀다.

새 단어

药理 yàolǐ 圐 약리 | 体质 tǐzhì 圐 체질 | 调理 tiáolǐ 圐 조리하다 | 搭配 dāpèi 圐 배합하다 | 禁忌 jìnjì 圐 금기, 터부 (taboo)

春节为何吃饺子?

　　春节时吃饺子，是中国北方的民间风俗。在古代，夜间十一时到次日凌晨一时叫"子时"。春节那天人们要吃在除夕夜包好的饺子，取"更岁交子"之意，即新年和旧年交替是从子时起的意思。

饺子　자오즈(물만두)

춘절에 자오즈를 먹는 이유?

　춘절에 자오즈를 먹는 것은 중국 북방의 민간 풍습이다. 고대에 밤 열한 시부터 다음날 새벽 한 시까지의 시간을 '자시子時'라 불렀다. 춘절 당일 사람들은 섣달 그믐날에 싸놓은 자오즈를 먹는데, 이는 '갱세교자更歲交子', 즉 새해와 낡은 해의 교체交替는 자시子時로부터 시작된다는 의미이다. ('교자餃子'로 '교자交子'의 음을 취한 것)

筷子的使用礼节

1. 去别人家吃饭的时候，不应先于主人动筷子。
2. 不能将筷子直立地插入米饭中。
3. 使用筷子时，不能用筷子对着别人或指点他人，不能拿筷子指手画脚，不能用筷子敲打碗碟或桌面。
4. 在用餐过程中，想好吃哪道菜再举起筷子夹菜，不能将筷子举起来在盘子碗碟上空来回移动而却又不夹菜。
5. 每次用完筷子要轻轻地放下，尽量不要发出响声。

젓가락 사용 예절

1. 다른 사람 집에 가서 식사를 할 때는 주인보다 먼저 젓가락을 사용해서는 안 된다.
2. 젓가락을 밥그릇 가운데 꽂아 놓으면 안 된다.
3. 젓가락을 사용할 때 젓가락으로 다른 사람을 가리키거나 휘두르면 안 되고, 또 밥그릇이나 탁자를 두드리면 안 된다.

4. 밥을 먹을 때는 먼저 어떤 요리를 먹을 것인지를 생각한 다음 요리를 집어먹어야
   지 젓가락을 들고 접시 위를 왔다 갔다만 하면서 요리를 집지 않아서는 안 된다.
5. 매번 젓가락을 사용한 후에는 최대한 소리를 내지 않고 가볍게 내려 놓는다.

多喝热水

　　跟欧美、日韩国家的人习惯喝凉水、冰水不同，中国人习惯喝热水，尤其是
招待客人的时候，要上热茶。

　　中医普遍认为温热的食物养生、暖胃。因此，除了喝热水，中国人也习惯吃
温热的饭菜。

따뜻한 물 마시기

　미국과 유럽, 한국과 일본인들은 차가운 물과 얼음물을 마시는 것과 달리 중국인
들은 따뜻한 물을 마시고, 특히 손님을 접대할 때는 따뜻한 차를 대접한다.

　중의학에서는 따뜻한 음식이 몸을 양생하고 위를 따뜻하게 하는 것으로 인식되어
있다. 따라서 중국인들은 따뜻한 물을 마시는 것 외에도 따뜻한 음식을 먹는 습관이
몸에 배어 있다.

热茶 따뜻한 차

05

居住 주거

居住

中国长期以来是一个农业国，农村人口占全国总人口的绝大部分。1978年，改革开放之初，中国城镇人口占总人口的比重仅为17.92%。此后，中国城市化速度逐渐加快，到2016年底，城镇人口占总人口的比重达到57.35%。[1] 随着城市人口的快速增长和人民生活水平的提高，城市住宅建设也迅速发展。

---

[1] 中华人民共和国国家统计局，《中国统计摘要2017》，中国统计出版社，2017年，第20页。

주거

중국은 오랫동안 농업 국가로서 농촌 인구가 전체 인구의 대다수를 차지해 왔다. 1978년 개혁 개방 초기에 중국의 도시 인구가 차지하는 비중은 중국 총인구의 17.92%에 불과했다. 이후 중국의 도시화 속도는 점차 빨라져서 2016년 말 도시 인구의 비율이 57.35%에 이르렀다.[1] 도시 인구의 급속한 증가와 국민 생활 수준의 향상에 따라 도시의 주택 건설도 빠르게 발전하고 있다.

---

[1] 중화인민공화국국가통계국(中華人民共和國國家統計局)에서 편집하고 중국통계출판사(中國統計出版社)에서 2017년에 출판한 『중국통계연감2017(中國統計年監2017)』 20페이지를 참조함.

城市的住宅　도시의 주택

城市的住宅建设

从20世纪90年代末起，中国城市开始大规模建设商品化住宅。无论在城市中心，还是在郊区，一幢幢高楼平地而起，人们的居住条件大为改善。但城市的中低收入群体中，还有不少存在住房较困难的问题，对此中国政府积极推出了面向中低收入群体的廉租房。中国城镇居民的住房以楼房套间为主，居住单栋住宅的家庭比重不大。

도시의 주택 건설

1990년대 말부터 중국의 도시는 대규모 공공주택 건설을 시작했다. 도시 중심이나 교외를 막론하고 아파트가 곳곳에서 솟아 올라 사람들의 주거 여건이 크게 개선되었다. 그러나 대도시의 저소득층 가구 가운데는 아직도 주택 부족 문제로 어려움을 겪고 있는 사람들이 적지 않다. 이에 대해 중국 정부는 저소득층을 위해 저가 공공주택 사업을 적극 시행했다. 중국 도시 거주민의 주택은 아파트 형태가 주를 이루며, 단독 주택 거주 가구의 비중은 크지 않다.

◆ 房间配置

如今中国人的住房类型，以一室一厅、两室一厅和三室一厅为主。中国人越来越重视"厅"，一家人一般在客厅里看电视、聊天、接待客人、吃饭。比较讲究一些的家庭会另外设一个餐厅。"厅"的面积通常比较大，有的甚至占整个房子面积的一半。除了"厅"和"室"(卧室)，一般的住房都有厨房和浴室、卫生间。据统计，到2015年，88%的城镇家庭配备了冲水式厕所，城镇中拥有洗浴设备的家庭比重达83.5%。[2]

---

2 国家卫生计生委家庭司，《中国家庭发展报告 2015》，中国人口出版社，2015年，第39页。

◆ 방의 배치

현재 중국인의 주택 유형은 대부분 1실 1거실, 2실 1거실과 3실 1거실로 구성되어 있다. 중국인들은 갈수록 '거실'을 중시하는 분위기인데, 온 가족이 보통 거실에서 텔레비전을 보고 대화를 나누고 손님을 접대하고 식사를 하기 때문이다. 생활 환경을 중시하는 가정에서는 별도

새 단어

改革开放 gǎigé kāifàng 개혁 개방 정책 | **城镇** chéngzhèn 명 도시와 읍 | **城市化** chéngshìhuà 명 도시화 | **住宅** zhùzhái 명 주택 | **郊区** jiāoqū 명 교외 지역 | **幢** zhuàng 양 동, 채 [건물의 수를 세는 단위] | **廉租** liánzū 명 저렴하게 임대하다 | **配置** pèizhì 명 배치하다 | **接待** jiēdài 명 접대하다, 응접하다 | **卧室** wòshì 명 침실 | **浴室** yùshì 명 욕실, 목욕탕 | **配备** pèibèi 명 갖추다, 배치하다 | **冲水** chōngshuǐ (변기)물을 내리다 | **洗浴** xǐyù 목욕하다

의 식당을 따로 마련하기도 한다. '거실'의 면적은 보통 비교적 넓은데, 어떤 집은 전체 면적의 절반을 차지하기도 한다. '거실'과 '방'(침실) 외에, 일반적인 주택에는 주방과 욕실, 화장실이 갖춰져 있다. 통계에 따르면, 2015년에는 도시 전체 가구의 88%가 수세식 화장실을 갖추고 있고, 도시에서 목욕 설비를 갖춘 가구의 비중은 83.5%에 달하는 것으로 집계됐다.[2]

---

2 국가위생계생위가정사(國家衛生計生委家庭司)에서 편집하고 중국인구출판사(中國人口出版社)에서 2015년에 출판한 「중국가정 발전보고2015(中國家庭發展報告2015)」 39페이지를 참조함.

◆ 家用设施

　　20世纪80年代以前，中国人的家用设施一般比较简单。20世纪50年代至70年代，自行车、缝纫机、手表、收音机是人们追求的"四大件"。80年代到90年代中期，随着生活水平的提高，人们追求的"四大件"变成冰箱、彩电、洗衣机、录音机。90年代后期，"四大件"再次升级，变成空调、电脑、手机、汽车。21世纪以来，住房和汽车成为某些年轻人结婚的必备。

◆ 가정용 기기

　　1980년대 이전까지만 해도 중국인들의 가정용 기기는 비교적 단순했다. 1950년대부터 1970년대까지는 자전거, 재봉틀, 손목시계, 라디오가 사람들이 갖고 싶은 '4대 필수품'이었는데, 1980년대부터 1990년대 중반까지 생활 수준이 향상되면서 사람들이 갖고 싶은 '4대 필수품'이 냉장고, 텔레비전, 세탁기, 녹음기로 바뀌었다. 1990년대 후반에 이르러 '4대 필수품'은 다시 업그레이드되어 에어컨, 컴퓨터, 휴대전화, 자동차로 바뀌었다. 21세기에 들어와서는 아파트와 자동차가 젊은이들의 결혼 필수품이 되었다.

◆ 室内装修和家具

　　中国人越来越重视房子的装修，用于房子装修的钱越来越多，对品质的要求也越来越高。地板通常是瓷砖或木地板。至于家具，大多数人更喜欢用西式家具，也有一些家庭喜欢用古色古香的中式家具，如红木家具。

◆ 실내 인테리어 및 가구

　　중국인들은 점점 집의 인테리어를 중시하게 되었고, 집을 꾸미는 데 쓰는 돈이 많아짐에 따라 품질에 대한 요구 또한 높아지고 있다. 마루는 일반적으로 타일이나 나무 바닥으로 꾸민다. 가구는 대부분 서양식 가구를 사용하는 것을 좋아하지만 고전적인 중국 전통 양식 가구인 홍목紅木 가구를 좋아하는 사람들도 있다.

◆ 居住支出

中国人用于居住的支出增长迅速。居住支出是中国人消费的第二大支出，仅次于食品方面的支出。2016年，中国人均居住支出为3,746.4元，占全国居民消费支出的21.90%。其中，城镇居民人均居住支出为5,113.7元，占城镇居民消费支出的22.16%。[3]

---

3 中华人民共和国国家统计局，《中国统计摘要2017》，中国统计出版社，2017年，第57页。

◆ 주거 비용

중국인들의 주거 비용은 빠른 속도로 증가하고 있다. 주거 비용은 현재 중국인들이 소비하는 두 번째 큰 지출로, 식비에 버금가는 지출이다. 2016년 중국의 1인당 거주 비용은 3,746.4위안으로 전국 1인당 소비 지출의 21.90%를 차지했다. 그중 도시 거주민의 1인당 거주 비용은 5,113.7위안으로 도시민 1인당 소비 지출의 22.16%를 차지한다. [3]

---

3 중화인민공화국국가통계국(中華人民共和國國家統計局)에서 편집하고 중국통계출판사(中國統計出版社)에서 2017년에 출판한 『중국통계적요2017(中國統計摘要2017)』 57페이지를 참조함.

中式家具 중국식 가구

새 단어

设施 shèshī 📖 시설, 설비 ｜ 缝纫机 féngrènjī 📖 재봉틀 ｜ 升级 shēngjí 📖 격상하다, 업그레이드하다 ｜ 必备 bìbèi 📖 반드시 구비하다 ｜ 装修 zhuāngxiū 📖 내장 공사, 인테리어 ｜ 品质 pǐnzhì 📖 품질, 퀄리티 ｜ 地板 dìbǎn 📖 마루, 바닥 ｜ 瓷砖 cízhuān 📖 타일 ｜ 古色古香 gǔsè gǔxiāng 📖 옛 풍모를 그대로 간직하다, 고색이 창연하다 ｜ 支出 zhīchū 📖 지출

农村住房

　　近年来，中国农村居民住房条件也明显改善。2016年，中国农村居民用于居住的支出为人均2,147.1元，占农村居民消费支出的21.20%。[4] 农村住房的结构主要有砖木结构和钢筋混凝土结构两种。居住在砖木结构住房中的农户占58.9%，居住在钢筋混凝土结构住房中的农户占31.1%。大多数农户的住房拥有卫生设备，其中住房有冲水式厕所的农户占33.6%，有洗浴设备的占45.3%。另外，34.2%的农户住房拥有暖气或空调设备。[5]

---

4 中华人民共和国国家统计局，《中国统计摘要 2017》，中国统计出版社，2017 年，第57页。

5 国家卫生计生委家庭司，《中国家庭发展报告 2015》，中国人口出版社，2015 年，第39页。

농촌 주택

　　최근 몇 년간 중국 농촌 거주 주민의 주택 여건도 눈에 띄게 개선되었다. 2016년 중국 농촌 주민들이 주거 비용으로 지출한 금액은 1인당 평균 2,147.1위안으로 농촌 소비 지출의 21.20%를 차지한다.[4] 농촌 주택 구조는 주로 벽돌과 목재 구조, 철근 콘크리트 구조로 구성되어 있다. 벽돌과 목재 주택에 거주하는 가구는 58.9%, 철근 콘크리트 구조 주택에 거주하

农村住房 농촌 주택

는 가구는 31.1%였다. 대다수 농가의 주택은 위생 설비를 갖추고 있으며, 그중 수세식 화장실을 갖춘 가구가 33.6%, 욕실 설비를 갖춘 가구가 45.3%, 그 외 34.2%의 가구가 난방 시설 및 에어컨 설비를 갖추고 있다.[5]

---

4 중화인민공화국국가통계국(中華人民共和國國家統計局)에서 편집하고 중국통계출판사(中國統計出版社)에서 2017년에 출판한 「중국통계적요2017(中國統計摘要2017)」 57페이지를 참조함.

5 국가위생계생위가정사(國家衛生計生委家庭司)에서 편집하고 중국인구출판사(中國人口出版社)에서 2015년에 출판한 「중국가정발전보고2015(中國家庭發展報告2015)」 39페이지를 참조함.

새 단어

砖木 zhuānmù 벽돌과 목재 | 钢筋 gāngjīn 명 철근 | 混凝土 hùnníngtǔ 명 콘크리트 | 暖气 nuǎnqì 명 증기 난방 장치, 스팀

四合院

四合院是中国一种传统的住宅形式，四面是屋子，中间是院子，南面有一个大门进出，门窗向院子开，对外一般不开窗。四合院在中国南北方都有，北京的四合院最有代表性。现在在北京老城区，还可以看到很多这种传统的四合院，不过，以前的四合院是由一个大家庭居住，而现在一个四合院一般都住好几个家庭。

사합원

사합원은 중국의 전통가옥 형태로, 사면이 주택으로 둘러져 있고 가운데에 공동 마당이 있다. 남쪽으로 대문이 나 있어서 출입이 가능하고, 공동 마당을 향해 창문이 설치되어 있으며 바깥 방향으로는 창문을 설치하지 않는다. 사합원은 중국 남부와 북부에 모두 존재하지만 베이징의 사합원이 가장 대표적이다. 지금의 베이징 구시가 지역에서는 이러한 전통적인 사합원을 많이 찾아볼 수 있지만, 대가족이 함께 살았던 예전의 사합원과는 달리 지금은 각기 다른 개개의 가정이 거주하고 있다.

四合院 사합원

蒙古包

蒙古包是蒙古族牧民居住的一种房子，建造和搬迁都很方便，适用于牧业生产和游牧生活。蒙古包呈圆形尖顶状，顶上和四周用一至两层厚毡覆盖。蒙古包外形虽小，但包内使用面积却很大，而且包内空气流通，采光条件好，冬暖夏凉，不怕风吹雨打，非常适合经常转场放牧的民族居住和使用。

몽고파오

몽고파오는 몽고 유목민들이 거주하는 가옥으로, 만들기와 이동이 편리하고, 목축과 유목 생활에 적합하도록 설계되어 있다. 몽고파오는 뾰족한 원형 지붕 형태를 띠고 지붕과 사방의 벽은 한 두 겹의 두꺼운 가죽으로 덮여 있다. 몽고파오의 외형은 비록 작아 보이나 내부 사용 공간은 넓다. 또한 공

蒙古包 몽고파오

기가 잘 통하고 채광이 좋아 겨울에는 따뜻하고 여름에는 시원하다. 비바람에 강하게 설계되어 목초지를 찾아 자주 이동하는 유목민의 주거 형태로 사용하기에 매우 적합하다.

中国传统老式家具

中国传统家具有衣柜、梳妆台、八仙桌、书案、靠背椅、太师椅、床榻等，都是用天然木料制成，有的用红木等贵重木料制成。

중국 전통 가구

중국 전통 가구는 옷장, 화장대, 팔선상, 책상, 등받이 의자, 등받이와 팔걸이가 있는 의자, 침대 등이 있는데, 모두 천연 목재로 만든 것으로 어떤 것은 홍목 등 귀한 목재를 사용하기도 한다.

太师椅 등받이와 팔걸이가 있는 의자

06

交通 교통

交通

　　中国的交通业发展很快，购买私人汽车的家庭越来越多，汽车越来越多地走进普通家庭。当然，公共交通工具仍然是主要的交通工具，公共汽车、地铁、火车等交通工具一直都承载着庞大的人流。长途出行选择乘坐飞机的人越来越多。无论在城市还是农村，短途出行骑自行车或摩托车的人一直都很多。

교통

　　중국의 교통은 빠르게 발전하고 있으며 자가용 승용차를 구매하는 가정이 점점 많아지고 있어서, 승용차는 점점 더 빠르게 일반 가정에 유입되고 있다. 물론 대중교통은 여전히 주요한 교통수단이고, 버스, 지하철, 기차 등의 교통수단은 줄곧 엄청난 인파를 실어 나르고 있다. 장거리 여행으로 비행기를 선택하는 사람들은 갈수록 많아지고 있고, 도시나 농촌을 막론하고 단거리 외출에는 자전거나 오토바이를 이용하는 사람들이 여전히 매우 많다.

堵车 교통 체증

새 단어

私人汽车 sīrén qìchē 자가용 승용차 ｜ 承载 chéngzài 图 적재 중량을 견디다 ｜ 庞大 pángdà 웹 거대하다, 방대하다 ｜ 人流 rénliú 圆 인파 ｜ 摩托车 mótuōchē 圆 오토바이

汽车进入百姓家庭

20世纪90年代中期以后，中国普通老百姓追求的家用设施是空调、电脑、手机、汽车。随着居民收入的增加，汽车开始快速进入居民家庭。2016年，中国居民私人汽车拥有量约为1.6亿辆，而在1985年，这一数字仅为28.5万。[1]

私人汽车拥有量的快速增加所造成的后果之一，是城市的堵车现象日益严重。为了治理交通拥堵，各个城市的市政府纷纷出台一些地方政策来改善交通状况，例如：鼓励乘坐公共交通工具或骑自行车等"绿色"出行方式；根据车牌尾号实行工作日的尾号限行政策；出台汽车限购令，买车需要通过摇号获得指标；在交通高峰时段限制外地车辆进入市区；等等。

---

1 中华人民共和国国家统计局，《中国统计摘要2017》，中国统计出版社，2017年，第144页。

자가용의 서민 가정 진입

1990년대 중반 이후, 중국 일반 서민들이 원하는 가정용 기기는 에어컨, 컴퓨터, 휴대전화, 자동차였다. 주민들의 소득이 늘어나면서 자동차가 빠른 속도로 주민 가정으로 유입되었다. 2016년 중국 주민의 자가용 승용차 보유 대수는 1억 6000만 대인데, 1985년에 이 숫자는 28만 5천 대에 불과했다.[1]

자가용 승용차 보유량의 급증으로 인해 초래되는 현상 중 하나는 대도시의 교통 체증이 갈수록 심각해진다는 것이다. 교통 체증을 줄이기 위해 각 도시의 관련 기관에서는 지방 정책을 제정하여 교통 체증 개선을 위해 노력하고 있다. 예를 들면 대중교통 이용과 자전거 타기 등 '친환경' 출퇴근 방식을 격려하고, 차량번호 끝자리에 따라 차량 운행을 제한하거나 또 차량 구입 시 추첨을 통한 가이드 라인을 제시해 구매를 제한하고, 교통 혼잡 시간대에는 타지 차량의 도시 진입을 제한하는 등이다.

---

1 중화인민공화국국가통계국(中華人民共和國國家統計局)에서 편집하고 중국통계출판사(中國統計出版社)에서 2017년에 출판한 『중국통계적요2017(中國統計摘要2017)』 144페이지를 참조함.

새 단어

后果 hòuguǒ 圈 (나쁜) 결과 ┃ 堵车 dǔchē 圈 교통 체증 ┃ 治理 zhìlǐ 圖 관리하다, 처리하다 ┃ 拥堵 yōngdǔ 圈 길이 막히다 ┃ 车牌 chēpái 圈 자동차 번호판 ┃ 尾号 wěihào 圈 끝번호, 뒷번호 ┃ 限行 xiànxíng 圈 (규정된 구역이나 시간에) 차량 통행을 제한하다 ┃ 限购令 xiàngòulìng 구매 제한 ┃ 摇号 yáohào 번호를 뽑다 ┃ 指标 zhǐbiāo 圈 지표, 목표 ┃ 高峰 gāofēng 圈 최고점, 절정 ┃ 限制 xiànzhì 圖 제한하다, 규제하다

城市公共交通

为了减少污染，治理交通堵塞，中国各个城市都优先发展公共交通。中国大多数城市的公共交通工具主要为公共汽车。一些城市除了公共汽车外，还有地铁。中国的地铁始建于1965年。截至2018年10月，中国已开通地铁的有北京、天津、上海、重庆、广州、深圳、南京、武汉、成都、西安等36个城市。

在很多城市，老年人出行使用公共交通工具可享受免费或半价的优惠。

도시 대중교통

오염을 줄이고 교통난을 해소하기 위해 중국의 각 도시마다 대중교통을 우선적으로 발전시키고 있다. 중국 대부분 도시의 대중교통수단은 버스 위주이다. 일부 대도시는 버스 외에도 지하철을 보유하고 있다. 중국의 지하철은 1965년에 건설되기 시작하여 2018년 10월까지 베이징, 톈진, 상하이, 충칭, 광저우, 선전, 난징, 우한, 청두, 시안 등 36개 도시에 지하철이 개통되었다.

많은 도시에서는 노인들의 대중교통 이용 시 무료 또는 반값 할인 혜택을 실시하고 있다.

成都地铁 청두 지하철

中国高铁 중국 고속철도

새 단어

污染 wūrǎn 圖 오염 | 堵塞 dǔsè 圖 막히다 | 优先 yōuxiān 圖 우선하다 | 开通 kāitōng 圖 개통하다, 열다 | 出行 chūxíng 圖 다른 지역으로 가다 | 享受 xiǎngshòu 圖 누리다, 즐기다 | 免费 miǎnfèi 圖 무료로 하다 | 半价 bànjià 圖 반값 | 优惠 yōuhuì 圖 특혜의 | 铁路 tiělù 圖 철도 | 全线 quánxiàn 圖 전 구간 | 运营 yùnyíng 圖 운행 영업하다 | 里程 lǐchéng 圖 노정, 여정 | 缩短 suōduǎn 圖 줄이다, 단축하다 | 代售点 dàishòudiǎn 대리점 | 携带 xiédài 圖 휴대하다

火车

火车仍是当下中国最常用的长途交通工具之一。人们出远门时，最主要乘坐的交通工具是火车。每年的春节和"十一"假期，是人们长途出行的高峰期，这时候的火车票非常难买。

2006年，青藏铁路建成并全线通车运营。至此，中国各省、自治区、直辖市都开通了铁路。

值得一提的是，截至2018年底，中国高速铁路(简称"高铁")营业里程居全球第一。高铁的开通，大大缩短了人们的出行时间，也改善了出行条件。

在中国，火车票购买实行实名制，即要凭身份证件购买。购买方式上，可以通过网络或打电话购买，也可以去火车站或代售点购买。

随同成人出行的身高1.2—1.5米的儿童，可购买儿童票。每名成人可免费携带一名身高不足1.2米的儿童，如果身高不足1.2米的儿童超过一名时，一名儿童免费，其他儿童需购买儿童票。

기차

기차는 여전히 현재 중국에서 가장 상용되고 있는 교통수단 중 하나이다. 사람들이 먼 길을 떠날 때 가장 주된 교통수단은 기차이다. 매년 춘절과 '10·1 국경절' 연휴 기간은 장거리 여행의 성수기로, 이 기간에 기차표를 구하는 것은 매우 어려운 일이다.

2006년에는 칭짱青藏 철도가 건설되고, 전 구간이 운행 개통되었다. 이로써 중국 각 성, 자치구, 직할시가 모두 철도를 개통하게 되었다.

특히 2018년 말까지 건설된 중국 고속철도(약칭 '고속철')는 현재 세계 최대 규모의 고속철도 망을 구축하고 있다. 고속철의 개통은 사람들의 이동 시간을 대폭 단축하고 이동 조건도 개선했다.

중국에서는 기차표를 살 때 실명제를 도입해서 신분증을 제시하고 구매해야 한다. 구매 방법으로는 인터넷이나 전화로 구매할 수도 있고 기차역이나 대리점에서도 구매할 수 있다.

성인과 함께 외출하는 신장 1.2~1.5미터의 어린이는 어린이 승차권을 구입할 수 있다. 성인 1인당 키가 1.2미터 미만인 어린이는 한 명에 한하여 무료 승차할 수 있으며 초과되는 경우 한 명은 무료이고 다른 어린이는 어린이 승차권을 구입해야 한다.

飞机

越来越多的中国人乘坐飞机，人们乘坐飞机主要是到较远的地方探亲、旅游或出差。中国最大的三家航空公司是中国国际航空公司、中国南方航空公司和中国东方航空公司。

비행기

점점 더 많은 중국인들이 비행기를 이용하고 있는데, 주로 먼 지역에 사는 가족을 방문하거나 관광 또는 출장을 위해 비행기를 탄다. 중국 최대 항공사로는 중국국제항공, 중국남방항공, 중국동방항공 등 3개이다.

轮船

轮船也是一种重要的交通工具。虽然轮船作为出行工具的使用不如汽车、火车等普遍，但在跨海过江时，轮船仍有重要作用。同时，人们旅行时，轮船可作为游览观光的工具，如长江三峡游、珠江夜游等。

여객선

여객선 또한 중요한 교통수단 중 하나이다. 여객선은 이동 수단으로써 자동차나 기차보다는 활용도가 낮지만 바다와 강을 건널 때는 여전히 중요한 역할을 한다. 또한 사람들이 여행할 때 여객선은 중요한 관광 수단으로 활용되는데, 예를 들어 창장 삼협三峡과 주장珠江 야간 유람을 할 때 등이다.

摩托车

摩托车也是人们常用的交通工具，尤其是在一些小城市。它具有售价低、速度快、使用和存放方便等优点。

오토바이

오토바이도 흔히 쓰이는 교통수단인데, 특히 작은 도시에서 더욱 그렇다. 가격이 싸고 속도가 빠르며 사용 및 보관이 편리하다는 등의 장점이 있다.

飞机 비행기

摩托车 오토바이

观光三轮车 관광 삼륜 자전거

自行车

　　自行车于19世纪末进入中国。目前，中国自行车的产量和用量都居世界第一。不管在城市还是乡村，自行车都是人们常用的交通工具。随着人们对健身越来越重视，很多人还将自行车作为锻炼身体的工具。

　　现在，越来越多的城市都出现了"共享单车"，提倡绿色出行的同时，鼓励人们多进行户外运动，强身健体。

자전거

　자전거는 19세기 말 중국에 들어왔다. 현재 중국의 자전거는 생산과 사용량이 모두 세계 1위이다. 도시와 농촌을 막론하고 자전거는 사람들이 가장 많이 이용하는 교통수단이다. 건강에 대한 사람들의 관심이 높아지면서 자전거를 운동 기구로 활용하는 경우도 많아졌다.

　최근에는 점점 더 많은 도시에 '공용자전거'가 출현하고 있는데, 이는 친환경 출퇴근을 제창하는 동시에 사람들에게 야외 활동과 체력 단련을 장려하고 있다.

其他交通工具

　　电动自行车：因价格实惠、骑行省力、停放方便，有不少人使用。
　　人力三轮车：在某些地方仍然可以见到，可以用来载人或一些货物。在一些旅游景点，还可以看到接待游客的观光三轮车。

기타 교통수단

　전동 자전거: 가격이 저렴하고 힘의 소모가 적고 주정차가 편리하여 많은 사람들이 사용하고 있다.

　삼륜 인력거: 일부 지역에서 여전히 볼 수 있는데, 사람을 태우거나 일부 화물을 운반할 수 있다. 어떤 여행지에서는 아직도 여행객의 관광을 위한 삼륜 자전거가 다니는 것을 볼 수 있다.

새 단어

探亲 tànqīn 割 친척을 방문하다 ┃ 航空公司 hángkōnggōngsī 항공사 ┃ 轮船 lúnchuán 圐 증기선, 여객선 ┃ 三峡 Sānxiá 圐 삼협 [창장(长江)에 있는 세 개의 거대한 협곡이 만나는 구간] ┃ 摩托车 mótuōchē 圐 오토바이 ┃ 售价 shòujià 圐 판매 가격 ┃ 存放 cúnfàng 割 놓아두다 ┃ 乡村 xiāngcūn 圐 농촌, 시골 ┃ 健身 jiànshēn 몸을 건강하게 하다 ┃ 提倡 tíchàng 割 제창하다 ┃ 实惠 shíhuì 割 실속이 있다, 실용적이다 ┃ 省力 shěnglì 割 수월하다 ┃ 停放 tíngfàng 割 주차하다, 세워 두다

郑和下西洋

从1405年到1433年，太监郑和奉明成祖朱棣之命，率领一只庞大的船队，共进行了七次远航。郑和下西洋期间远航至西太平洋和印度洋并拜访了30多个国家和地区，目前已知最远到达过东非、红海。郑和下西洋是中国古代规模最大、船只和海员最多、时间最久的海上航行，也是15世纪末欧洲在地理大发现的航行以前世界历史上规模最大的一系列海上探险。郑和下西洋加强了中外文明的交流，也给后世留下了介绍沿岸国家、地区情况的地理著作以及航海图。

정화의 해외 원정

1405년부터 1433년까지 명성조明成祖 주태朱棣의 명을 받은 태감太監 정화鄭和는 방대한 선단을 이끌고 일곱 번에 걸친 항해를 했다. 정화는 해외 원정 기간에 서태평양과 인도양 지역의 30여 개 국가와 지역을 방문했으며 지금까지 알려진 가장 먼 곳으로는 동아프리카, 홍해 지역에까지 이르렀다. 정화의 해외 원정은 중국 고대에서 규모가 가장 크고 선박과 선원이 가장 많으며 항해 시간이 가장 긴 원양 함대였을 뿐만 아니라 15세기 말 유럽의 신대륙 발견 이전의 세계에서 규모가 가장 큰 해상 탐험이었다. 정화의 해외 원정은 중국과 해외 문명의 교류를 촉진시켰고, 연안 국가와 지역 상황을 소개하는 지리적 저서와 항해도도 후세에 남겼다.

青藏铁路

青藏铁路是世界上海拔最高、线路最长的高原铁路。青藏铁路东起青海西宁，西到西藏拉萨，全长1,956千米，于2006年全线通车。2014年，青藏铁路的延伸线——拉日铁路(拉萨至日喀则)也开通运营。青藏铁路有960多千米路段铺设在海拔超过4,000米以上的地区，最高点在唐古拉山海拔5,072米的地区。

칭짱 철도

   칭짱靑藏 철도는 세계에서 해발 고도가 가장 높고, 노선이 가장 긴 고원 철도이다. 칭짱 철도는 동쪽으로는 칭하이靑海 시닝西寧에서 시작하고, 서쪽으로는 티베트 라싸까지 연결된다. 전체 길이는 1,956킬로미터이고, 2006년에 전 노선이 개통되었다. 2014년부터는 칭짱 철도의 연장선인 라르拉日 철도(라싸에서 르카쩌까지)도 개통하여 운행하고 있다. 칭짱 철도는 960여 킬로미터 구간이 해발 4,000미터 이상인 지역에 깔려 있으며, 최고 고도는 해발 5,072미터인 탕구라산唐古拉山 지역이다.

青藏铁路 칭짱 철도

07

通信 통신

通信

中国通信事业发展迅速。固定电话、移动电话、电脑、宽带网络迅速走进千家万户，成为人们日常生活中不可缺少的部分。

통신

중국 통신 사업은 매우 빠른 속도로 발전하고 있다. 유선전화, 이동전화, 컴퓨터, 광대역 인터넷이 수천 수만에 이르는 가정으로 급속히 진입하면서 사람들의 일상생활에서 빼놓을 수 없는 부분이 되었다.

电话

20世纪80年代前，对于中国老百姓来说，电话是一件很奢侈的用品。那时候，一般只有工作单位里才有电话。80年代开始，电话开始进入普通家庭。但在当时，在家里装上一部电话也不是一件容易的事情，因为那时安装电话，先要交纳几千元安装费，这对普通家庭来说，并不是一个小数目。

20世纪90年代后期开始，电话安装费逐渐降低速，最终取消，电话普及的速度越来越快。如今，拥有家庭电话已经是很平常的事情。

相比起固定电话，移动电话(手机)的发展更加迅速。20世纪90年代移动电话刚进入中国时，由于价格昂贵，只有很少人用得起。那时候的移动电话体积比较大，像一块砖，被人们称为"大哥大"，在当时是地位高和有钱的象征。而如今，一个收入非常普通的劳动者或一个中小学生，也用得起移动电话。据统计，2016年底，平均每一百个中国家庭拥有235.4部移动电话。[1]

电话的普及在某种意义上改变了人们的生活方式。比如，以前每逢春节，人们都要到很多亲戚朋友家拜年，这已经成为一种习俗。如今，几乎每个家庭都有了电话以后，人们很多时候，尤其是对于住得比较远的亲戚，就通过打电话的方式拜年。所以，春节这天从零点起，就进入了电话最繁忙的时段。这些年，随着移动电话的普及，发短信拜年的人也越来越多，而近几年随着微信的流行，通过微信文字、语音或视频拜年的人也多了起来。

---

[1] 中华人民共和国国家统计局，《中国统计摘要2017》，中国统计出版社，2017年，第59页。

전화

1980년대 이전에는 중국 서민들에게 전화기는 사치스러운 물품이었다. 그때는 일하는 직장에만 전화가 있었다. 1980년대부터 일반 가정에 전화가 들어오기 시작했지만 그때도 집에 전화기를 설치한다는 것은 쉬운 일이 아니었다. 왜냐하면 그때 전화를 설치하려면 우선 수천 위안에 달하는 설치비를 내야 했는데 이것은 일반 가정에서는 적은 돈이 아니었다.

1990년대 후반에 들어 전화 설치비가 점차 줄어들다가 결국 없어지면서 전화의 보급 속도가 점차 빨라졌다. 지금은 가정에 전화가 구비되어 있는 것이 일상적인 일이 되었다.

유선전화보다 이동전화(휴대전화)의 발전이 더 빠르다. 1990년대에 이동전화가 막 중국에 들어왔을 때는 가격이 워낙 비싸서 소수의 사람들만이 사용할 수 있었다. 그 시기 이동전화는 부피가 크고 벽돌처럼 생겨서 '다거다大哥大'라는 별명이 붙여졌고, 지위가 높고 돈이 많은 사람들의 상징이었다. 지금은 소득이 평범한 근로자나 초중고생까지도 모두 이동전화를 사용하고 있다. 통계에 따르면, 2016년 말 중국 가정의 이동전화는 100가구당 평균 235.4대에 달하는 것으로 집계됐다.[1]

전화의 보급은 어떤 의미에서 사람들의 생활 방식을 바꾸어 놓았다. 예를 들어 예전에는 춘절이 되면 많은 친지들을 찾아다니며 세배를 올렸고 이것은 지금까지도 풍속으로 전해져 오고 있다. 그러나 지금 거의 모든 가정에 전화가 설치된 이후로는 대부분의 경우, 특히 멀리 사는 친척들에게는 전화를 걸어 새해 인사를 하는 경우가 많아졌다. 그래서 춘절 자정부터는 전화가 가장 바쁜 시간대에 들어간

手机、电脑在日常生活中的使用
휴대전화와 컴퓨터가 일상생활에 사용되고 있다

다. 요즘은 이동전화의 보급에 따라 문자 메시지로 새해 인사를 하는 사람들이 많아지고 있다. 최근 몇 년 동안 위챗의 유행으로 인해 위챗으로 문자 메시지, 음성 메시지 혹은 동영상으로 안부를 묻는 사람들이 많아지기 시작했다.

---

1 중화인민공화국국가통계국(中華人民共和國國家統計局)에서 편집하고 중국통계출판사(中國統計出版社)에서 2017년에 출판한 「중국통계적요2017(中國統計摘要2017)」 59페이지를 참조함.

새 단어

通信 tōngxìn 몡 통신 | 固定 gùdìng 혱 고정된, 일정한 | 移动 yídòng 동 이동하다 | 宽带 kuāndài 몡 광대역 | 奢侈 shēchǐ 혱 사치하다 | 安装 ānzhuāng 동 설치하다 | 交纳 jiāonà 동 납부하다 | 小数目 xiǎoshùmù 몡 소액 | 降低 jiàngdī 동 낮추다, 내리다 | 取消 qǔxiāo 동 취소하다, 없애다 | 昂贵 ángguì 혱 물건 값이 비싸다 | 体积 tǐjī 몡 부피, 체적 | 象征 xiàngzhēng 몡 상징 | 微信 wēixìn 위챗 [텐센트에서 출시한 메신저 프로그램] | 视频 shìpín 몡 동영상

电脑

进入21世纪以来，电脑已经逐渐成为非常常见的家庭设备。2016年，城镇居民平均每一百个家庭拥有80台电脑，而在2000年，这一数字仅为9.7。2016年，农村居民每一百个家庭拥有27.9台电脑。[2]

随着电脑的普及，上网的人越来越多。据中国互联网络信息中心统计，截至2018年6月，中国的网民已达8.02亿，互联网普及率达57.7%。如今，手机逐渐成为网民最常用的上网设备，有98.3%的网民通过手机上网。[3]

从通信方式来说，由于电话、电脑、网络的普及，现在发电报、到邮局寄信的人越来越少了。新技术的应用，深刻地改变着人们的生活方式。

---

[2] 中华人民共和国国家统计局，《中国统计摘要2017》，中国统计出版社，2017年，第59页。

[3] 第42次《中国互联网络发展状况统计报告》，(2018-08-21)[2018-08-20]，http://www.cac.gov.cn/2018-08/20/c_1123296882.htm.

笔记本电脑 노트북 컴퓨터

컴퓨터

21세기 들어 컴퓨터는 점차 가장 흔히 볼 수 있는 가정용 기기가 되었다. 2016년에는 도시 주민 100가구당 컴퓨터 보유 대수가 평균 80대인데, 2000년에만 해도 이 숫자는 9.7대에 불과했다. 2016년 농촌 주민은 100가구당 27.9대의 컴퓨터를 보유하게 되었다.[2]

컴퓨터가 보급되면서 인터넷 접속자 수도 점점 늘어나고 있다. 중국 인터넷 네트워크 정보 센터(CNNIC)에 따르면 2018년 6월까지 중국 네티즌은 8.02억 명에 달하며 인터넷 보급률은 57.7%이다. 현재 휴대전화는 점차 네티즌이 가장 많이 이용하는 인터넷 기기가 되었고, 누리꾼의 98.3%가 휴대전화로 인터넷에 접속한다.[3]

통신 방식으로 본다면 전화기, 컴퓨터, 인터넷 보급으로 인해 현재 전보를 치거나 우체국에 가서 편지를 보내는 사람이 점차 줄어들고 있다. 신기술의 응용은 사람들의 생활 방식을 급격하게 바꿔 놓고 있다.

2 중화인민공화국국가통계국(中華人民共和國國家統計局)에서 편집하고 중국통계출판사(中國統計出版社)에서 2017년에 출판한 『중국통계적요2017(中國統計摘要2017)』 59페이지를 참조함.

3 제42차「중국호연망락발전상황통계보고(中國互聯罔絡發展狀況統計報告)」, (2018-08-21)[2018-08-20], http://www.cac. gov.cn/2018-08/20/c_1123296882.htm.

中国部分城市的长途电话区号

北京(010)、广州(020)、上海(021)、天津(022)、重庆(023)、沈阳(024)、南京(025)、武汉(027)、成都(028)、西安(029)。

중국 일부 도시의 지역 번호

베이징(010), 광저우(020), 상하이(021), 톈진(022), 충칭(023), 선양(024), 난징(025), 우한(027), 청두(028), 시안(029)

中国的手机号码

中国手机号码由十一个数字组成。开始时手机号码都是以"13"开头，后来出现了"15""18""17"开头的号码。从前三个数字一般可以看出这个号码属于哪个网络运营商。如"130"是中国联通的号码，"133"是中国电信的号码，"139"是中国移动的号码。

중국의 휴대전화 번호

중국 휴대전화 번호는 11개 숫자로 구성되어 있다. 처음에는 휴대전화 번호가 모두 '13'으로 시작되었으나 후에는 '15', '18', '17'로 시작되는 번호가 출시되었다. 앞 세 자리의 숫자를 보면 이 번호가 어느 인터넷 회사의 것인지 알 수 있다. 예를 들어 '130'은 차이나유니콤이고, '133'은 차이나텔레콤이며 '139'는 차이나모바일의 번호이다.

中国的邮政编码

中国的邮政编码由六个数字组成。例如，北京外国语大学的邮政编码是100089。

중국의 우편번호

중국의 우편번호는 6개 숫자로 구성되어 있는데, 예를 들어 베이징외국어대학의 우편번호는 100089이다.

08

收入 수입

中国的货币

中国的货币是人民币，以"元"为基本单位。"元"以下的单位是"角"和"分"（1元=10角，1角=10分）。现在在用的人民币纸币的面额有1角、5角、1元、5元、10元、20元、50元、100元，硬币有1角、5角、1元。在日常生活中，人们也经常把"元"称作"块"，把"角"称作"毛"。比如，"十八元五角"，口语中通常说成"十八块五毛"或"十八块五"。

중국의 화폐

중국의 화폐는 런민비人民幣이며 '위안元'을 기본 단위로 한다. '위안' 이하의 단위는 '자오角'와 '펀分'이다(1위안=10자오, 1자오=10펀). 현재 사용하고 있는 런민비 지폐의 액면가는 1자오, 5자오, 1위안, 5위안, 10위안, 20위안, 50위안, 100위안이 있고, 동전은 1자오, 5자오, 1위안이 있다. 일상생활에서 사람들은 보통 '위안元'을 '콰이块'로, '자오角'를 '마오毛'라고 말한다. 예를 들어 '18위안 5자오'를 구어에서는 흔히 '18콰이 5마오' 또는 '18콰이 5'로 말한다.

中国人民银行 중국인민은행

中国人的收入与开支

2016年，中国城镇居民人均可支配收入33,616.2元，比2015年增长7.76%。同期，中国农村居民人均可支配收入12,363.4元，比2015年增长8.24%。[1] 值得注意的是，这里所说的收入，不仅仅是工资收入，还包括财产性收入(房租、股息等收入)和转移性收入(如退休金、社会救济金等)。

---

1 中华人民共和国国家统计局，《中国统计摘要2017》，中国统计出版社，2017年，第56页。

중국인의 수입과 지출

2016년 중국 도시 주민의 1인당 평균 가처분 소득은 33,616.2위안으로 2015년보다 7.76% 증가했다. 같은 기간 중국 농촌 주민의 1인당 가처분 소득은 12,363.4위안으로 2015년보다 8.24% 증가했다.[1] 주의해야 할 것은, 여기서 말하는 소득은 임금 소득뿐 아니라, 재산 소득(월세, 배당금 등 소득)과 전향적 소득(연금, 사회구호금 등)을 포함한 것이라는 점이다.

---

1 중화인민공화국국가통계국(中華人民共和國國家統計局)에서 편집하고 중국통계출판사(中國統計出版社)에서 2017년에 출판한 「중국통계적요2017(中國統計摘要2017)」 56페이지를 참조함.

人民币 런민비

收入与开支 수입과 지출

새 단어

货币 huòbì 圓 화폐 | 单位 dānwèi 圓 단위 | 纸币 zhǐbì 圓 지폐, 종이돈 | 面额 miàn'é 圓 액면가 | 硬币 yìngbì 圓 동전, 금속 화폐 | 收入 shōurù 圓 수입, 소득 | 开支 kāizhī 圓 지출, 비용 | 可支配 kězhīpèi 가처분 | 工资 gōngzī 圓 임금, 월급 | 财产 cáichǎn 圓 재산, 자산 | 房租 fángzū 圓 집세, 방세 | 股息 gǔxī 圓 주식 배당금 | 转移 zhuǎnyí 圖 옮기다, 이동하다 | 退休金 tuìxiūjīn 圓 연금, 퇴직금 | 救济 jiùjì 圖 구제하다

◆ 个人所得税

　　中国于1980年颁布了《中华人民共和国个人所得税法》，标志着中国个人所得税制度正式建立。根据现行的个人所得税率，月工资收入(包括奖金)在5,000元以下的免交个人所得税。月工资收入超过5,000元的，在扣除了养老保险费、医疗保险费、失业保险费等项目以后，超过5,000元的部分按3％至45％七个等级的累进税率交纳个人所得税。从2019年1月1日起，计算个人所得税时，在扣除基本减除费用标准和"三险一金"等专项扣除外，还增加了专项附加扣除项目。个人所得税专项附加扣除包括子女教育、继续教育、大病医疗、住房贷款利息或者住房租金、赡养老人等支出。

◆ 개인소득세

　　중국은 1980년에 「중화인민공화국 개인소득세법」을 반포하여 중국 개인소득세 제도가 정식으로 확립되었음을 선포했다. 현행 개인소득세율에 따르면 월 급여 소득(상여금 포함) 5,000위안 이하는 개인소득세를 면제 받고, 월 소득 5,000위안 초과 소득자는 연금보험료, 의료보험료, 실업보험료 등을 공제한 후 5,000위안 초과분 중 3%~45% 사이에서 7개 등급으로 차등화해 누진세율에 따라 개인소득세를 납부한다. 2019년 1월 1일부터 개인소득세를 계산할 때 기본 공제비용 표준을 공제하고, '3험 1금' 등 특별공제를 하는 것 외에도 특별할증공제까지 추가되었다. 개인소득세 특별할증공제 부분에는 자녀 교육, 평생 교육, 중병 의료, 주택 대출금 또는 월세, 노인 부양 등의 비용이 포함되어 있다.

◆ 各项开支

　　食品烟酒支出仍是中国人日常开支中最大的支出，2016年，城镇居民人均食品烟酒支出占总消费支出的29.30％，农村居民为32.24％。但是，食品烟酒支出所占的比重在逐年下降。在食品烟酒之后，支出比重较大的依次为住房、交通、通信、教育文化娱乐。[2] 另外，随着生活水平的提高，人们对身体健康越来越重视，用于保健方面的支出增长很快。还值得一提的是，人们在文化、教育、娱乐和旅游方面的支出每年都在增长。

上海·南京路步行街 상하이 난징루 거리

2　中华人民共和国国家统计局，《中国统计摘要2017》，中国统计出版社，2017年，第57页。

◆ 각 항목 지출

식료품, 술과 담배 소비 비용은 여전히 중국인의 일상 지출 중 가장 큰 지출이다. 2016년에는 도시민 1인당 식료품, 술과 담배 소비 지출이 29.30%, 농촌 주민은 32.24%였다. 하지만 식품, 술, 담배 지출이 차지하는 비중은 해마다 줄어들고 있다. 식료품, 술과 담배에 이어 지출 비중이 높은 분야는 주택, 교통, 통신, 교육 문화, 오락 순이다.[2] 또 생활 수준이 높아지면서 사람들의 건강에 대한 관심도 점점 높아져서 보건복지 분야의 지출이 급증하고 있다. 그 외에 문화, 교육, 오락, 관광 분야 지출이 해마다 늘고 있는 것도 주목할 만한 일이다.

2 중화인민공화국국가통계국(中華人民共和國國家統計局)에서 편집하고 중국통계출판사(中國統計出版社)에서 2017년에 출판한
   「중국통계적요2017(中國統計摘要2017)」 57페이지를 참조함

◆ 购买力持续增强

近年来，由于居民收入增长较快，居民购买力大大增强，消费支出也全面增加。2016年，中国城镇居民人均消费支出为23,078.9元，比2015年增长7.90%。同期，中国农村居民人均消费支出10,129.8元，比2015年增长9.84%。[3]

3 中华人民共和国国家统计局，《中国统计摘要2017》，中国统计出版社，2017年，第57页。

◆ 지속적인 구매력 증가

최근 중국은 주민 소득의 증가에 따라 구매력 또한 크게 확대되어 소비 지출이 전반적으로 증가했다. 2016년 중국의 도시 주민 1인당 평균 소비 지출액은 23,078.9위안으로 2015년보다 7.9% 증가했다. 같은 기간 중국 농촌 주민 1인당 평균 소비 지출액은 10,129.8위안으로 2015년보다 9.84% 증가했다.[3]

3 중화인민공화국국가통계국(中華人民共和國國家統計局)에서 편집하고 중국통계출판사(中國統計出版社)에서 2017년에 출판한
   「중국통계적요2017(中國統計摘要2017)」 57페이지를 참조함.

새 단어

颁布 bānbù 🖲 공포하다, 반포하다 | 奖金 jiǎngjīn 🖲 상여금, 보너스 | 扣除 kòuchú 🖲 공제하다, 빼다 | 养老 yǎnglǎo 🖲 노인을 봉양하다 | 保险费 bǎoxiǎnfèi 🖲 보험료 | 医疗 yīliáo 🖲 의료 | 失业 shīyè 🖲 직업을 잃다, 실업하다 | 累进 lěijìn 🖲 누진 | 税率 shuìlǜ 🖲 세율 | 减除 jiǎnchú 🖲 줄이다, 없애다 | 专项 zhuānxiàng 🖲 전문 항목, 특별 항목 | 附加 fùjiā 🖲 부가하다 | 贷款 dàikuǎn 🖲 대출금, 차관 | 利息 lìxī 🖲 이자 | 租金 zūjīn 🖲 임대료 | 赡养 shànyǎng 🖲 부양하다, 먹여 살리다 | 开支 kāizhī 🖲 지불하다, 지출하다 | 保健 bǎojiàn 🖲 보건 | 购买力 gòumǎilì 🖲 구매력

◆ 收入差距在扩大

尽管中国人人均收入在增加，人均购买力大为增强，但不容忽视的是，收入的差距很大，而且有进一步扩大的趋势。首先，城乡差距还比较大，这在前面的数字中已经显示出来。其次，高收入群体和低收入群体之间的收入差距在扩大。统计数据显示，20%的最高收入家庭的年均收入和20%的最低收入家庭的年均收入相比，2000年是3.61:1，2015年上升到约19:1。[4]

---

4 国家卫生计生委家庭司，《中国家庭发展报告2015》，中国人口出版社，2015年，第24页。

◆ 소득 격차 확대

超市购物 마트에서 쇼핑

중국인들의 1인당 소득이 높아지고 있고 구매력도 크게 증가했지만 간과할 수 없는 것은 소득의 격차가 매우 크고 앞으로 계속 확대될 추세라는 점이다. 우선, 도시와 농촌 간의 격차가 비교적 크다는 점은 앞에서 제시한 숫자에 이미 잘 드러나고 있다. 다음으로, 고소득층과 저소득층 간의 소득 격차가 확대되고 있다. 통계에 따르면 연평균 소득이 상위 20%인 가구와 하위 20%인 저소득층 가구와 비교한 결과 2000년에는 3.61배였지만 2015년에는 약 19배로 증가했다.[4]

---

4 국가위생계생위가정사(國家衛生計生委家庭司)에서 편집하고 중국인구출판사(中國人口出版社)에서 2015년에 출판한 『중국가정발전보고2015(中國家庭發展報告2015)』 24페이지를 참조함.

새 단어

忽视 hūshì 〔동〕 소홀히 하다, 경시하다 | 扩大 kuòdà 〔동〕 넓히다, 확대하다 | 差距 chājù 〔명〕 격차, 갭 | 群体 qúntǐ 〔명〕 단체, 그룹 | 上升 shàngshēng 〔동〕 상승하다, 올라가다

人民币的写法

人民币的缩写是RMB，货币代码为CNY，货币符号是¥。例如555元5角5分可写成¥555.55。

런민비의 표시

런민비의 약칭은 RMB이고, 화폐 코드는 CNY이며 화폐 부호는 ¥으로 표기한다. 예를 들어 555위안 55자오는 ¥555.55로 표시한다.

人民币上的头像

现在流通的人民币主要是1999年开始发行的第五套人民币，正面是毛泽东同志的头像。1980年版的第四套人民币上的头像，除了50元和100元面值的，都是各民族人物的形象，50元钞票上的是工人、农民、知识分子头像，100元钞票上的是毛泽东、周恩来、刘少奇、朱德四位领袖人物的侧面浮雕像。

런민비의 초상

人民币 런민비

현재 유통되고 있는 런민비는 주로 1999년부터 발행하기 시작한 제5차 런민비로, 정면 디자인은 마오쩌둥 주석의 초상이다. 1980년에 발행한 제4차 런민비의 초상은 50위안과 100위안권 외에는 모두 소수민족 인물의 이미지이며, 50위안짜리 지폐에는 노동자, 농  민, 지식인의 초상이 그려져 있고 100위안짜리 지폐에는 마오쩌둥, 저우언라이, 리우샤오치, 주더 등 4명의 지도자의 측면 조각상이 디자인되어 있다.

在中国要付小费吗？

在中国，一般没有付小费的习惯，因为购买产品或服务的价格里面已经包含了给服务人员的服务费用。不过有些餐厅会要求顾客付10%—15%的服务费，但这种收费必须列在账单上，提前告知顾客。

중국에서 팁을 주어야 하는가?

중국에서는 일반적으로 팁을 주는 습관이 없는데, 이는 제품이나 서비스 가격에 서비스 비용이 이미 포함되어 있기 때문이다. 하지만 어떤 음식점에서는 고객에게 10%~15%의 서비스 비용을 요구하는데, 이런 비용은 반드시 영수증에 기록해야 하고, 사전에 고객에게 고지해야 한다.

账单 계산서

09

教育 교육

教育

　　中国的教育主要包括学前教育、初等教育、中等教育、高等教育等阶段。中国从1986年起，开始实行九年义务教育（小学六年、初中三年）。经过30多年的努力，已经取得了很大的成绩。据统计，到2016年，小学学龄儿童入学率达99.9%，初中入学率达到104%。[1]

---

1 中华人民共和国国家统计局，《中国统计摘要2017》，中国统计出版社，2017年，第180页。

注 此处的入学率是指毛入学率，即该级教育在校学生总数与政府规定的该级学龄人口总数之比。

교육

　　중국의 교육은 입학 전 교육, 초등교육, 중등교육, 고등교육 등의 단계로 나눈다. 중국은 1986년부터 9년간의 의무 교육(초등 6년, 중등 3년)을 실시하기 시작했고, 30여 년간의 노력 끝에 이미 상당한 성과를 거두었다. 통계에 따르면 2016년까지 초등학교 취학 연령 아동의 입학률이 99.9%, 중학교 입학률이 104%에 달한 것으로 집계됐다.[1]

---

1 중화인민공화국국가통계국(中華人民共和國國家統計局)에서 편집하고 중국통계출판사(中國統計出版社)에서 2017년에 출판한 「중국통계적요2017(中國統計摘要2017)」 180페이지를 참조함.

주 여기에서의 입학률은 순수 입학률을 지칭하는 것으로, 학적을 보유한 해당 학급 교육의 총수와 정부가 규정하는 해당 학급의 학령인구 총수의 비례 값이다.

学制

　　中国的学制跟国际上流行的学制基本相同，一般情况如下：

　　小学：六年（入学年龄：6—7岁）。

　　中学：六年（其中初中三年，高中三年）。

　　大学：本科四年，专科两至三年。

학제

　　중국의 학제는 국제적으로 통용되는 학제와 기본적으로 일치하며 일반적인 상황에서 다음과 같다.

- **초등학교**: 6년(취학 연령: 6세~7세)
- **중등학교**: 6년(중학교 3년, 고등학교 3년)
- **대학교**: 일반대학 4년, 전문대학 2~3년

幼儿园

　　幼儿园教育并不属于义务教育的范围，但由于中国的"双职工"家庭（即夫妻都有工作的家庭）很多，所以，中国的小孩子一般都会上幼儿园。

　　在中国，孩子上幼儿园的年龄一般是3周岁。幼儿园一般按孩子的年龄分小班（3—4岁）、中班（4—5岁）和大班（5—6岁）三级。孩子们在幼儿园学习唱歌、画画、数数、认字，更重要的是学习生活自理以及过集体生活。幼儿园一般是全日制，从上午八点到下午五点。孩子们中午在幼儿园里吃饭和午睡。

유치원

　　유치원 교육은 의무 교육의 범위에 속하지는 않지만, 중국에는 '맞벌이' 가정(부부가 모두 출근하는 가정)이 많으므로 어린이들은 대체로 유치원에 다닌다.

　　중국에서 아이가 유치원에 다닐 수 있는 나이는 보통 만 3세이다. 유치원은 아이들의 연령에 따라 소반(3~4세), 중반(4~5세), 대반(5~6세) 3단계로 나눈다. 아이들은 유치원에서 노래를 부르고, 그림을 그리며, 숫

幼儿园 유치원

자와 글씨 쓰는 것을 배운다. 더 중요한 것은 생활에서의 자립과 단체 생활을 배울 수 있다는 것이다. 유치원은 보통 전일제로, 오전 8시부터 오후 5시까지이다. 아이들은 점심에 유치원에서 밥을 먹고 낮잠을 잔다.

새 단어

阶段 jiēduàn 몡단계 ｜ 实行 shíxíng 통실행하다 ｜ 义务 yìwù 몡의무 ｜ 学龄 xuélíng 몡취학 연령, 학령 ｜ 入学率 rùxuélǜ 입학률 ｜ 学制 xuézhì 몡학제, 학교 교육 제도 ｜ 本科 běnkē 몡본과 ｜ 专科 zhuānkē 몡전문대학 ['专科学校'의 준말] ｜ 幼儿园 yòu'éryuán 몡유아원, 유치원 ｜ 双职工 shuāngzhígōng 몡맞벌이 부부 ｜ 年龄 niánlíng 몡연령, 나이 ｜ 周岁 zhōusuì 몡한 돌, 만 나이 ｜ 自理 zìlǐ 통앞가림하다, 스스로 처리하다 ｜ 集体 jítǐ 몡집단, 단체 ｜ 全日制 quánrìzhì 몡전일제 ｜ 午睡 wǔshuì 몡낮잠

小学

中国的孩子一般6—7周岁入小学。2016年，全国共有小学177,633所，在校生9,913.0万人。[2]

小学生在学校学习六年。学习的科目有语文、数学、英语、科学、品德与社会、音乐、美术、体育等。小学一节课一般40分钟，课间休息10分钟。

2　中华人民共和国国家统计局，《中国统计摘要2017》，中国统计出版社，2017年，第174页，第177页。

초등학교

중국 아이들은 보통 만 6~7세에 초등학교에 입학한다. 2016년 전국 초등학교 수는 총 177,633개, 재학생은 9,913만 명이었다.[2]

초등학생은 학교에서 6년을 공부한다. 학습 과목은 국어, 수학, 영어, 과학, 윤리와 사회, 음악, 미술, 체육 등이다. 초등학교 수업 시간은 보통 40분이고, 수업 사이에 10분간 휴식한다.

2　중화인민공화국국가통계국(中華人民共和國國家統計局)에서 편집하고 중국통계출판사(中國統計出版社)에서 2017년에 출판한 『중국통계적요2017(中國統計摘要2017)』 174, 177페이지를 참조함.

小学 초등학교

初中

中国的中学分两个阶段：初中和高中，学制一般是三年。2016年，全国共有初中学校52,118所，在校生4,329.4万人。[3]

初中的三年分别称为初一、初二、初三(也称七年级、八年级、九年级)。学习的科目有语文、数学、英语、政治、历史、地理、物理、化学、生物、音乐、美术、信息技术、体育等。

初中毕业时，学生需要参加中考，中考成绩决定学生是否可以升入高中以及升入哪所高中。学生希望考取较好的成绩来升入理想的高中。

---

[3] 中华人民共和国国家统计局，《中国统计摘要2017》，中国统计出版社，2017年，第174页，第177页。

중학교

중국의 중등교육 과정은 중학교와 고등학교 두 단계로 나뉘는데, 학제는 각각 3년이다. 2016년 전국 중학교 수는 총 52,118개, 재학생은 4,329만 4천 명이었다.[3]

중학교 3년을 각각 중1, 중2, 중3(또는 7학년, 8학년, 9학년)이라 칭한다. 학습 과목은 국어, 수학, 영어, 정치, 역사, 지리, 물리, 화학, 생물, 음악, 미술, 정보 기술, 체육 등이다.

중학교를 졸업할 때는 연합고사를 치러야 하는데, 시험 결과로 고등학교 진학 여부와 어떤 고등학교를 진학할지가 결정된다. 학생들은 좋은 성적으로 자신이 원하는 고등학교에 진학하기를 희망한다.

---

[3] 중화인민공화국국가통계국(中華人民共和國國家統計局)에서 편집하고 중국통계출판사(中國統計出版社)에서 2017년에 출판한 『중국통계적요2017(中國統計摘要2017)』 174, 177페이지를 참조함.

새 단어

科目 kēmù 圕 과목 ┃ 品德 pǐndé 圕 윤리 ┃ 课间 kèjiān 圕 수업과 수업 사이 ┃ 升入 shēngrù 圕 진학하다 ┃ 考取 kǎoqǔ 圕 시험에 합격하다

高中

中国的高中阶段教育，主要包括普通高中和中等职业教育。2016年，全国共有普通高中和中等职业教育学校24,295所，在校生3,963.9万人。[4]

普通高中的三年分别称为高一、高二、高三，学习的科目跟初中差不多。

据调查，2015年15—17岁青少年在学率为82.8%（农村为72.4%，城镇为93.9%）。[5]

4 中华人民共和国国家统计局，《中国统计摘要2017》，中国统计出版社，2017年，第177页。
5 国家卫生计生委家庭司，《中国家庭发展报告2015》，中国人口出版社，2015年，第79页。

고등학교

중국의 고등학교 교육은 일반 고등학교 교육과 직업 고등학교 교육으로 나뉜다. 2016년 전국의 일반 고등학교와 직업 고등학교 수는 총 24,295개, 재학생은 3,963만 9천 명이었다.[4]

일반 고등학교 3년을 각각 고1, 고2, 고3이라 부르며, 학습 과목은 중학교와 비슷하다.

통계에 따르면, 2015년 15~17세 청소년의 고등학교 평균 재학률은 82.8%(농촌 72.4%, 도시 93.9%)로 조사됐다.[5]

4 중화인민공화국국가통계국(中華人民共和國國家統計局)에서 편집하고 중국통계출판사(中國統計出版社)에서 2017년에 출판한 『중국통계적요2017(中國統計摘要2017)』 177페이지를 참조함.
5 국가위생계생위가정사(國家衛生計生委家庭司)에서 편집하고 중국인구출판사(中國人口出版社)에서 2015년에 출판한 『중국가정발전보고2015(中國家庭發展報告2015)』 79페이지를 참조함.

高中 고등학교

◆ 高考

中国的高中毕业生需要参加一个全国统一的高等学校入学考试，达到一定的分数线后，才能进入大学读书。这个大学入学考试，就是著名的"高考"。

对于学生来说，语文、数学、英语三科是必考科目，另外还要考一门文科综合(通常是政治、历史、地理)或理科综合(通常是物理、化学、生物)的科目。由于各省份的教育水平不一样，所以各省份的考试题目和录取分数线也不完全一样。

◆ 대학 입학시험

高考 대학 입학시험

중국의 고등학교 졸업생은 전국에서 동일하게 치러지는 수학 능력 입학시험에 응시해서 정해진 합격선에 도달해야만 대학에 진학할 수 있다. 이 대학 입학시험이 바로 그 유명한 '가오카오高考'이다.

국어, 수학, 영어 3과목은 필수 과목이고 이외에도 문과 종합(보통 정치, 역사, 지리)이나 이과 종합(보통 물리, 화학, 생물) 과목 시험을 봐야 한다. 각 성省의 교육 수준이 다르기 때문에 각 성의 시험 문제와 합격선도 조금씩 다르다.

새 단어

统一 tǒngyī 웹 통일적인, 단일한 | 分数线 fēnshùxiàn 웹 합격선, 커트라인 | 文科 wénkē 웹 문과 | 理科 lǐkē 웹 이과 | 省份 shěngfèn 웹 성(省) | 题目 tímù 웹 문제 | 录取 lùqǔ 됩 합격하다

大学

大学教育分本科和专科两种。本科学制四年，专科学制两至三年。截至2016年，中国共有普通高等学校2,596所，本、专科在校生2,695.8万人。[6]

大学的四年分别称为大一、大二、大三、大四。

研究生教育在中国也非常普遍，包括硕士和博士两个阶段。硕士生学制两至三年，博士生学制一般为三至四年。

---

6 中华人民共和国国家统计局，《中国统计摘要2017》，中国统计出版社，2017年，第174页，第177页。

◆ 大学生生活

中国的大学生一般都住在学校的学生宿舍里，交纳一定的住宿费。学校开设学生食堂，饭菜一般比较便宜。由于学生几乎都住校，所以校园通常很大，除了教学楼，还有比较大的生活区。大学校园，可以说是一个小社会。

大学生需要交纳学费，不同的专业学费会有所不同，公办学校每年的学费从几千元到一万元不等。家庭比较贫困的学生，可以向学校申请助学金。学校还设有奖学金制度，鼓励学生努力学习。

大学生 대학생

새 단어

研究生 yánjiūshēng 圐 대학원생 ｜ 硕士 shuòshì 圐 석사 ｜ 博士 bóshì 圐 박사 ｜ 宿舍 sùshè 圐 기숙사, 숙소 ｜ 住宿费 zhùsùfèi 圐 숙박비, 기숙사비 ｜ 开设 kāishè 圐 설립하다, 개설하다 ｜ 教学楼 jiàoxuélóu 강의실 건물 ｜ 生活区 shēnghuóqū 생활권, 생활 구역 ｜ 学费 xuéfèi 圐 학비, 학자금 ｜ 贫困 pínkùn 圐 빈곤하다, 곤궁하다 ｜ 申请 shēnqǐng 圐 신청하다 ｜ 助学金 zhùxuéjīn 圐 보조금, 장학금 [성적에 관계없이 생활이 어려운 학생에게 지급하는 장학금] ｜ 奖学金 jiǎngxuéjīn 圐 장학금 [학업 우수자에게 지급하는 장학금]

대학교

대학 교육은 일반대학과 전문대학 두 종류로 나뉜다. 일반대학은 4년, 전문대학은 2년 내지 3년이다. 2016년까지 전국의 대학교 수는 2,596개이고 재학생은 2,695만 8천 명이었다.[6]

대학교 4년을 각각 대1, 대2, 대3, 대4라 부른다.

대학원생 교육도 중국에서 보편적인데, 석사와 박사 2단계를 포함한다. 석사 과정은 2~3년이며, 박사 과정은 보통 3~4년이다.

---

6 중화인민공화국국가통계국(中華人民共和國國家統計局)에서 편집하고 중국통계출판사(中國統計出版社)에서 2017년에 출판한 「중국통계적요2017(中國統計摘要2017)」 174, 177페이지를 참조함.

◆ 대학 생활

중국의 대학생들은 보통 학교 기숙사에서 살며 기숙사비를 납부한다. 학교에는 학생 식당이 있는데, 식사 비용은 비교적 저렴한 편이다. 학생들 대부분이 기숙사 생활을 하기 때문에 대학 캠퍼스는 매우 크다. 캠퍼스는 강의실 외에도 비교적 많은 생활 구역을 갖추고 있어 대학 캠퍼스는 작은 사회라고 할 수 있다.

대학생들은 등록금을 내야 하는데, 학과별로 등록금도 각기 다르다. 국립대학의 연간 등록금은 몇 천 위안에서 만 위안에 이른다. 가정 형편이 어려운 학생은 학교에 보조금을 신청할 수 있다. 대학에서는 장학금 제도도 운영하며 학생들에게 열심히 공부하도록 격려하고 있다.

上海·同济大学图书馆 상하이·퉁지대학 도서관

学期

中国学校一学年一般分为两个学期，每年的九月至次年一月为上学期，三月 (或从二月中下旬开始)到七月初为下学期。

학기

중국 학교는 한 학년을 보통 두 학기로 나누며, 매년 9월부터 다음해 1월까지를 상학기로, 3월(또는 2월 중하순부터 시작)부터 7월 초까지를 하학기로 나눈다.

寒假和暑假

中国学校的假期实行双假期制：每年有寒暑假两个大假，冬季一次，夏季一次。至于寒暑假的长短，国家没有统一规定，一般来说，每年一二月份放寒假，为期四至六周；七八月份放暑假，为期六至七周。

겨울방학과 여름방학

중국 학교의 방학은 일년에 두 번으로, 매년 겨울에 한 번, 여름에 한 번 동·하계 방학을 한다. 겨울방학과 여름방학 기간은 국가의 통일된 규정은 없지만, 일반적으로 매년 1, 2월에 겨울방학을 하고 기간은 4주 내지 6주이며, 7, 8월에는 여름방학을 하는데 기간은 6주 내지 7주이다.

高考取消年龄和婚否的限制

从2001年起，中国高考取消了年龄必须在25岁以下和未婚的条件限制。这意味着任何年龄的人都可以报名参加高考。

대입 시험에서 나이와 혼인 여부 제한 철폐

2001년부터 중국 대입 시험은 반드시 25세 이하이고 미혼이어야 한다는 조건 제한을 없앴다. 이것은 연령에 상관없이 모든 사람이 대학 입학시험에 응시할 수 있음을 의미한다.

10

就业 취업

就业

中国人口众多，劳动力人口(15—64岁)在总人口中所占的比重也很大。2016年的统计数字显示，劳动力人口在总人口中所占的比重达到72.5%，人数约10亿。[1] 由于劳动力人口庞大，就业问题也是中国社会一个十分重要的问题。

---

1 中华人民共和国国家统计局，《中国统计摘要2017》，中国统计出版社，2017年，第18页。

◆ 就业人数和结构

2016年底，全国城镇和农村就业人数达到77,603万人，其中城镇就业人数41,428万人。[2]

就业结构方面，近年发展趋势是：第一产业从业人员所占比重逐渐下降，第二产业从业人员所占比重基本稳定，第三产业从业人员所占比重逐渐增加。下表显示1990年、2002年和2016年三大产业从业人员所占比重。[3]

2, 3 中华人民共和国国家统计局，《中国统计摘要2017》，中国统计出版社，2017年，第40页，第39页。

招聘博览会 취업 박람회

취업

중국은 인구가 많은 나라로, 노동 생산인구(15~64세)가 총인구에서 차지하는 비중이 매우 높다. 2016년 통계에 따르면, 총인구 중 노동 생산인구의 비중은 72.5%로 약 10억 명에 달한다.[1] 노동 생산인구가 많기 때문에 취업 문제 또한 중국 사회의 중요한 이슈로 부상했다.

[1] 중화인민공화국국가통계국(中華人民共和國國家統計局)에서 편집하고 중국통계출판사(中國統計出版社)에서 2017년에 출판한 「중국통계적요2017(中國統計摘要2017)」 18페이지를 참조함.

◆ 취업 인구와 구성

2016년 말, 전국 도시와 농촌의 취업 인구는 7억 7603만 명이고, 그중 도시 취업 인구가 4억 1,428만 명이다.[2]

취업 구성에 있어 최근 몇 년의 추세는 1차 산업 종사자가 차지하는 비중이 점차 낮아지고 있고, 2차 산업 종사자의 비중은 점차 안정되고 있으며, 3차 산업 종사자의 비중은 점차 높아지고 있다. 아래의 도표는 1990년, 2002년, 2016년도의 3대 업종 종사자의 비중을 나타내고 있다.[3]

[2, 3] 중화인민공화국국가통계국(中華人民共和國國家統計局)에서 편집하고 중국통계출판사(中國統計出版社)에서 2017년에 출판한 「중국통계적요2017(中國統計摘要2017)」 40, 39페이지를 참조함.

年份 연도	第一产业 1차 산업	第二产业 2차 산업	第三产业 3차 산업
1990	60.1%	21.4%	18.5%
2002	50.0%	21.4%	28.6%
2016	27.7%	28.8%	43.5%

계산 결과는 소수 첫째 자리까지 반올림함

公司职员 회사원

새 단어

劳动力 láodònglì 圆 노동력, 일손 | 比重 bǐzhòng 圆 비중 | 庞大 pángdà 圈 방대하다, 거대하다 | 稳定 wěndìng 圈 안정하다, 변동이 없다

失业率

2016年底，中国城镇登记失业人员982万人，城镇登记失业率4.02%。自20世纪90年代开始，城镇登记失业率逐渐上升，从1992年的2.3%到2003年的4.3%，随后一直稳定在4%到4.3%之间，失业问题也成为人们比较关注的问题之一。下表显示近二十年的失业率。[4]

4　中华人民共和国国家统计局，《中国统计摘要2017》，中国统计出版社，2017年，第39页。

실업률

2016년 말, 도시의 실업 인구는 982만 명으로, 이는 4.02%에 달하는 실업률이다. 1990년대부터 도시 실업률은 점차 상승세를 보였는데, 1992년 2.3%에서 2003년에는 4.3%로 증가했다. 그 이후로는 줄곧 4% 내지 4.3%의 실업률을 안정적으로 유지하고 있다. 실업 문제는 많은 사람들의 관심사 중 하나이다. 아래의 도표는 최근 20년간의 실업률을 나타내고 있다.[4]

4　중화인민공화국국가통계국(中華人民共和國國家統計局)에서 편집하고 중국통계출판사(中國統計出版社)에서 2017년에 출판한 「중국통계적요2017(中國統計摘要2017)」 39페이지를 참조함.

失业情况 실업 상황(연도)	1995	2000	2005	2010	2016
城镇登记失业人数 도시 실업자(만 명)	520	595	839	908	982
城镇登记失业率 도시 실업률(%)	2.9	3.1	4.2	4.1	4.02

加班　초과 근무

工作时间

20世纪初，中国工矿企业工人的每日工作时间为12—14小时，有的甚至达到16小时。中华人民共和国成立后，实行每日8小时工作制。1994年《劳动法》颁布，明确规定："劳动者每日工作时间不超过8小时，平均每周工作时间不超过44小时。"

《劳动法》还规定："应当保证劳动者每周至少休息一日。"实际上，中国大多数用人单位实行"双休日"制度，即每周休息两日，每周工作时间40小时。

如果日工作时间超过8小时，超出的时间称为"加班"。一般每日"加班"不得超过1小时，最多不能超过3小时。"加班"要另外支付工资报酬，而且不能低于正常工作时间工资的150%。

근무 시간

20세기 초, 중국의 공장, 광산, 기업 근로자는 매일 12시간에서 14시간씩 일했다. 심지어 16시간 일하는 경우도 있었다. 중화인민공화국 수립 이후 하루 8시간 근무제를 실시했다. 1994년 반포된 「노동법」은 '근로자는 매일 근무 시간이 8시간을 초과해서는 안 되고, 매주 평균 근무 시간이 44시간을 초과해서도 안 된다'라고 명시하고 있다.

「노동법」은 또한 '근로자들은 매주 최소 1일씩 쉬어야 한다'고 규정하고 있다. 실제로 현재 중국의 대다수 기업은 '주 5일제'를 시행하고 있는데, 매주 이틀은 쉬고 주당 근무 시간은 40시간이다.

만약 하루 근무 시간이 8시간을 넘을 경우 이를 '초과 근무'라고 하는데, 보통 '초과 근무'는 매일 1시간 이상 해서는 안 되며 아무리 많아도 3시간을 초과할 수 없다. '초과 근무'는 별도의 수당을 지급해야 하며, 평소 근무 시간 임금의 150% 이하여서는 안 된다.

새 단어

登记 dēngjì 图 등기하다, 등록하다 ┃ 关注 guānzhù 图 관심을 가지다 ┃ 工矿 gōngkuàng 图 공장과 광산['工厂矿山'의 준말] ┃ 企业 qǐyè 图 기업 ┃ 保证 bǎozhèng 图 보증하다, 확보하다 ┃ 双休日 shuāngxiūrì 图 (주 5일 근무제에서의) 이틀 연휴 ┃ 加班 jiābān 图 초과 근무하다, 특근하다 ┃ 支付 zhīfù 图 지불하다, 지급하다 ┃ 工资报酬 gōngzībàochóu 图 월급, 보수

休假

◆ 法定节假日

根据国家规定，元旦、春节、清明节、国际劳动节、端午节、中秋节和国庆节为法定节假日，是劳动者休假的日子。

◆ 年休假制度

《劳动法》规定："劳动者连续工作1年以上的，享受带薪年休假。"《职工带薪年休假条例》规定：劳动者累计工作已满1年不满10年的，年休假5天；已满10年不满20年的，年休假10天；已满20年的，年休假15天。法定节假日、休息日不计入年休假的假期。

휴가

◆ 법정 공휴일

국가 규정에 따라 원단, 춘절, 청명절, 노동절, 단오절, 중추절, 국경절로 정해진 기념일과 명절에는 모든 근로자가 휴무이다.

◆ 연차 휴가 제도

「노동법」은 '1년 이상 근무한 근로자는 유급 연차 휴가를 누릴 수 있다'고 규정하고 있다. 「노동자 유급 연차 휴가 조례」에 따르면, 근무 연한이 1년 이상 10년 이하이면 연차 휴가는 5일, 10년 이상 20년 이하이면 연차 휴가는 10일, 20년 이상이면 연차 휴가는 15일이다. 법정 공휴일과 주말은 연차 휴가에 포함되지 않는다.

去休假 휴가를 떠나다

退休

　　中国现行的法定退休年龄为男性60岁，女工人50岁，女干部55岁。这是1978年颁布的中国相关法律法规规定的。有人大代表提议延后退休年龄，但到目前为止，在这方面尚没有新的法律法规出台。

정년퇴직

　　중국 현행 법정 퇴직 연령은 남성은 60세, 여성 근로자는 50세, 여성 공무원은 55세이다. 이는 1978년에 반포된 퇴직 관련 법 규정이다. 최근 모 인민대표가 퇴직 연령의 연장에 관한 법률을 발의했지만 지금까지 이 방면에는 아직 새로운 법률이 시행되지 못하고 있다.

退休的老夫妻
은퇴한 노부부

새 단어

法定 fǎdìng 웹 법률로 규정된, 법정의 | 节假日 jiéjiàrì 웹 경축일과 휴일 | 休假 xiūjià 웹 휴가 휴가를 보내다 | 连续 liánxù 图 연속하다, 계속하다 | 享受 xiǎngshòu 图 누리다, 즐기다 | 带薪 dàixīn 图 유급이다 [원래 급여를 그대로 받으며 다른 일을 하는 것] | 条例 tiáolì 웹 조례, 규정 | 累计 lěijì 图 누계하다, 합계하다 | 现行 xiànxíng 웹 현행의 | 退休 tuìxiū 图 퇴직하다 | 年龄 niánlíng 웹 나이, 연령 | 干部 gānbù 웹 간부, 임원, 공무원 | 提议 tíyì 图 제의하다 | 延后 yánhòu 图 연기하다, 미루다 | 为止 wéizhǐ 图 ~까지 하다 | 出台 chūtái 图 (정책 또는 조치 등을) 공포하거나 실시하다

铁饭碗

"铁饭碗"指非常稳定的工作。中国改革开放以前，在事业单位或在国营企业工作的人员，不管工作做得怎么样，都可以领取固定工资，没有被辞退的危险。

철밥통

'철밥통'은 매우 안정된 직장을 가리킨다. 중국 개혁 개방 이전, 비영리기관이나 국영기업에서 근무하는 사람들은 업무 능력과 무관하게 고정된 임금을 받고 해고될 위험도 없었다.

农民工

农民工指离开农村到城镇工作的农民。据统计，2017年全国农民工总数28,652万人。[5] 农民工较多从事建筑等体力劳动行业，他们的工作条件一般不怎么好，往往劳动时间长，劳动强度大，环境卫生较差。农民工对城市的发展起了重要作用。

---

5 中华人民共和国国家统计局，中华人民共和国2017年国民经济和社会发展统计公报，(2018-02-28)[2018-03-20]，http://www.stats.gov.cn/tjsj/zxfb/201802/t20180228_1585631.html.

농민공

农民工 농민공

농민공은 농촌을 떠나 도시로 나가 일하는 농민을 가리킨다. 통계에 따르면, 2017년 전국 농민공의 총인구는 2억 8,652만여 명인 것으로 집계됐다.[5] 농민공은 건축 공사현장 등 육체노동 직종에 종사하고 있어서 노동 조건이 좋은 편은 아니다. 노동 시간도 길고 노동의 강도도 높으며 노동 환경 또한 열악하다. 하지만 농민공은 도시의 발전에 중요한 역할을 담당하고 있다.

---

5 중화인민공화국국가통계국(中華人民共和國國家統計局)에서 발행한 중화인민공화국 2017년 국민경제와 사회발전 통계 관보(中華人民共和國2017年國民經濟和社會發展統計公報)를 참조함. (2018-02-28)[2018-03-20], http://www.stats.gov.cn/tjsj/zxfb/201802/t20180228_1585631.html.

11

历法与节日
역법과 명절

历法

现在世界上的历法主要可以归为以下三个系统：阴历、阳历、阴阳历。

中国采用的是国际上通用的阳历（或称公历），即罗马历法（或称格里高利历）。但是在中国，人们还同时使用农历。农历是一种阴阳历，是中国的传统历法。由于中国长期以来以农业社会为主，而农历可以反映季节、气候变化，对农业生产具有重要的指导意义，因此农历在中国一直沿用至今。

农历是根据月亮的圆缺变化规律制定"月"的时间的一种历法，农历大月30天，小月29天，一年十二个月共354天。由于农历一年比地球绕太阳一周（阳历）的实际时间少11天，人们就采用设置闰月的办法来解决。没有闰月的年份是十二个月，共354天；有闰月的年份是十三个月，共384天。十九年间共增加七个闰月，这样，十九年的年平均长度就和阳历每年的长度差不多了。

역법

현재 세계적으로 많이 쓰이는 역법은 음력, 양력, 음양력 세 가지 종류이다.

중국이 채택한 것은 국제적으로 통용되고 있는 양력(또는 공력)인 로마력(또는 그레고리력)이다. 하지만 중국에서는 여전히 농사력(음력)도 함께 쓰고 있다. 농사력은 음양력의 일종으로 중국의 전통적인 역법이다. 중국은 오랜 기간 농업사회였는데, 농사력은 계절과 기후 변화를 반영할 수 있어서 농업 생산에 중요한 지도적 역할을 하고 있으므로 지금까지도 계속해서 사용되고 있다.

농사력은 달의 모양 변화에 따라 '달'의 시간을 제정하는 역법이다. 농사력에서 큰 달은 30일이고 작은 달은 29일이며 1년 12달은 모두 354일이다. 농사력의 1년은 지구가 태양을 한 바퀴 도는(양력) 시간보다 실제 시간이 11일 적기 때문에 사람들은 윤달을 설치함으로써 이 문제를 해결했다. 윤달이 없는 해는 12개월로 총 354일이고, 윤달이 든 해는 13개월로 모두 384일이다. 19년 동안 7번의 윤달을 대입하면 음력 19년의 연평균 길이와 양력의 매년 길이가 비슷해진다.

새 단어

历法 lìfǎ 명 역법 | 归为 guīwéi 통 ~으로 귀납되다 | 阴历 yīnlì 명 음력 | 阳历 yánglì 명 양력, 태양력 | 采用 cǎiyòng 통 채용하다, 채택하다 | 通用 tōngyòng 통 통용하다 | 公历 gōnglì 명 양력 | 罗马历法 luómǎlìfǎ 로마력 | 格里高利历 gélǐgāolìlì 그레고리력 | 农历 nónglì 명 음력, 농사력 | 反映 fǎnyìng 통 반영하다 | 指导 zhǐdǎo 통 지도하다, 교도하다 | 沿用 yányòng 통 (옛날 방법이나 제도 등을) 계속해서 사용하다 | 圆缺 yuánquē 명 달이 찬 것과 이지러진 것 | 绕 rào 통 빙빙 돌다, 감싸고 돌다 | 设置 shèzhì 통 설치하다, 설립하다 | 闰月 rùnyuè 명 윤달 | 年份 niánfèn 명 해, 연도 | 长度 chángdù 명 길이

108

节日

中国的节日可按日期分为两类：一类按阳历计算日期；另一类按农历计算日期，即传统节日。

명절

중국의 명절은 날짜에 따라 두 종류로 구분할 수 있다. 하나는 양력 명절이고 다른 하나는 음력 명절인데, 이는 전통적인 명절에 속한다.

中国的主要节日 중국의 주요 명절

节日名称 명절 명칭	放假日期 휴무일	假期天数 휴무 일수
元旦 원단	阳历一月一日 양력 1월 1일	1
春节 춘절	农历正月初一 음력 정월 초하루	3
国际劳动妇女节 국제노동부녀절	阳历三月八日 양력 3월 8일	0.5
清明节 청명절	一般在阳历四月五日前后 보통 양력 4월 5일 전후	1
国际劳动节 국제노동절	阳历五月一日 양력 5월 1일	1
五四青年节 5.4 청년절	阳历五月四日 양력 5월 4일	0.5
端午节 단오절	农历五月初五 음력 5월 5일	1
中秋节 중추절	农历八月十五 음력 8월 15일	1
国庆节 국경절	阳历十月一日 양력 10월 1일	3

传统节日及习俗

◆ 春节

春节是中国最重要的传统节日，中国人通常把过春节叫作"过年"。春节以前也称"元旦"，意思是一年的第一个早晨。对于中国人来说，真正意义上新的一年是从春节那天开始的。

那么，一年中的哪一天是春节呢？中国的传统节日大多数是按农历计算的，春节在农历的正月初一。如果看阳历，那么每年春节的日期都不同。比如说，2018年的春节是2月16日，2017年的春节是1月28日。

春节的前一天晚上叫除夕。每年除夕，全家人齐聚一堂吃一顿丰盛的年夜饭，也叫团圆饭。吃完年夜饭，全家人一般都会其乐融融地坐在一起观看春节联欢晚会，迎接新年的到来。零点前后，到处都响起鞭炮声，辞旧迎新，十分热闹。

拜年是春节的重要习俗。按照传统习俗，从大年初一开始人们要走亲戚、看朋友，互相拜年。现在有人喜欢打电话拜年，有人喜欢通过微信或者短信拜年，互问"新年好！"

◆ 元宵节

农历正月十五是元宵节，是农历年的第一个月圆之夜。元宵节的主要活动是赏灯。这天晚上，街上到处挂着各种各样的灯。人们纷纷走上街头赏灯、猜灯谜、放焰火、放鞭炮，尽情欢乐。元宵节是一个浪漫的节日，封建社会时期的青年男女很少有接触认识的机会，元宵节给他们提供了结伴赏灯的机会，因此元宵节也有"中国情人节"的说法。

元宵节吃元宵是中国人的传统习俗。元宵是一种用糯米粉做成的小圆球，里面包着用糖和各种果仁做成的馅，煮熟或炸熟之后，吃起来香甜可口。中国人希望诸事圆满，在一年开始的第一个月圆之夜吃元宵，就是希望家人团圆和睦、幸福美满。

새 단어

齐聚一堂 qí jù yìtáng 한 자리에 모이다 ｜ 丰盛 fēngshèng 圈 풍성하다 ｜ 年夜饭 niányèfàn 圈 섣달그믐날 저녁에 온 식구가 모여 함께 먹는 음식 ｜ 其乐融融 qílèróngróng 화기애애하다, 오붓하다 ｜ 观看 guānkàn 圈 보다, 관람하다 ｜ 春节联欢晚会 chūnjié liánhuān wǎnhuì 춘절연합만회 [CCTV에서 방영하는 음력설 특집방송] ｜ 迎接 yíngjiē 圈 맞이하다 ｜ 零点 língdiǎn 圈 밤 12시, 0시 ｜ 鞭炮 biānpào 圈 폭죽 ｜ 辞旧迎新 cíjiù yíngxīn 圈 묵은해를 보내고 새해를 맞다 ｜ 拜年 bàinián 圈 세배하다 ｜ 亲戚 qīnqī 圈 친척 ｜ 短信 duǎnxìn 圈 문자메시지 ｜ 街头 jiētóu 圈 길거리 ｜ 灯谜 dēngmí 圈 초롱에 수수께끼 문답을 써넣는 놀이 ｜ 焰火 yànhuǒ 圈 불꽃 ｜ 欢乐 huānlè 圈 즐겁다, 유쾌하다 ｜ 浪漫 làngmàn 圈 낭만적이다 ｜ 接触 jiēchù 圈 접촉하다, 교제하다 ｜ 结伴 jiébàn 圈 동행이 되다 ｜ 糯米粉 nuòmǐfèn 찹쌀가루 ｜ 果仁 guǒrén 圈 과실의 핵, 씨앗 ｜ 馅 xiàn 圈 (떡, 만두 등에 넣는) 소 ｜ 煮 zhǔ 圈 삶다, 끓이다 ｜ 炸 zhá 圈 튀기다, 데치다 ｜ 香甜 xiāngtián 圈 향기롭고 달다, 맛있다 ｜ 可口 kěkǒu 圈 맛있다, 입에 맞다 ｜ 诸事 zhūshì 만사, 모든 일 ｜ 圆满 yuánmǎn 圈 원만하다, 완벽하다 ｜ 团圆 tuányuán 圈 한데 모이다, 함께 단란하게 지내다 ｜ 和睦 hémù 圈 화목하다 ｜ 美满 měimǎn 圈 아름답고 원만하다

전통 명절과 풍속

◆ 춘절

춘절은 중국인에게 가장 중요한 전통 명절로, 중국인들은 보통 춘절을 쇠는 것을 '년을 쇤다'라고 부른다. 예전에는 춘절을 '원단元旦'이라고도 불렀는데, 한 해의 첫 번째 아침이라는 뜻이다. 중국인들에게 있어 진정한 의미의 새로운 한 해는 춘절 당일부터 시작한다.

그럼 1년 중 어떤 날이 춘절인가? 중국 전통 명절 대부분이 음력에 따라 계산하듯이 춘절도 음력 정월 초하루이다. 양력으로 보자면, 매년 춘절의 날짜는 달라진다. 예를 들어, 2018년 춘절은 양력 2월 16일인데, 2017년 춘절은 양력 1월 28일이다.

춘절 전날 저녁을 섣달그믐(제석除夕)이라 부른다. 매년 섣달그믐에는 온 가족이 한자리에 모여 풍성한 저녁식사를 먹는데 이를 제야밥團圓飯이라고도 부른다. 제야밥을 다 먹으면 온 가족이 화기애애하게 모여 앉아서 춘절연합만회(설 맞이 프로그램)를 보며 신년을 맞이한다. 섣달그믐 자정 전후에는 여기저기서 폭죽 터지는 소리가 요란하게 들리고, 묵은해를 보내고 새해를 맞는 떠들썩한 분위기가 무르익는다.

세배는 춘절에 행해지는 중요한 미풍양속이다. 전통에 따라 음력 정월 초하루부터 가까운 친척, 친구들을 보러 가고 서로 세배한다. 지금은 전화를 통해 인사를 나누기도 하고, 또 위챗이나 문자 메세지를 통해 '새해 복 많이 받으세요!'라고 서로 인사를 나눈다.

◆ 원소절

음력 정월 15일은 원소절인데, 음력설을 지내고 나서 그해 첫 보름달을 맞이하는 밤이다. 원소절의 주된 활동은 등불 구경이다. 이날 밤, 거리마다 골목마다 각양각색의 등을 걸어 놓는다. 사람들은 거리로 쏟아져 나와 등불을 구경하고 등불 곁에 적힌 수수께끼를 풀기도 하고 또 모닥불을 피우고 폭죽을 터뜨리며 신나게 축제를 즐긴다. 원소절은 낭만적인 명절이다. 봉건사회에서는 청춘 남녀가 서로 만날 수 있는 기회가 매우 적었는데, 원소절은 동행해서 등불을 감상할 수 있는 기회를 그들에게 주었기 때문이다. 그래서 원소절은 '중국의 발렌타인데이'라는 말도 있다.

원소절에는 원소元宵를 먹는 것이 중국인의 전통적인 풍습이었다. 원소는 찹쌀가루로 만든 새알 모양의 음식인데, 안에 설탕과 각종 씨를 갈아 만든 소가 들어있어 삶거나 볶아 익힌 후에 먹으면 달콤하고 맛있다. 중국인들은 만사형통하기를 바라는데, 1년의 시작인 첫 번째 보름날 밤 원소를 먹으며 가족들 모두 함께 화목하고 행복이 가득하기를 기원한다.

元宵 원소

端午节

　　农历五月初五，是中国民间的传统节日，称为端午节。据传，端午节是为纪念中国古代诗人屈原而设立的节日。端午节的主要活动是赛龙舟，每逢端午节都有许多人去江边看赛龙舟，就像一次隆重的集会。在端午节那天民间还有吃粽子、喝雄黄酒、挂艾草等习俗。

粽子 쭝즈

단오절

　　음력 5월 5일은 중국의 민간 전통 명절인 단오절이다. 전하는 바에 의하면, 단오절은 중국 고대 시인 굴원屈原을 기념하기 위해 제정한 명절이라고 한다. 단오절의 주된 행사는 용주龍舟 경기이다. 매년 단오절에는 많은 사람들이 강가로 나와 용주 경기를 관람하는데, 이는 마치 성대한 집회 같다. 단오절 날에는 쭝즈粽子를 먹고 웅황雄黄 술을 마시며 쑥을 걸어놓는 풍습도 전해진다.

赛龙舟 용주 경기

새 단어

据传 jùchuán 전하는 바에 의하면 | 纪念 jìniàn 動 기념하다 | 诗人 shīrén 名 시인 | 赛龙舟 sài lóngzhōu 名 용주 경기, 용선 경주 | 隆重 lóngzhòng 形 성대하다, 장중하다 | 集会 jíhuì 名 집회 | 挂 guà 動 걸다 | 艾草 àicǎo 名 쑥

中秋节

中秋节是中国非常重要的传统节日之一。中秋节与春节、端午节并称为中国三大传统节日。中秋节在农历的八月十五，正好是秋季的正中时期，所以叫中秋节。这一天晚上，全家人坐在一起，一边赏月一边吃月饼。如果这一天不能回家与亲人团聚，即使天各一方，也会在晚上望着月亮来寄托思念之情。宋代词人苏轼的名句"但愿人长久，千里共婵娟"就很确切地反映了人们当时的心境。

중추절

중추절은 중국의 매우 중요한 전통 명절 중 하나이다. 중추절은 춘절, 단오절과 함께 중국 3대 명절로 불린다. 중추절은 음력 8월 15일로 가을의 한 가운데 자리하고 있어 중추절이라 불렸다. 이날 저녁에는 온 가족이 함께 모여 달 구경을 하면서 월병月餠을 먹는다. 만약 이날 집에 돌아가서 가족들과 함께 하지 못하면, 서로 떨어져 있더라도 저녁에 둥근 달을 바라보며 그리움을 달랜다. 송나라 문인 소식蘇軾의 '다만 바람이라면 멀리 있는 그대가 오래오래 살아, 저 하늘의 달을 함께 하길 빌 뿐이네'라는 구절은 사람들의 당시 심경을 절절하게 드러내고 있다.

月饼 월병

새 단어

正中 zhèngzhōng 📕 중앙, 한가운데 | 月饼 yuèbǐng 월병 | 团聚 tuánjù 📕 한자리에 모이다 | 天各一方 tiān gè yì fāng 📕 서로 멀리 떨어져서 만나기 힘들다 | 寄托 jìtuō 📕 위탁하다, 맡기다 | 思念之情 sīniàn zhī qíng 그리움 | 婵娟 chánjuān 📕 달을 지칭하는 말 | 确切 quèqiè 📕 확실하며 적절하다 | 反映 fǎnyìng 📕 반영하다 | 心境 xīnjìng 📕 심경, 기분, 심정

더 많이 알기

新年好

人们在元旦和春节见面打招呼，都说"新年好!"

새해 복 많이 받으세요

중국인들은 원단과 춘절에 사람들을 만나면 '새해 복 많이 받으세요!'라고 인사한다.

时辰

古代中国把一天分为十二个时辰，每个时辰相当于现在的两个小时。十二时辰用地支表示，分别为：子、丑、寅、卯、辰、巳、午、未、申、酉、戌、亥。子时辰简称"子时"，相当于23点到第二天凌晨1点，其他依次类推。

시진

옛 중국인들은 하루를 12시진時辰으로 나누었는데, 1시진은 지금의 2시간에 해당된다. 12시진은 지지地支인 자子, 축丑, 인寅, 묘卯, 진辰, 사巳, 오午, 미未, 신申, 유酉, 술戌, 해亥로 표시한다. 자시진子時辰은 '자시子時'라 약칭하는데 전날의 23시부터 이튿날 새벽 1시까지를 말하고, 나머지도 순서에 따라 유추할 수 있다.

地支 지지

节气

　　"二十四节气"是中国古代劳动人民根据气候和农业生产的关系，总结出的一年里天时和气候变化的24个时期，也就是地球在围绕太阳公转的轨道上的24个不同的位置。二十四节气已被列入世界非物质文化遗产。二十四节气的名称及含义如下：

- 立春　春季开始。
- 雨水　降雨开始，雨量渐增。
- 惊蛰　开始响雷，冬眠动物复苏。
- 春分　春季的中间，昼夜平分。
- 清明　气候温暖，天气清和明朗。
- 谷雨　降雨量充足而及时，对谷类生长有利。
- 立夏　夏季开始。
- 小满　麦类等夏熟作物籽粒逐渐饱满。
- 芒种　麦类等有芒作物成熟。
- 夏至　夏天到达极盛。此时白天最长，夜晚最短。
- 小暑　气候开始炎热。
- 大暑　一年中最炎热的时节。
- 立秋　秋季开始。
- 处暑　炎热即将过去，气温逐渐下降。
- 白露　因夜间较凉，空气中的水气往往凝成露水。
- 秋分　秋季的中间，昼夜平分。
- 寒露　气温明显降低，露水变得更凉。
- 霜降　开始降霜。
- 立冬　冬季开始。
- 小雪　开始降雪。
- 大雪　降雪增多。
- 冬至　进入寒冷天气。此时白天最短，夜晚最长。
- 小寒　气候已比较寒冷。
- 大寒　最冷的时节。

절기

'24절기'는 고대 중국 노동자들이 기후와 농업 생산 관계에 따라 도출해 낸 1년 동안의 천시天時와 기후 변화의 24가지 시기이다. 즉, 지구가 태양을 공전하는 궤도에 있는 24개의 각기 다른 위치이다. 24절기는 유네스코 무형문화유산으로 등재되었다. 24절기의 명칭과 의미는 다음과 같다.

- **입춘**立春 봄이 시작된다.
- **우수**雨水 비가 내리기 시작하고, 강수량이 증가한다.
- **경칩**驚蟄 천둥이 치기 시작하고 동면했던 동물이 깨어난다.
- **춘분**春分 봄의 한가운데로 밤과 낮의 길이가 같다.
- **청명**清明 날씨가 따뜻해지며 하늘이 맑고 청명하다.
- **곡우**穀雨 곡식의 성장에 유리한 강우량이 충분하며 적시에 내린다.
- **입하**立夏 여름이 시작된다.
- **소만**小滿 밀, 보리 등의 여름철 작물의 이삭이 점차 영글기 시작한다.
- **망종**芒種 밀, 보리와 같은 까끄라기 작물이 익어간다.
- **하지**夏至 여름이 절정에 달한다. 이때 낮의 길이가 가장 길고, 밤의 길이가 가장 짧다.
- **소서**小暑 날씨가 무더워지기 시작한다.
- **대서**大暑 1년 중 가장 무더운 시기이다.
- **입추**立秋 가을이 시작된다.
- **처서**處暑 무더위가 가시고 기온이 점차 내려간다.
- **백로**白露 밤 기온이 떨어져 공기 중의 수증기가 이슬이 되어 맺힌다.
- **추분**秋分 가을의 한가운데로 낮과 밤의 길이가 같다.
- **한로**寒露 기온이 현저히 떨어져 밤 이슬이 더 차진다.
- **상강**霜降 서리가 내리기 시작한다.
- **입동**立冬 겨울이 시작된다.
- **소설**小雪 눈이 내리기 시작한다.
- **대설**大雪 눈이 점점 많이 내린다.
- **동지**冬至 혹한의 날씨로 접어든다. 이때 낮의 길이가 가장 짧고, 밤의 길이가 가장 길다.
- **소한**小寒 날씨가 매우 추워진다.
- **대한**大寒 가장 추운 시기이다.

鞭炮

中国人有在过年和一些喜庆的日子放鞭炮的习俗。鞭炮的前身是"爆竹"。中国人的祖先们为了驱除"妖魔鬼怪"，常在除夕之夜在院子里的空地上烧起竹筒，发出啪啪响声，认为这样就可以驱赶"妖魔鬼怪"，这就是"爆竹"。后来才发展成今天的鞭炮。

近年来，出于环境、安全等因素的考虑，中国有些城市采取禁放或限制燃放烟花、爆竹的措施。

폭죽

중국인들은 설이나 경사스러운 날 폭죽을 터뜨리는 풍습이 있다. 폭죽鞭炮의 전신은 '폭죽爆竹'이다. 중국 선조들은 '요괴와 악마'를 몰아내기 위해 섣달 그믐날 밤에 마당의 빈터에서 대나무 통을 태우며 '탁, 탁' 소리를 냈는데, 이렇게 하면 '요괴와 악마'를 쫓을 수 있다고 믿었기 때문이다. 이것이 바로 '폭죽爆竹'인데, 나중에 오늘날의 폭죽鞭炮으로 발전된 것이다.

최근에는 환경과 안전 문제 등을 고려해서 중국의 일부 도시에서는 폭죽을 터뜨리거나 불꽃놀이하는 것을 금지 또는 제한하는 조치를 취했다.

鞭炮 폭죽

12

人际交往 사교 활동

打招呼

在中国，彼此熟悉的人在接近吃饭时间见面的时候经常会问："你吃了吗？"或者"吃了没有？"听到这样的话，你不要以为对方真的在问你吃饭了没有。其实，他们是在跟你打招呼。你可以简单地回答"吃了"或者"还没呢"。

中国人之间打招呼的方式有很多种。像"你吃了吗？"这样的话，一般是对熟悉的人说的。对于不熟悉的人或者在正式场合，人们打招呼最常用的是"你好"和"您好"。

要注意，对于不熟悉的人，即使不知道名字，打招呼或呼喊别人的时候也不能说"喂"，这是不礼貌的。

인사하기

중국에서는 서로 잘 아는 사이의 사람과 식사 시간 쯤에 만나면 '식사하셨어요?' 혹은 '식사는요?'라고 묻는데, 이 말을 들었을 때 상대방이 정말로 당신이 밥을 먹었는지 여부를 묻는 것이라고 여겨서는 안 된다. 사실 그들은 당신에게 인사를 한 것이므로, 간단하게 '먹었어요' 혹은 '아직이요'라고 답하면 된다.

중국인들의 인사 방식은 여러가지인데, '식사하셨어요?'는 보통 가까운 사람에게 하는 말이고, 잘 모르는 사람에게나 혹은 공식적인 장소에서 사람들이 가장 많이 쓰는 인사말은 '안녕하세요?'이다.

주의해야 할 것은 잘 모르는 사람에게 인사하거나 큰 소리로 부를 때는 설령 이름을 모르더라도 '웨이 (이봐요)'라고 말하지 말아야 한다. 이는 예의에 어긋난 것이다.

打招呼 인사하다

새 단어

打招呼 dǎzhāohu 인사하다 | 彼此 bǐcǐ 圈 서로, 쌍방 | 熟悉 shúxī 圈 익히 알다 | 正式 zhèngshì 圈 정식의, 공식의 | 场合 chǎnghé 圈 장소, 상황 | 呼喊 hūhǎn 圈 큰소리로 부르다, 외치다 | 礼貌 lǐmào 圈 예의 바르다 | 询问 xúnwèn 圈 알아보다, 문의하다 | 明显 míngxiǎn 圈 분명하다, 뚜렷하다 | 介意 jièyì 圈 개의하다, 상관하다 | 高寿 gāoshòu 圈 연세 | 透露 tòulù 圈 드러내다, 폭로하다 | 反问 fǎnwèn 圈 반문하다 | 猜 cāi 圈 알아맞히다, 추측하다

120

问年龄

在中国，最好不要随便问成年女性的年龄。除此之外，一般情况下向其他人询问年龄不会被认为是不礼貌的。

对不同年龄的人，询问的方式往往不一样。比如说，要问小孩的年龄，一般是这样问的："你几岁了？"而对十几岁的少年，则这样问："你十几了？"当然，对小孩和少年都可以问："你多大了？"

那么，青年人和中年人的年龄又怎么问呢？对二十多岁的青年，可以问："您二十几了？"而对四十岁左右的中年人可以问："您到四十了吗？"或者"您三十几了？"如果他看起来已明显超过四十，则可以问："您四十几了？"

不管男女，老年人通常不介意你问他的年龄。一般可以问："您到六十了吗？""您七十几了？"或者问："您多大年纪了？""您多大岁数了？"更礼貌一点还可以问："您今年高寿？"

前文提到，在中国，最好不要随便问成年女性的年龄。但万一你问到，对方会怎么回答呢？不想透露自己年龄的女性一般不会正面回答，而是反问："你猜呢？"

나이 묻기

중국에서는 성인 여성의 나이를 함부로 묻지 않는 것이 좋다. 이 외에는 일반적인 상황에서 다른 사람들에게 나이를 묻는 것은 결례로 여겨지지 않는다.

연령별로 나이를 물어 보는 방식이 다르다. 예를 들어, 어린 아이의 나이를 물을 때는 보통 '몇 살이야?'라고 묻고, 열 살이 넘는 소년기 아이에게는 '너 열 몇 살이니?'라고 묻는다. 당연히 어린이와 소년에게는 모두 '너 나이가 어떻게 되니?'라고 물을 수 있다.

그렇다면, 청년과 중년의 나이는 또 어떻게 물을까? 20여 세 되는 청년에게는 '나이가 스물 몇이지요?'라고 묻고, 40세 정도 되는 중년에게는 '40이 되셨나요?' 또는 '서른 몇이세요?'라고 물을 수 있다. 보기에 명백히 40세가 넘어 보일 때는 '올해 마흔 몇이세요?'라고 물어도 된다.

여성이든 남성이든 노인은 자신의 나이를 묻는 것에 별로 개의치 않는다. 일반적으로 '60세 되셨어요?', '70 몇이세요?' 또는 '연세가 어떻게 되세요?'라고 나이를 묻는다. 더욱 예의를 차린다면 '올해 춘추가 어떻게 되십니까?'라고 물을 수 있다.

앞서 말했듯이 중국에서는 성인 여성의 나이를 함부로 묻지 않는 것이 좋다. 그런데 당신이 만약 묻는다면 상대방은 어떻게 대답할까? 자신의 나이를 밝히기 싫은 여성들은 보통 직접 대답하지 않고, '당신이 맞혀보신다면요?'라고 오히려 반문할 것이다.

送礼

在中国，送礼是一种常见的社交行为。下面几种情形通常都要送礼，不然会被认为是失礼。

跟许多其他国家一样，在中国参加婚礼要送礼物。不过，送的礼物会有所不同。早些年，中国物质相对匮乏，人们送给新郎新娘的常常是生活用品，比如茶具、床单、毛毯什么的，也有的送纪念品。现在，送生活用品的少了，很多人用给红包的形式代替送实物。

到朋友家里做客一般也要送礼物。以前通常是带水果或点心，现在到朋友家做客，也送些鲜花、巧克力、工艺品或酒等。如果主人家里有小孩，也可以送儿童玩具。

到医院探病往往也要带上一点东西，以水果、营养品和鲜花居多。送鲜花的时候要注意病人是否会对鲜花过敏。

送朋友礼物，一般不送钟表，因为"送钟"与"送终"同音，让人想到死亡、完结。

最有意思的是庆祝老人生日所送的礼物：一般送寿桃和寿面。为什么要送这两种食品呢？因为在中国，这两样东西象征着长寿：以"桃"表示长寿，源自吃了蟠桃可以长生不老的传说；用"面"表示长寿，是因为长长的面条表示"长长久久"。

红包 홍바오

선물하기

중국에서 선물을 하는 것은 흔한 사교적 행위이다. 아래는 몇 가지 선물을 해야 하는 일반적인 상황들로, 선물을 하지 않는다면 결례로 여겨질 수 있다.

여러 다른 나라와 마찬가지로 결혼식에 참석할 때는 꼭 선물을 가져가야 한다. 물론 선물의 종류는 다를 수 있다. 중국에 물자가 부족했던 예전에는 신랑 신부에게 보통 다구, 침대보, 양탄자 등과 같은 생활용품을 선물했고, 기념품을 선물하는 사람도 있었다. 최근 들어서는 생활용품을 선물하는 경우는 드물고 축의금으로 선물을 대신하는 경우가 많다.

친구 집에 초대를 받았을 때도 선물을 가지고 가야 한다. 예전에는 주로 과일이나 간식거리 등을 가져갔는데, 요즘은 생화, 초콜릿, 공예품 또는 술 등을 선물로 가져간다. 방문하려는 집에 어린아이가 있을 경우 장난감을 선물로 가져가기도 한다.

병문안을 갈 때도 약간의 물건을 가져가는데 과일, 건강보조식품, 생화 등이 주를 이룬다. 생화를 선물할 때는 환자가 꽃가루 알러지가 있지 않은지 주의해야 한다.

친구에게 선물할 때 보통 시계는 선물하지 않는다. 왜냐하면 '시계를 선물하다送鐘'와 '장례를 치르다送終'의 발음이 같아서 죽음과 끝을 연상시킬 수 있기 때문이다.

가장 재미있는 것은 노인의 생일을 축하할 때 보내는 선물인데, 보통 장수 복숭아와 장수 국수를 선물한다. 왜 이 두 가지 식품을 선물할까? 그 이유는 중국에서 이 두 가지가 장수를 상징하기 때문이다. '복숭아'는 장수를 상징하는데, 복숭아를 먹으면 불로장생한다는 전설에서 기원했다. '국수'도 장수를 상징하는데, 기다란 국수는 '오래오래 산다'는 의미가 담겨 있기 때문이다.

桃 복숭아

面 국수

寿桃

为老人祝寿用的寿桃，不一定是鲜桃，也可以用面粉或糯米粉做成的像桃子的点心代替。

寿桃 장수 복숭아

장수 복숭아

노인의 생신 축하 선물인 장수 복숭아는 꼭 실제 복숭아가 아니어도 되며 밀가루나 찹쌀가루로 만든 복숭아로 대신할 수 있다.

虚岁和周岁

虚岁的计龄方式为：出生时记为一岁，以后每到春节便增加一岁。周岁换算成虚岁的方式为：在本人农历生日到来之前，虚岁＝周岁＋2；在本人农历生日到来及以后，虚岁＝周岁＋1。

세는 나이와 만 나이

세는 나이의 계산 방법은 태어났을 때를 1살로 보고, 이후 매년 춘절이 지나면 1살을 더하는 방법이다. 만 나이를 세는 나이로 환산하는 방식은 다음과 같다. 본인의 음력 생일이 지나기 전이면 '세는 나이=만 나이+2살', 본인의 음력 생일이 지난 후에는 '세는 나이=만 나이+1살'로 계산한다.

名片

现代的名片一般是用纸做的。中国古代的名片叫"谒"或"名帖"，用竹片、高级的纸或绫制作，一般是下级向上级投送，也用于官场或名人之间。

명함

현대의 명함은 대체로 종이로 만든다. 중국 고대의 명함은 '알謁' 또는 '명첩名帖'이라 불렀는데, 대나무 조각, 고급 종이 또는 비단으로 만들었다. 일반적으로 부하 직원이 상관에게 명함을 주었고, 관료나 유명인들 사이에서 주로 사용되었다.

红包

传统意义上的红包也叫压岁钱。过春节时长辈用红纸或红信封包好钱，送给小孩子们，表达喜爱和祝福。现在送红包泛指送钱，一般用于喜庆时馈赠礼金。遇红白喜事时，如祝寿、结婚、吊丧等，亲朋好友之间互赠"红包"是一种风俗习惯。

随着互联网的发展和支付方式的多样化，现在人们还流行通过手机给对方发红包。红包的金额可大可小，无论钱多钱少都是人们表达美好祝愿的一种方式。

훙바오

전통적인 의미의 훙바오는 세뱃돈이라고도 불렀다. 춘절을 지낼 때 집안 어르신들은 붉은 종이나 붉은 편지봉투에 돈을 싸서 아이들에게 주면서 사랑과 축복을 전달했다. 지금의 훙바오는 돈을 보내는 것을 총괄하여 가리키는데, 보통 경사 때 보내는 축의금에 쓰인다. 생신, 결혼, 장례 등과 같은 경조사 때 친척과 친구들 사이에 '훙바오'를 주는 것은 일종의 풍습이다.

인터넷의 발전과 지불 방식의 다양화에 따라 요즘 사람들은 휴대전화를 통해 상대방에게 훙바오를 보내기도 한다. 훙바오 금액은 클 수도 작을 수도 있는데, 돈의 많고 적음에 상관없이 사람들의 아름다운 축원을 전달하는 일종의 방식이다.

微信/支付宝红包 위챗/알리페이 훙바오

传统红包 전통 훙바오

장수의 신 :: 수(壽) 노인

13

文化与休闲
문화와 여가

文化与休闲

　　文化与休闲是人们生活的重要组成部分。它不仅是人们生活方式、生活态度的表现，还是一个国家生产力水平高低的标志，更是衡量社会文明的尺度。改革开放以来，随着中国经济和社会的飞速发展，文化与休闲产业的发展势头也超乎人的想象。与此同时，中国的一些传统休闲娱乐方式也以一种新的方式呈现出新的生机。

문화와 여가

　　문화와 여가는 인류의 삶에서 매우 중요한 구성 요소이다. 이는 사람들의 생활 방식과 태도를 나타내는 지표가 될 뿐 아니라 국가 생산력 수준의 지표가 되고, 사회 문명을 평가하는 척도가 되기도 한다. 개혁 개방 이후, 중국의 경제와 사회의 비약적인 발전에 따라 문화와 여가 산업의 발전 추세 역시 사람들의 상상을 초월할 정도이다. 이와 함께 중국의 전통 여가 생활과 오락 방식도 활기를 띠며 새로운 형태로 발전하고 있다.

旅游度假

　　20世纪80年代以前，中国人吃饱穿暖都还是问题，根本就谈不上旅游度假。如今，随着人们生活水平的提高和生活观念的转变，旅游度假成为新时尚。双休日去市郊或附近的景点旅游，法定节假日国内、国外旅游，已经成为人们娱乐休闲的主要方式之一。

여행과 휴가

　　1980년대 이전에 중국인들은 배불리 먹고 따뜻하게 입는 것이 목표였기 때문에 여행이나 휴가를 논할 수조차 없었다. 그러나 지금은 사람들의 생활 수준이 향상되고 생각이 바뀌면서 여행이나 휴가가 새로운 트렌드가 되었다. 매주 주말에 교외나 근처 관광지에 가고, 연휴 기간에는 국내외 여행을 가는 것이 여가를 즐기는 주요 방식 중 하나가 되었다.

새 단어

休闲 xiūxián 图 오락 활동, 레저 활동 | **态度** tàidu 图 태도, 몸짓 | **标志** biāozhì 图 상징, 표지 | **衡量** héngliàng 图 따져보다, 판단하다 | **尺度** chǐdù 图 척도, 표준 | **势头** shìtóu 图 형세, 기세 | **超乎** chāohū 图 뛰어넘다, 넘어서다 | **呈现** chéngxiàn 图 나타내다, 양상을 띠다 | **生机** shēngjī 图 생기, 활기 | **吃饱穿暖** chībǎo chuānnuǎn 图 의식이 풍족하다, 배불리 먹고 따뜻한 옷을 입다 | **度假** dùjià 图 휴가를 보내다 | **时尚** shíshàng 图 당시의 풍조, 시대적 풍모, 트렌드

旅游 "黄金周" 登长城 '황금 연휴'의 만리장성 여행

◆ 主要旅游目的地

　　大多数中国人选择的旅游目的地是国内，这跟人们的消费能力和消费水平有一定关系。但是不少消费能力不高，同时渴望了解世界的年轻人常常会选择用 "穷游" 的方式出国旅游。特别值得一提的是，随着中国经济发展和人们生活水平的提高，中国的总体旅游人数在逐年增加，旅游目的地的范围也不断扩大。

◆ 주요 관광지

　　대다수의 중국인들이 선택한 여행의 목적지는 국내이다. 이는 사람들의 소비 능력 및 경제 수준과 밀접한 관계가 있다. 그러나 소비 능력이 높지는 않지만 세계를 여행하고 싶어 하는 젊은이들은 종종 '가난한 여행(무전여행)'의 방식을 선택해서 해외여행에 나서곤 한다. 특히 주목할 만한 것은 중국 경제의 발전과 국민 생활 수준의 향상에 따라 중국의 여행자 수가 해마다 증가하고 있고, 관광지의 범위도 점점 확대되고 있다는 점이다.

새 단어

目的地 mùdìdì 〖명〗 목적지 | 渴望 kěwàng 〖동〗 갈망하다 | 穷游 qióng yóu 무전여행, 짠내투어 | 扩大 kuòdà 〖동〗 확대하다, 넓히다

◆ 假日旅游

中国人一年当中有两个重要的旅游时间：春节和国庆节。这两个节日法定假期是3天，经国家统一调整，节日前后的两个周末连同法定假期3天集中休假，这样人们可以享有连续7天的假期，被称为"黄金周"。黄金周是大多数中国人外出旅游的时间，也是商业消费的集中时段。黄金周假日旅游的收入，约占全年旅游总收入的四分之一。

◆ 휴일 여행

중국인들은 1년에 2회 정도 중요한 여행 시간이 있는데, 바로 춘절과 국경절이다. 이 두 명절은 법정 공휴일이 3일인데, 국가가 일률적으로 조정한 바에 따라 명절 전후 두 번의 주말을 공휴일 사흘과 연결시키면 연속 7일의 휴가를 누릴 수 있게 된다. (법정 공휴일 3일 뒤 평일 이틀을 붙여서 쉬고, 이후 주말 이틀에 출근함) 이 7일간을 '황금 연휴'라고 하는데, 이 기간은 대부분의 중국인들이 외지로 여행을 가는 시기이고, 상업적인 소비가 집중되는 시기이기도 하다. 황금 연휴 기간의 관광 수입은 연간 관광 수입의 약 4분의 1을 차지한다.

◆ 出境旅游

随着人们生活水平的提高，出境旅游的中国人越来越多。1998年中国出境旅游人数为843万人次，到2017年已高达13,051万人次。[1] 中国已成为全世界出境游人数最多的国家。在出境游人数不断增加的同时，中国人出境游的目的地国家和地区也在不断增多。

---

1 谢双玉、胡静等，《2017中国旅游业发展报告》，中国旅游出版社，2017年，第2页。

◆ 해외여행

사람들의 생활 수준이 높아지면서 해외여행을 떠나는 중국인들도 점점 많아지고 있다. 1998년 중국의 해외여행자 수는 843만 명이었는데, 2017년에는 1억 3,051만 명으로 증가했다.[1] 중국은 이미 세계에서 해외여행자 수가 가장 많은 나라가 되었다. 해외여행객이 꾸준히 늘고 있는 동시에 중국인들이 해외로 나가는 목적지인 국가와 지역도 점차 다양해지고 있다.

---

1 사쌍옥, 호정(謝雙玉, 胡靜) 등이 저술하고 중국여유출판사(中國旅遊出版社)에서 2017년에 출판한 『2017중국여유업발전보고(2017中國旅遊業發展報告)』 2페이지를 참조함.

새 단어

调整 tiáozhěng 🔲 조정하다, 조절하다 | **享有** xiǎngyǒu 🔲 향유하다 | **连续** liánxù 🔲 계속하다, 연속하다 | **黄金周** huángjīnzhōu 🔲 황금 연휴, 황금 주간 | **出境** chūjìng 🔲 출국하다, 국경을 떠나다

体育活动

参加体育活动能达到健身和预防疾病的目的，这已成为许多中国人的共识。老年人一般早起去公园活动活动、打打太极拳，中年人和青年人喜欢下班后到健身房进行锻炼，儿童则会参加各种体育培训班。大多数中国人认为，体育活动是一种休闲活动，而不是一种竞技活动。对他们来说，身心放松比取得竞赛成绩更加重要。然而，中国人平均每天的锻炼时间还未达到世界卫生组织建议的水平，不同年龄层的锻炼时间呈现U字形，[2] 青年人和年龄较长者平均每天锻炼的时间明显高于中年人，中年人每天锻炼者比例仅占四成。[3]

中国人参与比较多的体育活动有登山、游泳、健步走、自行车以及一些球类运动(如乒乓球、羽毛球、排球、篮球、足球等)。除了上述活动，城镇居民参与较多的还有一些比较时尚的体育活动，如广场舞、体育舞蹈、健美操、网球、轮滑、保龄球等。

2,3 国家卫生计生委家庭司，《中国家庭发展报告2015》，中国人口出版社，2015年，第47页，第64页。

운동

운동을 하면 몸을 건강하게 하고 질병을 예방하는 목적에 도달할 수 있다는 것은 이미 많은 중국인들의 공통된 인식이 되었다. 노인들은 아침 일찍 공원에 나가 몸을 움직이고, 태극권을 한다. 중년층이나 젊은이들은 퇴근 후 헬스장에 가서 운동을 하고, 아이들은 각종 체육학원에 간다. 대부분의 중국인들은 운동을 경기로 생각하지 않고 여가 활동의 일환으로 여긴다. 그들에게 있어서 몸과 마음의 긴장을 푸는 것은 시합에서 좋은 성적을 얻는 것보다 중요하다. 하지만 중국인의 하루 평균 운동 시간은 세계 보건 기구(W.H.O)가 권장하고 있는 수준에 못 미친다. 각기 다른 연령층의 운동 시간은 U자형을 띠는데,[2] 청년층과 노인층의 하루 평균 운동 시간은 중년층보다 월등히 높게 나타난다. 중년층의 매일 운동하는 인구 비율은 40%에 불과하다.[3]

새 단어

预防 yùfáng 图 예방하다 | 疾病 jíbìng 图 질병, 병 | 共识 gòngshí 图 공통의 인식, 인식의 일치 | 太极拳 tàijíquán 图 태극권 | 健身房 jiànshēnfáng 图 체육관, 헬스장 | 培训班 péixùnbān 图 육성반, 훈련반 | 竞技 jìngjì 图 경기 | 竞赛 jìngsài 图 시합하다, 경기하다 | 世界卫生组织 Shìjiè Wèishēng Zǔzhī 세계 보건 기구(W.H.O) | 乒乓球 pīngpāngqiú 탁구 | 羽毛球 yǔmáoqiú 图 배드민턴 | 广场舞 guǎngchǎngwǔ 图 광장무 [넓은 실외에서 노인들이 단체로 춤을 추며 신체를 단련하는 행위] | 体育舞蹈 tǐyù wǔdǎo 스포츠댄스 | 健美操 jiànměicāo 图 에어로빅 | 轮滑 lúnhuá 인라인 스케이팅 | 保龄球 bǎolíngqiú 图 볼링

중국인들이 비교적 많이 하는 운동은 등산, 수영, 조깅, 자전거, 그리고 약간의 구기球技 종목(탁구, 배드민턴, 배구, 농구, 축구 등)이다. 이런 활동 외에도 도시인들은 최근 인기를 끌고 있는 광장무, 스포츠 댄스, 에어로빅, 테니스, 인라인 스케이팅, 볼링 등을 즐긴다.

2,3 국가위생계생위가정사(國家衛生計生委家庭司)에서 편집하고 중국인구출판사(中國人口出版社)에서 2015년에 출판한 「중국가정발전보고2015(中國家庭發展報告2015)」, 47, 64페이지를 참조함.

广场舞 광장무

◆ **赛龙舟**

赛龙舟又称龙舟竞渡，传说最初是为了纪念战国时期的楚国忠臣屈原。屈原被听信谗言的楚国国王流放之后，眼看国家一天天衰败下去，满怀悲愤，在农历五月初五这一天投江自尽。人们听到屈原投江的消息后，都拼命划船前去寻找他，后来就演变成五月初五赛龙舟的风俗。如今，赛龙舟已成为民间一项盛大的体育活动。

◆ **용주 경기**

용주龍舟 경기는 용주 보트 레이스라고도 하는데, 전설에 따르면 처음에는 전국戰國 시대 초楚나라 충신 굴원屈原을 기리기 위한 것이었다. 굴원은 간신의 모함을 받고 초나라 왕에 의해 유배된 뒤 나날이 쇠락해 가는 초나라를 보고 상심하여 음력 5월 5일 강에 뛰어들어 목숨을 끊었다. 사람들은 굴원이 투신했다는 소식을 듣고 사력을 다해 노를 저으며 굴원을 찾아 나섰다. 그랬던 것이 후에 음력 5월 5일 용주 경기를 하는 풍습으로 변천한 것이다. 현재 용주 경기는 민간에서 이미 성대한 체육 행사로 자리잡았다.

새 단어

赛龙舟 sài lóngzhōu 명 용주 경기 ㅣ 竞渡 jìngdù 명 보트 레이스 ㅣ 纪念 jìniàn 동 기념하다 ㅣ 忠臣 zhōngchén 명 충신 ㅣ 屈原 Qū Yuán 명 굴원 ㅣ 听信 tīngxìn 동 남의 말을 쉽게 믿다, 곧이듣다 ㅣ 谗言 chányán 명 중상 모략하는 말, 헐뜯는 말 ㅣ 流放 liúfàng 동 유배하다 ㅣ 衰败 shuāibài 동 쇠패하다, 몰락하다 ㅣ 满怀 mǎnhuái 동 가슴에 꽉 차다 ㅣ 悲愤 bēifèn 형 슬프고 분하다 ㅣ 投江 tóu jiāng 강물에 투신하다 ㅣ 自尽 zìjìn 동 자살하다 ㅣ 拼命 pīnmìng 동 필사적으로 하다 ㅣ 寻找 xúnzhǎo 동 찾다 ㅣ 演变 yǎnbiàn 동 변천하다 ㅣ 盛大 shèngdà 형 성대하다

◆ 太极拳

在中国，太极拳是深受人们喜爱的一种传统拳术。太极拳动作柔和缓慢，既可以强身健体，又能够怡情养性，适合不同年龄、不同体质人群的需求，尤其受到老年人和不适合剧烈运动的人的喜爱。在中国各地，到处都可以看到太极拳习练者的身影。2006年，太极拳被列入中国首批国家非物质文化遗产名录，成为东方文化的一种象征。太极拳文化也传播到了世界各地，成为促进东西方文化交流的重要桥梁和纽带。

◆ 태극권

중국에서 태극권은 많은 사람들의 사랑을 받는 전통 무술권법이다. 태극권은 동작이 부드럽고 느려서 건강한 몸을 만들 수 있으며 사람의 성정을 유순하고 부드럽게 만드는 데 도움을 준다. 다양한 연령층과 체질이 다른 사람들 누구나 즐길 수 있으며 특히, 노인이나 격렬한 운동을 하지 못하는 사람들의 사랑을 받고 있다. 중국 각지 어디에서나 태극권을 연습하는 사람들의 모습을 흔히 볼 수 있다. 2006년에는 중국 최초로 국가 무형문화유산에 올라 동양 문화의 상징으로 자리잡았다. 태극권 문화도 세계 각지로 퍼져 나가, 동서양 문화 교류를 촉진하는 중요한 교량과 가교 역할을 하고 있다.

打太极拳的人 태극권을 하는 사람들

새 단어

太极拳 tàijíquán 똉태극권 ｜ 拳术 quánshù 똉권법, 무술 ｜ 柔和 róuhé 똉연하고 부드럽다 ｜ 缓慢 huǎnmàn 똉완만하다, 느리다 ｜ 强身健体 qiángshēn jiàntǐ 신체를 건강하게 하다 ｜ 怡情养性 yíqíng yǎngxìng 똉온화한 마음을 기르다 ｜ 体质 tǐzhì 똉체질, 체력 ｜ 剧烈 jùliè 똉격렬하다, 극렬하다 ｜ 身影 shēnyǐng 똉모습, 형체 ｜ 列入 lièrù 똉끼워 넣다, 집어넣다 ｜ 名录 mínglù 똉명단, 명부 ｜ 传播 chuánbō 똉전파하다, 널리 퍼뜨리다 ｜ 桥梁 qiáoliáng 똉교량, 다리 ｜ 纽带 niǔdài 똉유대, 연결체

◆ 踢毽子

在中国，踢毽子也是常见的民间体育活动，深受各年龄层人们的喜爱。毽子踢法多种多样，既可以一个人踢，也可以几个人一起踢；既可以比次数，也可以比连踢的时间，还可以比踢的花样。踢毽子多在冬春进行，不仅可以锻炼身体，而且有助于提高人的敏捷性。

◆ 제기차기

중국에서는 제기차기도 쉽게 볼 수 있는 민간 체육 활동으로, 각 연령층의 많은 사랑을 받고 있다. 제기를 차는 방법은 무궁무진해서 혼자서도 찰 수 있고 여럿이 함께 찰 수도 있으며, 차는 횟수와 차는 시간, 차는 모양까지도 견줄 수 있다. 제기차기는 흔히 겨울철과 봄철에 많이 하는데, 몸을 단련할 수 있을 뿐만 아니라 민첩성을 기르는 데도 도움이 된다.

踢毽子的老人 제기차기를 하는 노인

文化娱乐

在当今社会，文化与休闲已经紧密结合在一起。随着收入的增长和消费的升级，人们对文化娱乐的需求越来越大，文化娱乐支出也快速增长，而且种类也越来越丰富。

문화 오락

오늘날 우리 사회에서 문화와 여가는 이미 긴밀하게 연결되어 있다. 소득의 증가와 소비의 향상에 따라 사람들의 문화 오락에 대한 수요가 점차 늘면서 문화 오락 비용의 지출도 급증하고 있고, 그 종류도 다양해지고 있다.

새 단어

踢毽子 tī jiànzi 제기를 차다 | **花样** huāyàng 몡 모양, 무늬, 디자인 | **敏捷性** mǐnjiéxìng 민첩성 | **紧密** jǐnmì 휑 긴밀하다, 밀접하다 | **结合** jiéhé 됭 결합하다, 결부하다 | **升级** shēngjí 됭 격상하다, 향상되다 | **需求** xūqiú 몡 수요, 필요

◆ 传统出版业

中国图书、报纸、期刊等传统出版业一直以来都有很大的市场。据统计，2016年，中国共出版图书499,884种，期刊10,084种，报纸1,894种。[4]

---

4 中华人民共和国国家统计局，《中国统计年鉴2017》，中国统计出版社，2017年，http://www.stats.gov.cn/tjsj/ndsj/2017/indexch.htm.

◆ 전통 출판업

중국의 서적, 신문, 정기 간행물 등 전통적인 출판업은 지금까지 큰 시장을 형성해 왔다. 통계에 따르면, 2016년에 중국에서 출간된 책은 총 49만 9,884종, 정기 간행물은 1만 84종, 신문은 1,894종으로 집계됐다.[4]

---

4 중화인민공화국국가통계국(中華人民共和國國家統計局)에서 편집하고 중국통계출판사(中國統計出版社)에서 2017년에 출판한 「중국통계연감2017(中國統計年鑑2017)」을 참조함. http://www.stats.gov.cn/tjsj/ndsj/2017/indexch.htm.

◆ 电影

中国的电影业曾一度受到电视的冲击，失去了许多观众，但近些年来市场逐渐回暖。2002年，中国影院票房总收入只有8亿元左右，2017年，电影票房总收入达559.11亿元，[5] 15年内增长近70倍，而且有不断上升的趋势。票房总量的不断提升和高速增长显示出中国电影产业的飞速发展。

---

5 华民，2002～2017年中国电影银幕数量及增速统计，(2018-02-01)[2018-08-24]，http://www.360doc.com/content/18/0201/12/502486_726911724.shtml.

◆ 영화

중국의 영화 산업은 한때 TV의 영향을 받아 수많은 관객을 잃었었다. 하지만 최근 몇 년간 시장은 조금씩 회복세를 보이고 있다. 2002년 중국 영화관 매출은 8억 위안 안팎이었지만, 2017년에는 영화 흥행 수입이 559억 1100만위안으로,[5] 15년 만에 70배 가까이 증가하는 등 꾸준한 상승 추세를 보이고 있다. 영화 흥행 수입의 지속적인 상승과 고속 성장은 중국 영화 산업의 비약적인 발전을 보여 주고 있다.

---

5 화민(華民), 2002～2017년 중국영화 스크린 수와 증가 속도 통계(2002～2017年中国电影银幕数量及增速统计),(2018-02-01)[2018-08-24],http://www.360doc.com/content/18/0201/12/502486_726911724.shtml.

◆ 电视

　　电视基本上已经成为中国家庭文化生活的中心。中国拥有300多家电视台，中国电视业拥有世界上最大的电视网。2016年底，电视人口覆盖率达98.88%，[6] 而在1990年，这一数字仅为79.4%。

6　中华人民共和国国家统计局，《中国统计年鉴2017》，中国统计出版社，2017年，http://www.stats.gov.cn/tjsj/ndsj/2017/indexch.htm.

◆ TV(텔레비전)

　　TV는 이미 중국 가정 문화 생활의 중심이 되었다. 중국에는 300여 개의 TV 방송국이 있으며, 중국 TV 업계는 세계 최대의 TV 네트워크를 보유하고 있다. 2016년 말, TV 인구 점유율은 98.88%에 달하는데,[6] 1990년에는 이 숫자가 79.4%에 불과했었다.

6　중화인민공화국국가통계국(中華人民共和國國家統計局)에서 편집하고 중국통계출판사(中國統計出版社)에서 2017년에 출판한 「중국통계연감2017(中國統計年鑑2017)」을 참조함. http://www.stats.gov.cn/tjsj/ndsj/2017/indexch.htm.

🔔 이거 아세요?

足球起源于中国。在中国古代，足球被称为"蹴鞠"，意思是"用脚踢球"。在唐宋时期，"蹴鞠"活动就已十分流行，可以说是世界上最早出现的足球运动。

축구는 중국에서 기원했다. 중국 고대에 축구는 '축국蹴鞠'이라 불렸으며, '발로 공을 찬다'는 의미였다. 당송 시대에 '축국' 활동은 이미 매우 성행했으며 세계 최초로 출현한 축구 경기라고 할 수 있다.

宋太祖蹴鞠图 송태조 축국도

새 단어

期刊 qīkān 圀 정기 간행물 ｜ **一度** yídù 한때, 한동안 ｜ **冲击** chōngjī 圀 쇼크, 충격 ｜ **回暖** huínuǎn 圀 따뜻해지다, 풀리다 ｜ **影院** yǐngyuàn 圀 영화관 ｜ **票房** piàofáng 圀 (영화관의) 매표소 ｜ **电视台** diànshìtái 圀 TV(텔레비전) 방송국 ｜ **覆盖率** fùgàilǜ 圀 점유율

围棋

围棋起源于中国，是中国"琴棋书画"四艺之一，比象棋出现的时间更早，距今有4,000多年的历史。后来围棋传到日韩和欧美各国，现已成为国际性的棋类项目。

围棋 바둑

바둑

바둑은 중국에서 기원했고, 중국 '금기서화琴棋書畵' 사예四藝의 하나로, 장기보다 출현 시기가 더 일러서 지금으로부터 4,000여 년의 역사를 가지고 있다. 후에 바둑은 한국과 일본, 유럽 여러 나라에 전해졌고 지금은 이미 국제적인 기예棋藝 종목이 되었다.

麻将

中国有句俗话："十亿人民九亿麻，还有一亿在观察"，说的是在喜欢打麻将的中国人很多。麻将现已成为一种老少皆宜的棋牌游戏，而且由于地区差异，麻将的玩法也各有不同。2017年4月，国际智力运动联盟宣布，麻将继桥牌、国际象棋、围棋、象棋和国际跳棋之后，正式成为第六个世界智力运动项目。

마작

麻将 마작

중국에는 '10억 국민 중 9억은 마작麻雀을 즐기며 1억은 훈수를 둔다'라는 말이 있다. 이는 마작을 즐기는 중국인이 그만큼 많다는 뜻이다. 마작은 현재 남녀노소를 가리지 않고 즐기는 전통놀이가 되었고, 또 지역에 따라 마작의 놀이 방법이 각기 다르게 적용되기도 한다. 2017년 4월 국제두뇌운동연맹은 마작을 포카, 국제장기, 바둑, 장기와 체스를 이은 여섯 번째 정식 세계두뇌운동 종목으로 선포했다.

14

卫生与健康
위생과 건강

人均寿命

中国人常说："没什么不要没钱，有什么不要有病。"随着生活水平的提高，人们越来越关注身体健康和生命质量。

当代中国人的健康状况有了很大改善，其中一个显著标志是人均寿命大大延长。据统计，中国人的平均预期寿命从1981年的67.9岁提高到了2016年的76.5岁。[1]

1 中华人民共和国国务院新闻办公室，中国健康事业的发展与人权进步，(2017-09-29) [2018-08-24]，http://www.xinhuanet.com/2017-09/29/c_1121747583.htm.

평균 수명

중국인들 사이에는 '없다 없다 해도 돈이 없으면 안 되고, 있다 있다 해도 병이 있으면 안 된다'는 말이 있다. 생활 수준이 높아지면서 건강과 삶의 질에 대한 사람들의 관심도 날로 높아지고 있다.

지금 중국인들의 건강 상태는 크게 개선되었는데, 그를 잘 나타내는 지표 중 하나는 사람들의 평균 수명이 크게 연장되었다는 것이다. 통계에 따르면, 중국인의 평균 기대 수명은 1981년 67.9세에서 2016년 76.5세로 증가했다.[1]

1 중화인민공화국 국무원 신문 사무실(中華人民共和國國務院新聞辦公室)에서 편집한 『중국 건강사업의 발전과 인권 진보(中國健康事業的發展與人權進步)』를 참조함. (2017-09-29) [2018-08-24], http://www.xinhuanet.com/2017-09/29/c_112174758 3.htm.

社会保障制度

中国现行的社会保障制度，是从20世纪80年代起开始实行的。改革开放前的中国社会保障制度是"单位"保障制度：个人不直接负担保障费用，由单位(如城镇企业、事业单位、人民公社、生产大队等)按照国家给每个人规定的社会身份(如干部、工人、农民等)，给予不同的保障待遇。改革后的中国社会保障制度，是社会化的社会保障制度。保障资金来源由一个变成多个。

老夫妻 노부부

140

사회보장제도

중국의 현행 사회보장제도는 1980년대부터 시행되기 시작했다. 개혁 개방 이전의 중국 사회보장제도는 '기관' 보장 제도로서 개인이 직접 보장 비용을 부담하지 않고 기관(도시기업, 사업체, 인민공사, 생산대대 등)이 정해 놓은 사회적 신분(간부, 노동자, 농민 등)에 따라 다르게 보장하는 제도였다. 개혁 개방 이후의 중국 사회보장제도는 사회화된 사회보장제도로, 보장 자금의 원천이 하나에서 여러 개로 바뀌었다.

◆ 养老保险

按照新的社会保障制度，城镇所有企业及其职工都必须交纳养老保险费。企业的交费比例是企业工资总额的20%，个人交费比例为本人工资的8%。城镇个体户与自由职业者自主参加。2016年底，城镇职工和城乡居民基本养老保险参保人数合计为88,776.8万人。2016年，养老保险基金总收入37,990.8亿元。同期，养老保险总支出34,004.3亿元。[2]

---

2 中华人民共和国国家统计局，《中国统计年鉴 2017》，中国统计出版社，2017年，http://www.stats.gov.cn/tjsj/ndsj/2017/indexch.htm.

◆ 양로보험(사회 기본 연금보험)

새로운 사회보장제도에 따라 도시의 모든 기업과 근로자는 반드시 연금보험료를 내야 하는데, 기업의 납입금 비율은 기업 임금 총액의 20%이며 개인의 납입금 비율은 본인 급여의 8%이다. 도시 자영업자와 프리랜서들은 자율적으로 연금보험에 가입한다. 2016년 말, 도시 근로자와 농촌 거주민의 기본 연금보험 가입자 수는 총 8억 8,776만 8천 명이다. 2016년 연금보험 기금 총 수입은 3조 7,990억 8천만 위안인데, 같은 기간 연금보험 총 지출은 3조 4,004억 3천만 위안이다.[2]

---

2 중화인민공화국국가통계국(中華人民共和國國家統計局)에서 편집하고 중국통계출판사(中國統計出版社)에서 2017년에 출판한 『중국통계연감2017(中國統計年鑑2017)』을 참조함. http://www.stats.gov.cn/tjsj/ndsj/2017/indexch.htm.

새 단어

关注 guānzhù 통 관심을 가지다 ｜ 显著 xiǎnzhù 형 현저하다, 뚜렷하다 ｜ 寿命 shòumìng 명 수명, 목숨 ｜ 延长 yáncháng 통 연장하다 ｜ 预期寿命 yùqī shòumìng 기대 수명 ｜ 社会保障制度 shèhuì bǎozhàng zhìdù 사회보장제도 ｜ 实行 shíxíng 통 실행하다 ｜ 单位 dānwèi 명 회사, 직장 ｜ 负担 fùdān 통 부담하다, 책임지다 ｜ 待遇 dàiyù 명 대우, 취급 ｜ 资金 zījīn 명 자금, 자본금 ｜ 比例 bǐlì 명 비례, 비율 ｜ 总额 zǒng'é 명 총액 ｜ 个体户 gètǐhù 개인사업자, 자영업자 ｜ 自由职业者 zìyóu zhíyèzhě 명 자유직업자, 프리랜서 ｜ 合计 héjì 통 합계하다

北京大学医院 베이징대학병원

◆ 医疗保险

改革前的医疗保险制度是公费医疗制度，职工的医疗费用由单位报销。按照新的医疗保险制度，医疗保险基金由单位与职工共同负担，保障的是"基本疾病"的"基本治疗"。据国务院新闻办公室于2017年9月29日发布的《中国健康事业的发展与人权进步》，截至2016年底，全国基本医疗保险参保人数超过13亿人，城乡基本医疗保险覆盖率稳固在95%以上。

◆ 의료보험

개혁 전 의료보험 제도는 국비 의료 제도이며 직원의 의료비는 근무지의 기관에서 부담했다. 새로운 의료보험 제도에서는 의료보험 비용은 기관과 근로자가 공동 부담하고, 보장되는 것도 '기본 질병'의 '기본 치료'이다. 2017년 9월 29일 국무원 신문 사무실이 발표한 「중국 건강사업 발전과 인권 진보」에 따르면, 2016년 말까지 전국 기본 의료보험 가입자 수는 13억 명을 넘어섰고 전국 기본 의료보험 가입률도 95% 이상이라고 한다.

◆ 医疗卫生机构及床位数

2016年底，中国有医院29,140家，医疗卫生机构983,394家，医疗卫生机构床位741.0万张，其中医院床位568.9万张。[3]

---

3 中华人民共和国国家统计局，《中国统计摘要2017》，中国统计出版社，2017年，第182页。

◆ 의료기관 및 병상 수

2016년 말, 중국은 2만 9,140개의 병원, 98만 3,394개의 의료기관, 741만 개의 의료기관 병상을 보유하고 있고 그중 568만 9천 개가 병원의 병상이다.[3]

---

3 중화인민공화국국가통계국(中華人民共和國國家統計局)에서 편집하고 중국통계출판사(中國統計出版社)에서 2017년에 출판한 「중국통계적요2017(中國統計摘要2017)」 182페이지를 참조함.

새 단어

医疗保险 yīliáo bǎoxiǎn 의료보험 | 公费 gōngfèi **명** 공비, 사무비 | 职工 zhígōng **명** 직원, 노동자 | 报销 bàoxiāo **동** 청산하다, 결산하다 | 基金 jījīn **명** 기금 | 国务院 guówùyuàn **명** 국무원 [중화인민공화국 최고 행정기관] | 稳固 wěngù **형** 견고하게 하다, 안정시키다 | 医疗卫生机构 yīliáo wèishēng jīgòu 의료기관 | 床位 chuángwèi **명** 병상

◆ **医生和护士**

2016年底，全国卫生人员有1,117.3万人。卫生技术人员845.4万人，其中执业医师及执业助理医师319.1万人，注册护士350.7万人。[4]

4 中华人民共和国国家统计局，《中国统计摘要2017》，中国统计出版社，2017年，第183页。

◆ **의사와 간호사**

2016년 말, 전국 의료 종사자는 1,117만 3천 명이다. 의료인의 수는 845만 4천 명인데, 그 중 전문의 및 보조 의사는 319만 1천 명이고 등록 간호사는 350만 7천 명이다.[4]

4 중화인민공화국국가통계국(中華人民共和國國家統計局)에서 편집하고 중국통계출판사(中國統計出版社)에서 2017년에 출판한 「중국통계적요2017(中國統計摘要2017)」 183페이지를 참조함.

 이거 아세요?

中医是中国的传统医学，中医在中国仍然是治疗疾病的传统手段之一。利用拔罐祛除湿气、活通经络，利用针灸刺激穴位等治疗手段，已逐渐走出国门，受到世界人民的欢迎。

중의는 중국의 전통의학으로, 중국에서 여전히 질병을 치료하는 전통적인 방법 중 하나이다. 부항을 이용하여 몸의 습기를 제거하고 경맥 소통을 원활하게 하며, 침구를 사용하여 몸의 혈을 자극하는 등의 치료 방법으로 일찍이 세계에 알려져 많은 이들에게 환영 받고 있다.

拔罐 부항

새 단어

卫生人员 wèishēng rényuán 의료 종사자 | 卫生技术人员 wèishēng jìshù rényuán 의료인 | 执业医师 zhíyè yīshī 전문의 | 执业助理医师 zhíyè zhùlǐ yīshī 보조 의사 | 注册 zhùcè 🇭 등록하다

15

信仰与价值观
신앙과 가치관

宗教信仰

中国是一个宗教信仰自由的国家。《中华人民共和国宪法》第三十六条规定："中华人民共和国公民有宗教信仰自由。"目前，中国有一部分居民信奉佛教、道教、伊斯兰教、天主教和基督教等。

종교 신앙

중국은 종교 신앙 자유 국가이다. 「중화인민공화국헌법」 제36조에 '중화인민공화국 국민은 종교 신앙의 자유가 있다.'고 규정하고 있다. 현재 중국인이 믿는 종교는 불교, 도교, 이슬람교, 천주교, 기독교 등이다.

◆ 佛教

公历纪元前后，佛教开始由印度传入中国，经长期传播发展，形成了具有中国民族特色的中国佛教。由于传入的时间、途径、地区和民族文化、社会历史背景的不同，中国佛教形成三大系，即汉传佛教(汉语系)、藏传佛教(藏语系)和云南地区上座部佛教(巴利语系)。[1]

1 高振农，《中国佛教》，上海社会科学院出版社，1986年。

◆ 불교

서기西紀 전후로 불교는 인도로부터 중국에 전래되기 시작했다. 오랜 기간을 거치며 전파되고 발전된 불교는 중국 민족의 특색을 갖춘 중국 불교로 만들어졌다. 유입된 시간, 경로, 지역과 민족문화, 역사적인 사회 배경의 다름에 따라 중국 불교는 3대 계파로 나뉘는데 즉, 한전불교(한어계), 장전불교(티베트어계), 운남 지역의 상좌부불교(팔리어계)이다.[1]

1 고진농(高振農)이 저술하고 상하이사회과학원출판사(上海社會科學院出版社)에서 1986년에 출판한 「중국불교(中國佛敎)」를 참조함.

새 단어

宗教 zōngjiào 명종교 | 信仰 xìnyǎng 명믿다, 신앙하다 | 宪法 xiànfǎ 명헌법 | 公民 gōngmín 명공민, 국민 | 信奉 xìnfèng 동신봉하다, 믿다 | 佛教 Fójiào 명불교 | 道教 Dàojiào 명도교 | 伊斯兰教 Yīsīlánjiào 명이슬람교 | 天主教 Tiānzhǔjiào 명천주교 | 基督教 Jīdūjiào 명기독교 | 公历纪元 gōnglì jìyuán 양력 기원, 서기 [=公元] | 印度 Yìndù 명인도 | 传播 chuánbō 동전파하다, 널리 퍼뜨리다 | 途径 tújìng 명경로, 절차 | 藏语 Zàngyǔ 명티베트어 | 巴利语 Bālìyǔ 명팔리어

◆ 道教

道教是中国本土宗教，以"道"为最高信仰。道教在中国古代鬼神崇拜观念的基础上，以黄、老道家思想为理论根据，承袭战国以来的神仙方术衍化形成。一般认为，道教是东汉顺帝年间(126年—144年)沛国丰人张道陵创立的教团组织。道教为多神崇拜，尊奉的神仙是将道教对"道"之信仰人格化体现。[2]

---

2 当代中国的道教，(2003-06-09) [2019-01-24]，http://www.people.com.cn/GB/guandian/8213/28144/28156/1903236.html.

◆ 도교

도교는 중국 본토에서 발현된 종교로, '도'를 최고의 가치로 숭상한다. 도교는 중국 고대의 귀신 숭배 관념의 기본 위에 황, 노, 도가사상을 이론의 근거로 삼고, 전국시대를 풍미한 신선 방술을 계승하여 발전 변화되어 만들어진 것이다. 일반적으로 도교는 동한 순제년간(126년 ~144년) 폐국풍 지역 사람인 장도릉에 의해 창시된 교단 조직으로 알려져 있다. 도교는 많은 신선을 숭배하는데, 따르며 섬기는 신선은 도교가 '도'에 대한 신앙을 인격화하여 구현시킨 것이다.[2]

---

2 당대 중국의 도교(當代中國的道敎), (2003-06-09) [2019-01-24], http://www.people.com.cn/GB/guandian/8213/28144/28156/1903236.html.

太和宫金殿 타이허궁 도교 사원

道教神坛 도교 신단

새 단어

鬼神 guǐshén 圐 귀신 ┃ 崇拜 chóngbài 憻 숭배하다 ┃ 承袭 chéngxí 憻 계승하다, 물려받다 ┃ 神仙 shénxiān 圐 신선, 선인 ┃ 方术 fāngshù 圐 신선이나 도사의 기술, 재간 ┃ 衍化 yǎnhuà 憻 발전 변화하다 ┃ 创立 chuànglì 憻 창립하다 ┃ 教团 jiàotuán 교단 ┃ 尊奉 zūnfèng 憻 우러러 받들다 ┃ 人格化 réngéhuà 憻 인격화하다, 의인화하다

◆ 伊斯兰教

伊斯兰教传入中国始于唐代，当时大批西亚穆斯林来到中国经商。后来中亚、西亚穆斯林作为军人与工匠随成吉思汗的远征军来到中国，他们定居下来，逐步形成回族。伊斯兰教传入中国后，逐渐发展成为回族、维吾尔族、哈萨克族、塔吉克族等10个少数民族群众性信仰的宗教。[3]

---

3 伊斯兰教传入中国及其发展，(2003-06-09)[2019-01-24]，http://www.people.com.cn/GB/guandian/8213/28144/28156/1903253.html.

◆ 이슬람교

이슬람교는 당나라 때 처음으로 중국에 전해졌다. 당시에 많은 서아시아 무슬림 상인들이 중국에 유입되었고 그 후 중앙아시아, 서아시아 무슬림들은 군인 혹은 기술자의 신분으로 칭기즈칸의 원정군을 따라 중국에 유입되어 정착해 나갔고, 점차 후이족을 이루었다. 이슬람교가 중국에 전해진 후, 이는 다시 후이족, 위구르족, 카자흐족, 타지크족 등 10여 개 소수민족으로 구성된 군중 신앙의 종교로 발전했다.[3]

---

3 이슬람교의 중국 유입과 발전(伊斯蘭教傳入中國及其發展), (2003-06-09) [2019-01-24], http://www.people.com.cn/GB/guandian/8213/28144/28156/1903253.html.

◆ 天主教

天主教最早于7世纪传入中国。元代又再度传入。16世纪，以利玛窦为首的耶稣会士再度将天主教传入中国。19世纪鸦片战争后，天主教开始大规模传入中国。中华人民共和国成立后，天主教成为中国教徒独立自主自办的宗教事业。

◆ 천주교

천주교는 7세기에 최초로 중국에 전래됐고 원나라 때 또다시 전해졌다. 16세기에 마테오 리치를 필두로 한 예수회의 선교사를 통해 중국에 유입되었고, 19세기 아편전쟁 후에 비로소 대규모로 전래됐다. 중화인민공화국 수립 후 천주교는 중국 교도에 의한 자주 자립의 종교 사업으로 전환됐다.

새 단어

传入 chuánrù 통 전해 들어오다, 전해지다 | 西亚 Xī Yà 평 서아시아 | 穆斯林 mùsīlín 평 무슬림 | 经商 jīngshāng 통 장사하다 | 中亚 Zhōng Yà 평 중앙아시아 | 工匠 gōngjiàng 평 공예가, 공인 | 成吉思汗 Chéngjísī Hán 평 칭기즈칸 | 远征军 yuǎnzhēngjūn 평 원정군 | 定居 dìngjū 통 정착하다 | 回族 Huízú 평 후이족 | 维吾尔族 Wéiwú'ěrzú 평 위구르족 | 哈萨克族 Hāsàkèzú 평 카자흐족 | 塔吉克族 Tǎjíkèzú 평 타지크족 | 利玛窦 Lìmǎdòu 평 마테오 리치 [이탈리아의 선교사] | 耶稣会 Yēsūhuì 평 예수회 | 鸦片战争 Yāpiàn Zhànzhēng 평 아편 전쟁

◆ 基督教

中国常以"基督教"一词特指新教。基督教(新教)于19世纪初开始传入中国，并在鸦片战争后大规模传入。时至今日，中国的基督教(新教)已经成为中国多元文化的重要一页。随着中国的进一步发展，中国的基督教(新教)成为中国开放并与世界紧密交流的重要接点。

◆ 기독교

중국에서는 '기독교'를 신교라는 이름으로 부른다. 기독교(신교)는 19세기 초 중국에 전해졌으며 아편전쟁 이후 대규모로 전파되었다. 오늘날에 이르러 중국의 기독교는 중국의 다원화된 문화의 한 페이지를 장식하고 있다. 중국의 진일보된 발전에 따라 기독교는 중국의 개혁개방과 더불어 세계와 긴밀하게 소통하는 교류 역할을 담당하고 있다.

民间信仰

◆ 观世音

人们见到的观世音菩萨通常是一个慈眉善目、端庄美貌的女性。民间把观世音菩萨当作救苦救难的救护神，向她祈求子孙满堂，幸福吉祥。观世音菩萨有多种形象，其中民间最熟悉的形象有杨柳观音、千手观音、滴水观音、鱼篮观音等。中国各地的观音庙不计其数，终年香火很盛。

민간신앙

◆ 관세음(관음)

사람들이 흔히 보는 관세음보살은 보통 자애로운 눈썹과 선량한 눈을 가진 단정한 미모의 여성이다. 중국 민간에서는 관세음보살을 고통과 재난으로부터 구해주는 구호신으로 여겨서 관세음보살에게 후손 번성, 행복과 행운 등을 기원한다. 관세음보살은 여러 종류의 형상이 있는데, 그중 민간에 가장 잘 알려진 것은 양류楊柳관음, 천수千手관음, 적수滴水관음, 어람魚籃관음 등이다. 중국 각지의 관음묘(사당)는 그 수를 헤아릴 수 없을 정도로 많으며 사당 안에서는 1년 내내 향이 피어 오른다.

观世音菩萨 관세음보살

◆ 妈祖

　　妈祖是中国沿海地区，特别是东南沿海及台湾诸岛最受崇拜的"海神"。沿海渔民盼望出海平安，祈求海神妈祖保佑。妈祖也称"天后""天妃""天上圣母"。传说妈祖的生日是农历三月二十三日，这一天被称为"妈祖节"，数以万计的渔民向妈祖朝圣。

妈祖 마조

◆ 마조

　　마조媽祖는 중국 연해 지역, 특히 동남연해 및 타이완에서 가장 많이 숭배하는 '해신海神'이다. 연해 어민들은 바다에 나갈 때 해신 마조에게 무사안일을 기원한다. 마조는 '천후天后', '천비天妃', '천상성모天上聖母' 등으로도 불린다. 전설에 마조의 생일이 음력 3월 23일로 전해지고 있어 이 날은 '마조절媽祖節'이라 불리고, 수만 명의 어민들이 마조 성상에 참배한다.

◆ 弥勒佛

　　佛教中的菩萨众多，除了观世音，在中国民间最受欢迎的应属弥勒佛。弥勒佛的形象是笑口常开，并有一个圆圆的大肚子。有两句话是描述他的："大肚能容，容天下难容之事；笑口常开，笑世间可笑之人。"传说，谁要是摸一下他的胖肚皮，便能除病消灾，保佑平安。

◆ 미륵보살

　　불교에는 보살이 매우 많은데, 관세음보살 외에 중국 민간에서 가장 환영 받는 보살은 미륵보살일 것이다. 미륵보살은 입을 벌리고 웃는 모습과 둥글고 풍만한 큰 배가 특징이다. 그의 모습을 묘사한 '큰 배는 수용하기 어려운 일을 용납함을 보여 주고, 입을 벌리고 웃는 것은 세상의 우스꽝스런 사람을 비웃음을 보여 준다.'라는 말이 있다. 미륵보살의 큰 배를 한 번 만지면 만병과 재난을 피해갈 수 있고, 만사 평안해진다고 전해진다.

새 단어

接点 jiēdiǎn 图 접점 | 菩萨 púsà 图 보살 | 慈眉善目 címéi shànmù 图 자비롭고 인자한 모양 | 端庄 duānzhuāng 图 단정하고 장중하다 | 美貌 měimào 图 용모가 아름답다 | 救苦救难 jiùkǔ jiùnàn 图 고난에 처한 사람을 구제하다 | 祈求 qíqiú 图 간청하다 | 满堂 mǎntáng 图 만원이다 | 吉祥 jíxiáng 图 상서롭다, 길하다 | 不计其数 bùjì qíshù 图 수가 대단히 많다, 부지기수다 | 终年 zhōngnián 图 일 년 내내 | 香火 xiānghuǒ 图 향불 | 盼望 pànwàng 图 간절히 바라다 | 崇拜 chóngbài 图 숭배하다 | 保佑 bǎoyòu 图 보우하다, 돕다 | 数以万计 shùyǐwànjì 图 무수히 많다 | 朝圣 cháoshèng 图 성지를 순례하다, 성상에 참배하다 | 描述 miáoshù 图 묘사하다 | 肚皮 dùpí 图 뱃가죽, 배 | 消灾 xiāozāi 图 재앙을 없애다

◆ 关公

关公原名关羽，字云长，是三国时期蜀国的重要将领。在民间传说中，他是勇武和忠义的化身，后来成为人们普遍崇拜的神。民间将关公视为万能之神，他能给人带来幸福、官运和财富，能治病消灾，他同时也是许多行业的保护神。

◆ 관공

관공의 원래 이름은 관우關羽이고 자는 운장雲長으로, 삼국三國시대 촉蜀나라의 중요한 장수이다. 민간 전설에 의하면 그는 무용武勇과 충의忠義의 화신으로서 후에 사람들이 보편적으로 숭배하는 신이 되었다. 민간에서는 관공을 만능의 신으로 간주하여 행복, 벼슬운 및 재물을 가져다주고 병을 치료해 주며 재해를 막아 준다고 여겼다. 동시에 관공은 아주 많은 업종의 보호신이기도 하다.

◆ 财神

财神是中国各阶层最普遍的信仰对象之一，有些人认为一年里的财运都是由财神来决定的。关于财神的来历，民间有各种各样的说法，各个历史时期各地区所供奉的财神会有所不同。最受人们崇敬的财神是赵公明，也称"赵公元帅"，是道教中的一个虚构人物。传说正月初五是财神的生日，在这一天，民间有许多与财神有关的民俗活动。

◆ 재신

재신은 중국 각 계층에서 가장 보편적으로 믿는 대상 중 하나이다. 어떤 사람들은 한 해의 재운財運을 재신이 결정한다고 믿는다. 재신의 유래에 관해서는 민간에 각양각색의 이야기가 있는데, 각 시대마다 지역마다 모시는 재신도 각기 다르다. 사람들이 가장 숭배하는 재신은 조공명趙公明으로, '조공원수趙公元帥'라고도 하는데 도교에서 만들어 낸 인물이다. 음력 1월 5일이 재신의 생일이라 전해지는데 이날 민간에서는 재신과 관계 있는 많은 민속행사를 한다.

새 단어

将领 jiànglǐng 圈군관, 고급 장교 ┃ 勇武 yǒngwǔ 圈용맹스럽고 위세가 있다 ┃ 忠义 zhōngyì 圈충성과 절의 ┃ 化身 huàshēn 圈화신, 분신 ┃ 财运 cáiyùn 圈재운, 돈복 ┃ 供奉 gòngfèng 圈바치다, 공양하다 ┃ 虚构 xūgòu 圈꾸며 대다, 날조하다

孔子和儒家

孔子（公元前551—公元前479），山东曲阜人。孔子是中国古代著名的大思想家和大教育家，儒家学派的创始人。

孔子的思想对中国社会的影响非常大。孔子提倡道德修养，提倡教育，提倡中庸之道与和谐，提倡务实。在管理国家方面，他宣扬仁政德治。在家庭伦理方面，他宣扬父子要各尽其责，不越礼，提倡忠孝。这些思想长期以来深深地影响着中国的政治和老百姓的日常生活。从汉武帝时期起一直到现在，除较短时期（魏、晋）外，2,000多年来，孔子的思想一直是中国的主流思想。

공자와 유가

공자(기원전 551년~기원전 479년)는 산둥山東 취푸曲阜 사람으로, 중국 고대의 저명한 사상가이자 교육자이며 유가儒家 학파의 창시자이다.

공자의 사상은 중국 사회에 지대한 영향을 미쳤다. 공자는 도덕 수양, 교육, 중용의 도中庸之道, 화목과 실무를 제창했다. 국가를 관리하는 면에 있어서는 인정仁政과 덕치德治를 주장했으며 가정 윤리에서는 부모와 자식이 각자 책임을 다하고 예의에 벗어나서는 안 됨을 강조했고 충효忠孝도 역설했다. 이런 사상은 오랜 시간 중국의 정치와 백성들의 일상생활에 깊숙이 관여해 왔다. 한 무제漢武帝 때부터 지금까지 짧은 기간(위진魏晉시대)을 제외한 2,000여 년의 역사 속에 공자의 사상은 줄곧 중국의 주류 사상이었다.

孔子 공자

새 단어

儒家学派 Rújiā xuépài 유가 학파 | 创始人 chuàngshǐrén 명 창시자, 창설자 | 提倡 tíchàng 동 제창하다 | 中庸 zhōngyōng 명 중용 | 和谐 héxié 형 화목하다, 잘 어울리다 | 宣扬 xuānyáng 동 널리 알리다, 선양하다 | 忠孝 zhōngxiào 충성하고 효도하다 | 主流 zhǔliú 명 주류

价值观

改革开放以来，中国人的价值观念有了一些变化。

从1949年中华人民共和国成立到1978年改革开放的近30年的时间里，人们着重强调集体利益，忽视个人对合理利益的追求。如果有人公开强调个人利益，容易引起非议。改革开放以来，尤其是随着市场经济的发展，人们的自我意识开始觉醒，越来越多的人认为，合理的个人利益应该受到保护。

当然，中国人价值观的这种变化，并不意味着人们已经忽视了集体利益。在对待集体和个人的关系方面，人们常引用一句话："大河无水小河干。"在许多中国人的心目中，集体利益仍高于个人利益。

在人生理想方面，当今中国人越来越表现出务实的倾向。在过去很长一段时期内，人们只注重精神追求，轻视对物质的追求。如今，中国人，尤其是青年一代的中国人，更倾向于把事业成功的人士作为他们的榜样。北京师范大学主持的一项调查问："您觉得人生的追求目标是什么？"调查结果显示：人们选择最多的是"事业成功"，占33.62%；其次是"身体健康"，占20.84%；再次是"美满家庭"，占19.68%。[4]

此外，人们的金钱观也发生了变化。中国传统的价值观念是"君子喻于义，小人喻于利"，意思是君子看重道义，小人才看重利益，一个高尚的人是不屑谈论金钱的。如果一个人很看重金钱，会被人认为品格低下。

现在，人们不再忌讳谈论金钱。而且，越来越多的人认为，合理地追求金钱是人们日常生活中的一种必然需求。北京师范大学的同一项调查表明，选择"金钱"作为人生追求目标的占11.22%，排在"事业成功""身体健康"和"美满家庭"之后。[5] 也就是说，不少人肯定了金钱的重要性。但中国人同时崇尚一句著名的古话："君子爱财，取之有道。"意思是有道德的人用正常的手段获取钱财。

4, 5 宣兆凯，《中国社会价值观现状及演变趋势》，人民出版社，2011年，第304页。

새 단어

价值观 jiàzhíguān 圓 가치관 ┃ 着重 zhuózhòng 圓 강조하다, 중시하다 ┃ 集体 jítǐ 圓 단체, 집단 ┃ 忽视 hūshì 圓 경시하다,
소홀히 하다 ┃ 非议 fēiyì 圓 비난하다 ┃ 觉醒 juéxǐng 圓 각성하다 ┃ 倾向 qīngxiàng 圓圓 추세, 경향 ┃ 注重 zhùzhòng 圓 중시
하다 ┃ 榜样 bǎngyàng 圓 모범, 본보기 ┃ 看重 kànzhòng 圓 중시하다 ┃ 不屑 búxiè 圓 경시하다, 하찮게 여기다 ┃ 忌讳 jìhuì
圓 꺼리다, 기피하다 ┃ 崇尚 chóngshàng 圓 숭상하다, 숭배하다 ┃ 钱财 qiáncái 圓 금전, 재화

가치관

개혁 개방 이후, 중국인의 가치관에는 약간의 변화가 있었다.

1949년 중화인민공화국 수립 이후부터 1978년 개혁 개방까지 근 30년 동안 사람들은 단체의 이익만을 강조하고 개인의 합리적 이익 추구는 경시했다. 만약 누군가 공개적으로 개인의 이익을 강조하면 물의를 일으키기 쉬웠다. 개혁 개방 이후, 특히 시장 경제가 발전함에 따라 사람들의 자아의식이 각성되기 시작했고, 점점 더 많은 사람들이 합당한 개인의 이익은 보호받아야 한다고 생각하게 되었다.

물론 가치관의 이런 변화는 사람들이 단체의 이익을 무시하게 되었음을 의미하지는 않는다. 단체와 개인의 관계를 사람들은 흔히 '큰 강물이 마르면 작은 내도 마른다'는 말로 설명한다. 이는 많은 중국인들의 마음속에서 단체의 이익이 여전히 개인의 이익보다 우위에 있다는 의미이다.

요즘 중국인들은 점점 실무적인 경향을 띠고 있다. 과거 오랜 기간 동안 중국인들은 정신적인 추구를 중시하고, 물질적인 추구는 경시했었다. 최근의 중국인들, 특히 젊은 세대들은 사업에 성공한 사람을 그들의 롤모델로 삼는 경향이 있다. 베이징사범대학에서 실시한 한 설문 조사에서 '당신이 추구하는 인생의 목표는 무엇입니까?'라는 문항에 최다수 대답은 '사업의 성공'으로 33.62%를 차지했고, 그 다음은 '신체의 건강'으로 20.84%를, '행복한 가정'은 19.68%로 그 뒤를 이었다.[4]

이 밖에 사람들의 돈에 대한 생각에도 변화가 생겼다. 중국의 전통적인 가치 관념은 '군자는 의를 따르고 소인은 이익을 따른다'는 것인데, 그 뜻은 군자가 중히 여기는 것은 도의道義이고 소인이 중히 여기는 것은 이익이라는 것이다. 품격이 높은 사람은 돈에 대해 말하지 않고, 누군가 돈을 중시한다면 그는 품격이 낮은 사람으로 여겨진다는 의미이기도 하다.

현재 중국인들은 돈과 관련된 이런저런 이야기를 꺼리지 않는다. 또 점점 더 많은 사람들이 합당한 금전 추구는 일상의 당연한 목표라고 생각하기도 한다. 베이징사범대학의 동일한 설문 조사 중 '돈'을 인생의 목표로 선택한 비율도 11.22%로, '사업의 성공', '신체의 건강', '행복한 가정'의 뒤를 잇고 있다.[5] 다시 말해 다수의 사람들이 돈의 중요성을 인정하고 있다는 것이다. 하지만 중국인들은 동시에 '군자도 재물을 좋아하지만, 도리를 지켜 그것을 얻는다'는 명언도 숭상한다. 그 뜻은 도덕적인 사람은 정상적인 방법으로 재물을 얻는다는 의미이다.

4, 5 선조개(宣兆凱)가 저술하고 인민출판사(人民出版社)에서 2011년에 출판한 『중국사회 가치관 현황 및 변화 추세(中國社會價值觀現狀及演變趨勢)』 304페이지를 참조함.

관세음보살 후손 번성, 행복과 행운 등을 기원

16

民间习俗 민간 풍속

十二生肖

在中国，人们可以通过问别人"你是属什么的？"或者"你的属相是什么？"来推算一个人是哪一年出生的。

中国古代用"十二地支"即"子、丑、寅、卯、辰、巳、午、未、申、酉、戌、亥"来记录年份的顺序。后来，人们将"十二地支"与十二种动物相配，每个人出生那年所对应的动物，就是这个人的生肖，也叫属相。这十二种动物是：鼠、牛、虎、兔、龙、蛇、马、羊、猴、鸡、狗、猪。每十二年为一个循环。比如说，1991年是羊年，这一年出生的人属羊。十二年以后的2003年或十二年以前的1979年也是羊年，这两年出生的人也属羊。以此类推，2015年、2027年、2039年都是羊年。

十二生肖是十二地支的形象化代表，即子(鼠)、丑(牛)、寅(虎)、卯(兔)、辰(龙)、巳(蛇)、午(马)、未(羊)、申(猴)、酉(鸡)、戌(狗)、亥(猪)。民间传统上有关于十二生肖相生相克的观念。有的人认为，人的生肖跟人的性格乃至人的命运有关。比如，有些人愿意在龙年生儿育女，因为龙年生下的孩子都是"龙子龙孙"。又如，民间很多人认为属龙的和属虎的男女不适合婚配，因为"龙虎不相容"。

现在，人们更愿意把生肖作为春节的吉祥物，生肖也渐渐成为了文化的一部分。

子(鼠) 자　寅(虎) 인　卯(兔) 묘　丑(牛) 축　辰(龙) 진　巳(蛇) 사

十二生肖 12가지 띠

12가지 띠

　중국에서 사람들은 '무슨 띠예요?' 또는 '띠가 어떻게 되세요?'라는 물음을 통해 그 사람이 몇 년도에 출생했는지 추산할 수 있다.

　중국은 예전에는 '12지지地支' 즉 '자子, 축丑, 인寅, 묘卯, 진辰, 사巳, 오午, 미未, 신申, 유酉, 술戌, 해亥'로 연도의 순서를 기록했다. 후에 '12지지'와 12종의 동물을 결합시켜 각각의 사람이 태어난 해에 해당하는 동물을 이 사람의 띠라고 했다. 이 12종의 동물은 쥐, 소, 호랑이, 토끼, 용, 뱀, 말, 양, 원숭이, 닭, 개, 돼지이고, 12년마다 순환이 된다. 예를 들어 1991년은 양의 해이고 이 해에 태어난 사람은 양띠이다. 12년 후인 2003년 혹은 12년 전인 1979년 역시 양의 해이다. 이 두 해에 태어난 사람도 양띠이다. 이로써 유추하면, 2015년, 2027년, 2039년 역시 양의 해가 된다.

　12종의 동물은 12지지地支가 형상화된 대표이다. 즉 자는 쥐, 축은 소, 인은 호랑이, 묘는 토끼, 진은 용, 사는 뱀, 오는 말, 미는 양, 신은 원숭이, 유는 닭, 술은 개, 해는 돼지이다. 민간 전통에는 12가지 띠에 관한 상생상극相生相剋의 관념이 있다. 어떤 사람들은 사람의 띠가 성격이나 운명과 관계가 매우 크다고 생각한다. 예를 들어 어떤 사람은 용띠 해에 자식을 낳기를 원하는데, 용띠 해에 낳은 자식은 모두 '용의 자손'이 된다고 믿기 때문이다. 또 다른 예로, 민간에서 많은 사람들은 용띠와 호랑이띠 남녀는 결혼하면 안 된다고 생각하는데, '용과 호랑이는 서로 상극'이라고 믿기 때문이다.

　현재 중국인들은 띠 동물을 춘절의 마스코트로 삼기를 원하고, 띠 동물도 점점 문화의 일부분이 되어가고 있다.

午(马) 오 | 申(猴) 신 | 戌(狗) 술 | 未(羊) 미 | 酉(鸡) 유 | 亥(猪) 해

새 단어

生肖 shēngxiào 명 사람의 띠 | 属相 shǔxiàng 명 띠 | 推算 tuīsuàn 동 추산하다, 계산하다 | 相配 xiāngpèi 명 서로 어울리다, 짝이 맞다 | 循环 xúnhuán 동 순환하다 | 命运 mìngyùn 명 운명 | 婚配 hūnpèi 동 결혼하다 | 不相容 bù xiāngróng 명 불화하다, 화합되지 않다 | 吉祥物 jíxiángwù 명 마스코트

诞生礼俗

在中国传统文化中，生儿育女是整个家族的一件大事。与诞生有关的礼俗，在历史上非常讲究。今天，庆祝诞生的活动已有所简化，民间主要保留了报喜、三朝礼、满月礼、百日礼、取名、周岁礼等活动。

출생 풍습

중국의 전통문화에서 아이를 낳고 기르는 것은 온가족의 대사였고, 출생과 관련된 풍습도 역사상 매우 중시되어 왔다. 요즘의 출생 축하 행사는 약간 간소화되었으나, 민간에서는 여전히 희소식, 삼일례, 만월례, 백일례, 작명, 첫돌 등의 행사를 이어가고 있다.

◆ 报喜

一旦婴儿诞生，第一个礼仪就是报喜，即婴儿的父亲要到外婆家、亲友家和邻居家去报喜。按照传统习惯，报喜一般都要带上喜蛋，即将鸡蛋煮熟染成红色，所以有些地方也叫"红蛋"。喜蛋一般送99只，也有送得少的，但末位数最好是"9"。有的地方报喜还要带上糕点、糖、菜肴和鸡等，生男孩带公鸡，生女孩带母鸡，生双胞胎则带两只鸡。

◆ 희소식

아이가 태어나면 첫 번째 풍습은 희소식을 알리는 것인데 즉, 아이의 아버지가 외갓집, 친척과 이웃집에 가서 희소식을 전하는 것이다. 전통 습관에 따라 희소식은 보통 희란喜卵을 나눠 주며 알렸는데, 희란은 삶은 계란을 붉은색으로 물들여 만들었다. 그래서 일부 지방에서는 '홍란紅卵'이라고도 불렀다. 희란은 보통 99개를 나눠 주고, 이보다 적게 나눠 주기도 한

两只鸡 닭 두 마리

다. 그러나 마지막 숫자는 '9'에 맞추는 것이 좋다. 어떤 지역에서는 과자, 사탕, 채소, 닭 등을 나눠 주며 희소식을 알리는데, 아들을 낳으면 수탉, 딸을 낳으면 암탉, 쌍둥이를 낳으면 닭 두 마리를 나눠 준다.

◆ 三朝礼

婴儿诞生的第三天称为"三朝"。这一天，民间有些地方的家庭要请长辈吃"三朝酒"，还要举行"开奶"和"洗三"等仪式。所谓"开奶"，就是婴儿吃第一口奶；所谓"洗三"，就是给婴儿洗澡。洗澡时一般要在浴盆中放上红蛋、金银首饰等，据传可以为婴儿压惊消灾。

◆ 삼일례

아기가 태어난 지 사흘째 되는 날을 '삼조三朝'라고 한다. 일부 지역의 가정에서는 이날 어르신들을 모시고 '삼일주三日酒'를 마시고 '개내開奶', '세삼洗三' 등의 의식을 거행한다. '개내'는 아기에게 첫 젖을 먹이는 의식이고 '세삼'은 아기를 목욕시키는 의식이다. 목욕을 시킬 때는 목욕통 안에 홍란紅卵, 금은 장신구 등을 넣는데 이는 아기가 놀라는 것을 막고 나쁜 기운을 막기 위해서이다.

◆ 满月礼

根据中国的习俗，刚生完孩子的妇女，一般要休息一个月，称为"坐月子"。而婴儿出生后，一般也要过一个月才能出门。这一个月对母亲和婴儿的健康都非常重要，所以孩子满月就成了一个重要的人生礼俗。满月当天，中国人一般都要办"满月酒"。这天，亲朋好友一般会携带礼物前来祝贺。

◆ 만월례

중국의 풍습에 따르면 막 출산한 부녀자는 한 달 정도 쉬어야 하는데, 이를 '산후조리'라고 부른다. 아기도 태어난 지 한 달이 지나야 밖에 나갈 수 있다. 이 한 달은 엄마와 아기의 건강에 매우 중요한 시기이므로 아기의 만월은 인생에서 중요한 풍속이 되었다. 한 달이 되는 날 중국인들은 보통 '만월주滿月酒'를 차리는데, 이때 친척, 친구들은 선물을 가져와서 축하한다.

새 단어

诞生 dànshēng 图 태어나다, 출생하다 | 礼俗 lǐsú 图 예의와 풍속 | 生儿育女 shēng'ér yùnǚ 图 아들딸을 낳아 기르다 | 简化 jiǎnhuà 图 간소화하다, 간략화하다 | 保留 bǎoliú 图 보존하다, 보류하다 | 报喜 bàoxǐ 图 기쁜 소식을 알리다 | 取名 qǔmíng 图 이름을 짓다 | 婴儿 yīng'ér 图 영아, 젖먹이 | 外婆家 wàipójiā 图 외가 | 喜蛋 xǐdàn 图 희란, 축하 달걀 | 煮熟 zhǔshú 图 알맞게 삶다 | 双胞胎 shuāngbāotāi 图 쌍둥이 | 仪式 yíshì 图 의식, 행사 | 浴盆 yùpén 图 목욕통, 욕조 | 金银首饰 jīnyín shǒushì 금은 장신구 | 压惊 yājīng 图 음식을 대접하며 놀란 사람을 진정시키다 | 携带 xiédài 图 휴대하다 | 祝贺 zhùhè 图 축하하다

◆ 百日礼

百日礼是孩子出生满一百天时祝福长寿的仪式。中国民间认为，婴儿过了百日就会平安顺利地长大。亲属送给婴儿的礼物多是"长命锁"，意思是保佑小孩子身体健康，长命百岁。

◆ 백일례

백일례는 아기가 태어난 지 만으로 백일이 되는 날 아기의 무병장수를 비는 의례이다. 중국 민간에서는 아기가 백일을 넘겨야 평탄하고 순조롭게 성장할 수 있다고 믿었다. 백일에 친척들이 아기에게 보내는 선물은 '장수 목걸이'가 많은데, 이 목걸이는 아기가 건강하게 백년 장수하도록 보살펴 준다는 의미가 있다.

◆ 取名

给婴儿取名的时间和方式各个家庭会有所不同。有的是三朝礼时取定，有的是满月时取定，有的是出生后一百日内取定。取名时，父母或长辈会根据孩子在家族里的辈分以及生辰八字、生肖五行等来选字。父母或长辈给婴儿取的名字通常表达了某种美好的愿望，例如"康、健、强"是希望孩子身体健康、强壮，"栋、杰、才"是希望孩子成为有用之才，"伟、光、正"是希望孩子成长为一个光明磊落的人。

◆ 작명

아기에게 이름을 지어 주는 시기와 방법은 각 가정마다 조금씩 다르다. 삼일례 때 지어 주는 집도 있고 만월례 때 지어 주는 집도 있으며 백일례 이전에 지어 주는 집도 있다. 이름을 지을 때는 부모나 집안 어른들이 아기의 항렬과 사주, 띠, 오행五行 등을 참고해서 이름자를 택한다. 부모나 집안 어르신이 지어 주는 이름에는 보통 아기에게 바라는 희망이 함축되어 있다. '강康, 건健, 강强'자를 넣으면 아기가 건강하고 굳세게 자라기를 바라는 것이고 '동棟, 걸杰, 재才'자를 넣으면 인재가 되기를 바라는 것이며 '위伟, 광光, 정正'자를 넣으면 곧고 의로운 사람으로 성장하기를 바라는 것이다.

새 단어

祝福 zhùfú 圆 축복하다 | 长命锁 chángmìngsuǒ 圆 장수 목걸이 [자물쇠 모양의 놋쇠와 은으로 만든 목걸이] | 辈分 bèifen 圆 항렬, 촌수 | 生辰八字 shēngchén bāzì 圆 사주팔자 | 强壮 qiángzhuàng 圆 강건하다, 건장하다 | 光明磊落 guāngmíng lěiluò 圆 정정당당하다, 공명정대하다

抓周 돌잡이

◆ 周岁礼

　　周岁是孩子的第一个生日。孩子满周岁时，亲朋好友会送礼物给孩子，表达对孩子的祝福。有些家庭会在孩子满周岁的这一天举行"抓周"仪式，一般是摆出糕点、书画、笔、印章、刀剑、弓箭、算盘、铜钱、化妆品、玩具等各种不同的物件，让孩子任意抓取，以此来预测孩子将来的志趣和前途。如果孩子抓取书或者笔，预示孩子将来喜爱读书；如果抓取算盘，则预示日后善于经商；等等。

◆ 첫돌

　　돌은 아기의 첫 번째 생일을 말한다. 아기의 첫돌에는 친지들이 선물과 함께 아기를 축복해 준다. 일부 가정에서는 아기가 첫돌이 되는 날 '돌잡이'를 하는데, 보통 과자, 그림, 연필, 도장, 칼, 활, 주판, 동전, 화장품, 장난감 등 각기 다른 종류의 물건들을 상 위에 차려놓고 아기에게 마음대로 잡도록 한다. 이로써 아기의 취향과 장래를 예견하는데, 만약 아기가 책이나 연필을 잡으면 책을 좋아하는 사람이 될 것이라 생각하고, 주판을 잡으면 장사를 잘하는 사람이 될 것이라 여기는 등이다.

새 단어

周岁 zhōusuì 閔한 돌, 첫돌 ┃ 印章 yìnzhāng 閔도장, 인장 ┃ 弓箭 gōngjiàn 閔화살 ┃ 算盘 suànpán 閔주판, 타산 ┃ 抓取 zhuāqǔ 動잡아 빼앗다, 걷어쥐다 ┃ 预测 yùcè 動예측하다 ┃ 志趣 zhìqù 閔지향, 흥취 ┃ 前途 qiántú 閔앞길, 전망

喜糖 희탕

婚俗

在中国，婚姻被称为一个人的"终身大事"，受到特别的重视。自古以来，婚礼是人生礼仪中的大礼，有一整套严格的婚礼习俗。中国古代汉族婚礼为"六礼"，指的是从议婚到完婚整个过程的六个重要环节以及相应的礼仪。"六礼"的先后顺序为：纳采(男方家请媒人向女方家提亲)、问名(男方请媒人询问女子的姓名、排行和出生年月日等)、纳吉(男方根据双方八字，用占卜的方法测定这门婚事是吉还是凶，如果是吉，就送礼到女家订婚)、纳征(男方家给女方家送聘礼)、请期(男方家择定婚期，备礼告知女方家，求其同意)、亲迎(新郎到女方家里把新娘迎娶回家)。

如今，婚礼比以前简单多了，城市的婚礼比农村更为简洁。城市年轻人比较流行的婚礼主要有三种。

第一种是集体婚礼，即几对甚至几十对新婚夫妇联合举办婚礼，通常请当地有声望的人来主持婚礼并向新人表示祝贺，接着开茶话会庆祝一下。这种方式，既简单节约，又具有纪念意义，是社会所提倡的。

第二种是旅行结婚，即新人利用婚假游览名胜古迹，边旅行边结婚。这样不仅可以充分享受二人世界，而且可以欣赏到各地的自然风光。由于不在家举办婚礼，因此也可以避免请客收礼的旧俗。

第三种是在家里举行小型婚礼，接受亲朋好友送来的祝福、礼物和礼金，并举办婚宴请亲友吃饭。

第四种婚礼比较费心费力，但仍是中国人主要的结婚仪式。

以往中国人结婚一般不去教堂。但是，随着东西方文化交流不断加深，现在的城市婚礼中有的年轻人也举办西式婚礼，如新娘身穿白色婚纱、新郎身穿西服、举办婚礼舞会、进行蜜月旅行等。

不论结婚采取哪种仪式，新人一般要请亲朋好友吃糖，这种糖叫"喜糖"，表示吉利。对于中国人来说，结婚这件事是喜事，所以什么东西都带上一个"喜"字，婚礼上抽的烟叫"喜烟"，喝的酒叫"喜酒"，结婚的人家门上都贴着"囍"字。前来参加婚礼的客人都会祝福新郎和新娘幸福、快乐，比较常用的祝福语是"祝你们白头偕老，早生贵子"。

결혼 풍속

중국에서 결혼은 한 사람의 '종신대사'로, 특별히 중요시 여겨진다. 예로부터 결혼은 인생의 대례大禮로, 엄격한 혼례 풍습이 있었다. 중국 고대 한족漢族은 혼례를 '육례六禮'라고 했는데 이는 혼인 약속부터 혼례를 마치는 전 과정의 여섯 가지 중요한 절차와 그에 상응하는 예절을 말한다. '육례'의 순서는 납채納采(신랑 측이 중매쟁이를 통해 신부 측에 청혼하는 절차), 문명問名(신랑 측이 중매쟁이를 통해 신부의 성명, 항렬 및 출생 연월일 등을 묻는 절차), 납길納吉(신랑 측에서 서로의 사주팔자로 혼사의 길이나 흉을 점쳐서 길하면 신부 측에 예물을 보내 혼사를 성사시키는 절차), 납징納徵(신랑 측에서 신부 측에 보내는 예단), 청기請期(신랑 측에서 혼례일을 정하고 신부 측에 예물을 보내 동의를 구하는 절차), 친영親迎(신랑이 신부집에 가서 신부를 데려 오는 절차)이다.

요즘 결혼식은 이전보다 많이 간소화됐고 도시의 결혼식은 농촌에 비해 더욱 간결하다. 현재 도시에 사는 젊은이들에게 유행하는 결혼식은 주로 3가지이다.

첫 번째는 합동 결혼식이다. 몇 쌍, 심지어는 수십 쌍의 신혼부부들이 합동으로 결혼식을 하는데, 보통 현지의 명망이 높은 인사를 주례로 모셔와서 식을 진행하며 신혼부부들을 축하하고, 이어서 피로연을 열어 축하한다. 이 방식은 간단하면서도 비용이 저렴하고 기념적인 의미도 있어서 사회적으로 권장하고 있다.

두 번째는 여행 결혼이다. 신혼부부가 결혼 휴가를 이용해 주요 관광지를 여행하는 것으로, 여행을 하면서 결혼을 한다. 이렇게 하면 두 사람만의 세계를 충분히 누리면서 각지의 자연 풍경도 즐길 수 있다. 집에서 결혼식을 하지 않기 때문에 손님을 청하고 예물을 받는 구태도 피할 수 있다.

"早生贵子"(早—枣, 生—花生, 贵—桂圆, 子—莲子)
'득남하세요'(早—대추, 生—땅콩, 贵—용안 열매, 子—연밥)

세 번째는 집에서 올리는 소형 결혼식이다. 친지들과 친구들이 해 주는 축하와 선물, 축의금을 받고, 결혼 피로연을 열어 친지들에게 음식도 대접한다.

네 번째 결혼식은 비교적 공을 들이는 형태인데, 여전히 중국인들이 많이 하고 있는 결혼식이다.

과거에 중국인들은 보통 교회에서 결혼식을 올리지 않았다. 하지만 동서양의 문화 교류가 활발해지면서 요즘 도시에서는 서양식 결혼식을 올리는 젊은이들도 있다. 신부는 하얀 웨딩드레스를 입고 신랑은 양복을 입으며 피로연도 하고 신혼여행도 가는 등이다.

어떤 형태의 결혼식이든지 신혼부부들은 보통 친지와 친구들을 초대해서 행운을 의미하는 사탕을 주는데, 이 사탕을 '희당喜糖', 즉 '행복 사탕'이라고 부른다. 중국인들에게 있어 결혼은 기쁜 일이므로 결혼과 관계되는 것에는 모두 '희喜'자가 붙는다. 결혼식에서 피우는 담배는 '희연喜煙', 마시는 술은 '희주喜酒'라고 하고, 결혼하는 집의 문에는 '쌍희囍'자를 붙인다. 결혼식에 참석한 손님들은 신랑, 신부가 행복하고 즐겁기를 기원하는데, 흔히 하는 덕담은 '검은머리 파뿌리 될 때까지 행복하고 빨리 득남하세요'이다.

새 단어

婚俗 hūnsú 명 결혼 풍속 | 大礼 dàlǐ 명 대례, 큰절 | 环节 huánjié 명 일환, 부분 | 提亲 tíqīn 동 혼담을 꺼내다 | 排行 páiháng 명 항렬 [형제 자매의 장유의 순서] | 订婚 dìnghūn 동 약혼하다 | 聘礼 pìnlǐ 명 신랑집에서 신부집에 보내는 예물 | 择定 zédìng 동 선정하다 | 迎娶 yíngqǔ 동 아내를 맞다 | 简洁 jiǎnjié 형 간결하다 | 声望 shēngwàng 명 명망, 명성과 인망 | 茶话会 cháhuàhuì 명 다과회 | 提倡 tíchàng 동 제창하다 | 旧俗 jiùsú 명 옛 풍속, 구습 | 婚宴 hūnyàn 명 결혼 피로연 | 教堂 jiàotáng 명 교회 | 婚纱 hūnshā 명 웨딩드레스 | 吉利 jílì 형 길하다 | 白头偕老 báitóu xiélǎo 성 백년해로하다, 검은 머리가 파뿌리가 되다 | 贵子 guìzǐ 명 자제 [다른 사람의 아들에 대한 경칭]

166

过生日和祝寿

在中国，无论大人孩子，一般都非常重视生日。孩子们喜欢过生日，是因为可以吃到美味的生日蛋糕，可以收到各种各样的生日礼物。至于大人们重视生日，则是因为生日具有很重要的意义，中国传统观念"五福"中的第一位就是长寿。

按照中国的传统习惯，为孩子或年轻人庆祝生日称为"过生日"，而对老年人则称"做寿""庆寿""祝寿"等。一般来说，逢十的生日，如十岁、二十岁、三十岁，是比较重要的生日，要办得隆重一些，而其余年份的生日则相对简单一些，一般不请客，只在自己家里和家人或和要好的朋友一起庆祝一下。中国是一个提倡尊老爱幼

长寿面 장수 국수

的国家，为老年人做寿是很重要的事情。一般五十岁以上的人过生日便称作"寿"，特别是逢十的寿诞，一般都办得十分隆重。

欧洲人过生日的传统是吃蛋糕，而中国人的传统是吃面条，因为面条细长，象征长寿。老年人做寿当天，亲朋好友和晚辈都要携礼前往祝贺。传统的寿礼有寿幛、寿联、寿烛，还有寿桃、寿面、寿糕等。寿幛、寿联上写着祝贺的话，如"寿比南山"等。

생일과 축수

중국에서는 아이 어른 할 것 없이 생일을 매우 중시한다. 아이들은 생일을 좋아하는데, 맛있는 생일 케이크를 먹을 수 있고, 각양각색의 생일 선물도 받을 수 있기 때문이다. 어른들이 생일을 중시하는 것은 생일에 중요한 의미가 있기 때문인데, 중국 전통 관념에서 '오복五福' 중 첫 번째는 장수하는 것이다.

새 단어

做寿 zuòshòu 동 생신을 축하하다 | 庆寿 qìngshòu 동 생일을 축하하다 | 祝寿 zhùshòu 동 생신을 축하하다, 축수하다 | 隆重 lóngzhòng 형 성대하다, 장중하다 | 尊老爱幼 zūnlǎo àiyòu 성 노인을 존경하고 아이를 사랑하다 | 寿诞 shòudàn 명 생신 | 晚辈 wǎnbèi 명 후배 | 寿礼 shòulǐ 명 축하 선물, 생신 선물

중국의 전통 관습에 따르면 아이나 젊은이들의 생일 축하는 '생일을 쇠다'라고 부르고, 노인들의 생일 축하는 '주수做壽' '경수慶壽' '축수祝壽' 등으로 부른다. 일반적으로 10으로 끝나는 생일, 즉 10세, 20세, 30세는 중요한 생일로, 성대하게 하고 그 외 나이의 생일은 상대적으로 간단하게 하는데, 보통 손님을 초대하지 않고 집에서 가족이나 친한 친구들과 함께 축하한다. 중국은 노인을 공경하고 어린이를 사랑하는 나라로, 노인의 생신을 축하하는 것은 아주 중요한 행사이다. 보통 50세 이상인 사람이 생일을 보낼 때는 '생신'이라 칭하고, 특히 10으로 끝나는 생신은 매우 성대하게 치른다.

유럽인들이 생일을 보내는 전통은 케이크를 먹는 것인 반면 중국인들의 전통은 국수를 먹는 것이다. 국수는 가늘고 길어서 장수를 상징하기 때문이다. 노인들의 생일 당일에 친지와 후배들은 선물을 드리며 축하 인사를 전한다. 전통적인 생일 선물로는 휘장, 장수 대련, 장수 초, 장수 복숭아, 장수 국수, 장수 떡 등이 있다. 장수 휘장과 장수 대련에는 '남산처럼 오래 사세요' 등의 축하하는 말이 적혀 있다.

丧礼

自古以来，中国人把死与生看得同等重要。有些人相信人的灵魂不死，人死以后能投胎转世，还有来生。所以，中国人向来就将丧事看作是家族的一件大事，十分重视。

中国历史上曾出现过多种丧葬形式，如土葬、火葬、水葬、天葬、悬棺葬等。中原地区的汉族人历来有"入土为安"的观念，所以在历史上，土葬是汉族人最普遍的丧葬形式。中华人民共和国成立后，移风易俗，火葬逐渐被人们所接受和认可。

土葬 매장

새 단어

投胎 tóutāi 圖환생하다 ｜ 转世 zhuǎnshì 圖다른 것으로 다시 태어나다 ｜ 丧葬 sāngzàng 圖장례 ｜ 移风易俗 yífēng yìsú 圖낡은 풍속을 고치다 ｜ 认可 rènkě 圖승낙하다, 허락하다

장례의식

예로부터 중국인들은 죽음을 삶과 동등하게 중요시했다. 어떤 사람들은 영혼은 죽지 않고, 사람이 죽은 후에도 다시 태어나며 내세도 있다고 믿었다. 그래서 중국인들은 장례를 집안의 대사로 여기고 매우 중시했다.

중국 역사에는 여러 종류의 장례 형식이 나타났었는데, 매장土葬, 화장火葬, 수장水葬, 천장天葬, 현관장懸棺葬 등이 있다. 중원 지역의 한족漢族은 예로부터 '땅에 묻히면 평안을 얻는다'는 관념이 있어서 역사적으로 매장이 한족의 가장 보편적인 장례 형식이 되었다. 중화인민공화국 수립 후에는 낡은 풍속과 습관을 고치려 했고, 화장이 점차 사람들에게 받아들여지고 있다.

 이거 아세요?

在中国古典小说和戏曲中，经常有抛绣球成亲的故事。抛绣球是中国的少数民族壮族一种流行的传统体育项目。绣球最早是古代的一种兵器，随着社会的发展，逐渐演化成今天用来传情达意、娱乐身心、竞技强身的绣球。

중국의 고전 소설이나 희곡에서는 수 놓은 공을 던져 성혼하는 이야기가 전해지는데, 이는 중국의 소수민족인 좡족壯族에서 성행했던 전통 스포츠 경기였다. 수구绣球는 고대 병기 중 하나였지만 사회의 발전에 따라 현재는 정을 나누고, 심신을 즐겁게 하고, 몸을 단련하는 것으로 점차 변화했다.

绣球 수구

茶馆

在中国，饮茶之风盛行，茶馆、茶室、茶社、茶楼、茶摊随处可见。茶馆不但是饮茶解渴之处，更是重要的社交场所之一。人们聊天、谈生意甚至调解邻里冲突，都可以在茶馆中进行。可以说，中国茶馆的作用和欧洲的咖啡馆有异曲同工之处。

茶馆 찻집

찻집

중국에서는 차를 마시는 것이 성행해서 찻집茶館, 다실茶室, 다사茶社, 다루茶樓, 다탄茶摊 등을 곳곳에서 볼 수 있다. 찻집은 차를 마시고 해갈을 할 수 있는 곳일 뿐 아니라 중요한 사교 장소 중 하나이기도 하다. 사람들은 한담을 하거나 사업 관련 이야기를 할 때, 심지어 이웃 간의 충돌을 조율할 때도 찻집을 이용한다. 중국 찻집의 역할은 유럽의 커피숍과 다른 듯 같은 점이 있다.

酒席

中国人的宴席，就是酒席。酒在中国人的喜庆日子里和各种社交活动中有着举足轻重的地位。各个节日里都有酒席，如"元宵酒""端午酒""中秋酒""重阳酒""冬至酒"等；在喜庆的日子里也有酒席，如"相亲酒""迎亲酒""喜酒""满月酒""周岁酒""生日酒"等；各种社交活动也有酒席，如"开业酒""拜师酒""接风酒""饯行酒"等。

술자리

중국인들의 연회는 술자리로 이루어진다. 술은 중국인들의 축하 파티나 각종 사교 활동에서 중요한 비중을 차지한다. 명절에는 술자리가 있게 마련인데, '대보름 술자리', '단오절 술자리', '중추절 술자리', '중양절 술자리', '동지 술자리' 등이다. 경사스러운 날에도 '맞선 술자리', '신부맞이 술자리', '결혼 술자리', '만월 술자리', '돌 술자리', '생일 술자리' 등이 있고, 각종 사교 활동에도 '개업 술자리', '입문 술자리', '환영 술자리', '송별 술자리' 등이 있다.

17

民间禁忌 민간 금기

禁忌

禁忌在民间也被称为"忌讳"，指的是人们对某些神圣的、不洁的、危险的人或事物规定的某种禁止的言行，也指某些因宗教信仰或迷信而被禁止的言行。还有些禁忌反映了人们对生活的独特理解和道德评价。

中国有句俗话："十里不同风，百里不同俗。"自然环境和社会环境不同，人们的生活方式和文化传统各异，必然会产生不同的禁忌。每个民族、每个家族以及各行各业都有各自不同的禁忌内容。下面介绍的，是中国民间一些比较普遍的禁忌。

금기

금기는 민간에서 '기휘忌諱'라고도 하는데 신성하거나 불결하거나 위험한 사람 또는 사물에 대한 모종의 금지 행위를 가리키며, 종교 신앙 또는 미신으로 금지되어 있는 언행을 가리키기도 한다. 또 일부 금기는 사람들의 생활에 대한 독특한 이해와 도덕적 평가를 반영하기도 한다.

중국에는 '십 리마다 삶의 방식이 다르고 백 리마다 풍속이 다르다'는 속담이 있다. 자연 환경과 사회 환경이 다르면 사람들의 생활 방식과 문화 전통이 각기 달라 반드시 다른 금기가 생긴다는 뜻이다. 민족은 물론이고 가족마다, 업종마다 각기 다른 금기 사항이 있다. 아래에 소개한 것은 중국 민간의 보편적인 금기 사항이다.

语言禁忌

中国民间有许多语言禁忌。比如，忌说"死"字。忌用"死"字咒骂小孩，尤其是在喜庆节日或小孩生日期间。即使人死了，也避免使用"死"字，而用"走了""逝世""归天"等委婉词语。为国家、民族、人民的事业而死亡的人则更忌讳"死"字，应说"献身""捐躯""牺牲"。

民间忌用"死"字，甚至连一些与"死"字谐音的字也忌用，如"四"字，中国人选择号码时不喜欢选带"4"的号码，有些酒店甚至没有"第4层"或"第14层"。

吃饭时忌讲"拉屎""撒尿"等不雅词汇；对渔民或乘船的人，忌说"翻""沉"等字眼。

避讳也是一种语言禁忌。所谓"讳"，是古代帝王、圣人、长官及尊长的名字。避讳就是要避免直接说出或写出他们的名字，以示尊敬。如佛教中的神明观音菩萨，最初叫"观世音"，在唐代因为唐太宗李世民的名字中也有"世"字，为了避讳而改称为"观音"。

避讳这种语言禁忌在2,000多年前便已出现，一直到辛亥革命(1911年)后才被废除。不过，避讳的传统现在仍有保留。如儿女一般不直呼父母的名字，当徒弟的也不直呼师父的名字。

언어 금기

중국 민간에는 수많은 언어 금기가 있다. 예를 들어 '죽을 사死'자를 말하는 것을 금기시한다. '죽을 사'자를 넣어 아이를 욕하면 안 되고 특히 경사스러운 명절 또는 아이의 생일에 '죽을 사'자를 쓰면 안 된다. 사람이 죽어도 '죽을 사'자 사용을 피하여 '가셨다', '서거하셨다', '귀천歸天하셨다' 등 완곡한 어휘를 사용한다. 국가, 민족, 국민을 위하여 사망한 사람에게는 더욱 '죽을 사'자를 사용하지 않고 '헌신', '연구捐軀', '희생'이라고 말해야 한다.

민간에서는 '죽을 사'자 사용을 꺼리는데, 심지어 '죽을 사'자와 비슷한 음을 가진 숫자 '사四'자의 사용마저 꺼린다. 중국인들은 번호를 선택할 때 '4'자 번호를 싫어해서 일부 호텔에는 '4층' 또는 '14층'이 없을 정도이다.

식사할 때 '대변을 본다', '소변을 본다'는 등의 점잖지 못한 언어 사용을 삼가며 어민이나 선객에게 '엎어질 번飜'자, '가라앉을 침沈'자 등의 말은 삼간다.

'피휘避諱' 역시 일종의 언어 금기이다. '휘諱'란 고대 제왕, 성인聖人, 장관 및 웃어른의 이름을 말하는 것이고, 피휘란 그들의 이름을 직접 말하거나 기록하지 않는 것으로 존경의 뜻을 표하는 것을 말한다. 예를 들어 불교의 신명 관음보살을 처음에는 '관세음觀世音'이라 했었는데 당나라 황제 당 태종의 이름 이세민李世民에 '세世'자가 포함되어 있어서 '세'자를 쓰지 않으려고 '관음'이라고 개칭했다. 이런 언어 금기인 피휘는 이미 2,000년 전에 출현했고, 신해혁명辛亥革命(1911년)에 이르러서야 폐지되었다. 하지만 피휘의 전통은 지금도 일부 남아 있다. 자녀들은 부모의 이름을 직접 부르지 못하며 제자들도 스승의 이름을 직접 부르지 못하는 것이 그것이다.

새 단어

禁忌 jìnjì 圖 금기하다, 기피하다 | 忌讳 jìhuì 圖 기피하다, 꺼리다 | 神圣 shénshèng 圖 제왕의 존칭 | 迷信 míxìn 圖 미신, 맹목적인 숭배 | 咒骂 zhòumà 圖 악담을 퍼붓다, 욕하다 | 逝世 shìshì 圖 서거하다, 세상을 뜨다 | 归天 guītiān 圖 죽다, 서거하다 | 委婉 wěiwǎn 圖 (말이) 완곡하다 | 献身 xiànshēn 圖 헌신하다 | 捐躯 juānqū 圖 (숭고한 일에) 목숨을 바치다 | 谐音 xiéyīn 圖 한자에서 같거나 비슷한 음 | 拉屎 lāshǐ 圖 대변 보다 | 撒尿 sāniào 圖 소변 보다 | 字眼 zìyǎn 圖 글자, 어휘 | 尊长 zūnzhǎng 圖 웃어른, 손윗사람 | 废除 fèichú 圖 취소하다, 폐지하다

皇族服装 황족 복장

穿着禁忌

　　中国古代，颜色也分高低贵贱，好坏吉凶。如黑色和黄色，是皇族所穿衣服的颜色，对一般老百姓来说是禁忌。人们也忌穿绿色、青色(被视为"贱色")的衣服。

　　到了现代，颜色已没有高低贵贱之分。但在穿着方面仍有一些禁忌，如在结婚、生育、过年等喜庆的日子里，忌穿纯黑这样被视为"不吉利"颜色的衣服；同时，丧葬期间为了表示哀悼也忌穿红色等色彩鲜艳的衣服。

의복 금기

　　중국 고대에는 색깔로도 신분의 높고 낮음, 귀천, 일의 좋고 나쁨, 길흉을 구분했다. 검정색과 노란색은 황족의 의복 색깔로 일반 백성들에게는 금기였다. 사람들도 녹색, 청색('천한 색'으로 여겨서)의 옷은 입기 꺼려했다.

　　현대에 이르러서는 색으로 신분의 높고 낮음, 귀천을 가리지 않게 되었지만 착장에는 여전히 금기가 있다. 결혼과 출산, 설 등의 경사스러운 날에는 '불길한' 색으로 보이는 검은색 옷을 피하고, 동시에 장례 기간에는 애도를 표하기 위해 빨간색 등 색이 화려한 옷은 피한다.

饮食禁忌

　　饮食禁忌主要表现在饮食方式上。比如说，中国古代汉族忌讳用手抓饭吃，这一忌讳至今仍为人们所遵守。

　　使用碗和筷子也有许多禁忌，如忌讳吃饭前用筷子敲空碗，会被认为这是"穷气"。另外，忌讳把碗倒扣在桌上，忌讳把筷子插在盛着饭的碗里，人们认为这些都是不吉利的。

식사 금기

　　식사 금기는 주로 식사하는 방식에서 나타난다. 예를 들어 중국 고대 한족들은 손으로 밥을 먹는 것을 금기시했다. 이 금기는 지금까지도 남아 사람들이 이를 지키고 있다.

　　그릇과 젓가락을 사용하는 것에도 금기가 많다. 예를 들면 밥을 먹기 전에 젓가락으로 빈 그릇을 두드리면 안 되는데, 이런 행동은 '가난뱅이나 하는 짓'이라고 여겨진다. 이 외에도, 밥그릇을 식탁에 엎어 놓거나 퍼놓은 밥에 젓가락을 꽂는 행동도 불길하다고 여겨서 금기시한다.

饮食禁忌 식사 금기

새 단어

贵贱 guìjiàn 圈 귀천, 신분 ｜ 吉凶 jíxiōng 圈 길흉 ｜ 丧葬 sāngzàng 圈 장례를 치르다 ｜ 哀悼 āidào 圈 애도하다 ｜ 鲜艳 xiānyàn 圈 (색이) 산뜻하고 아름답다 ｜ 遵守 zūnshǒu 圈 준수하다, 지키다 ｜ 穷气 qióngqì 圈 빈궁한 상태, 궁상 ｜ 倒扣 dàokòu 圈 엎어 놓다

房梁 대들보

居住禁忌

　　中国人十分重视家庭，希望自己的家族能够发展壮大。他们相信住房跟家业是否兴旺、子孙是否安康有很大关系。所以，他们对居住的朝向十分谨慎，讲究"风水"，民间便因此而产生了"风水先生"这种职业。

　　随着时代的发展，居住方面的禁忌大多都消失了，但有一部分仍保存了下来。比如，中国人建房子，一般是坐北朝南；房子最好建在有阳光有水的地方；要扩建房子时，忌往西边扩大。民间还认为，无论是建房子还是搬迁，一定要选择吉日；忌讳五月建房；建房所用的木料也有讲究，房梁最好用榆木，取其"余粮"之意；忌用桑木，因"桑"与"丧"同音，不吉利。

거주 금기

　　중국인들은 가정을 대단히 중시하고 자신의 가족이 장성하기를 바란다. 그들은 주택이 가업의 번성, 자손의 평안, 건강과 매우 큰 관계가 있다고 믿는다. 그래서 집의 방향에 신중하고, '풍수'를 매우 중요시하여 민간에는 '풍수 선생'이라는 직업까지 생겼다.

　　시대가 발전함에 따라 거주의 금기는 대부분 사라졌지만 일부는 여전히 그대로 남아 있다. 예를 들어 중국인들은 집을 지을 때 대부분 남향집을 짓고, 최대한 햇빛이 잘 들고 물이 있는 곳에 짓는다. 집을 증축할 때는 서쪽으로 증축하는 것을 꺼린다. 민간에서는 여전히 집을 짓든, 이사를 하든 반드시 길일을 택해야 하며, 5월에 집 짓는 것을 피한다. 건축 목재도 많이 따지는데 대들보로 느릅나무를 가장 좋아한다. 거기에는 '여량餘粮'이라는 의미가 있기 때문이다. (느릅나무의 '유榆'자는 '남을 여餘'자와 동음 관계이고 '들보 량梁'은 '식량 량粮'과 동음이므로 느릅나무 대들보 '유량榆梁'에는 충분한 식량이라는 뜻인 '여량餘粮'이라는 의미가 있음) 이에 반해 뽕나무로 집 짓는 것은 꺼리는데, 이는 '뽕나무 상桑'자와 '죽을 상喪'자가 동음으로, 불길하기 때문이다.

罗盘·测量风水 나침반 풍수 보기

새 단어

兴旺 xīngwàng 图 번창하다, 흥성하다 | 安康 ānkāng 图 평안하고 건강하다 | 谨慎 jǐnshèn 图 신중하다 | 消失 xiāoshī 图 사라지다, 없어지다 | 扩建 kuòjiàn 图 증축하다, 확장하다 | 搬迁 bānqiān 图 이사하다 | 房梁 fángliáng 图 대들보 | 榆木 yúmù 图 느릅나무 | 余粮 yúliáng 图 여유 식량 | 桑木 sāngmù 图 뽕나무

其他禁忌

除了上述各方面的禁忌，民间还有一些禁忌。如春节时忌打碎器物，如不慎打碎了，要说"碎碎平安"，取"岁岁平安"之意。以前，在正月初一这一天，吃饭忌无鱼，有鱼忌全部吃光，是为了取"年年有余(鱼)"的吉祥含义。

这一天还忌动刀、剪子等利器，忌说一切不吉利的话，凡"破""坏""死""光""鬼""输""穷""病"等不好的字眼都要避免。民间还忌打头、打脸，年幼者不能拍打年长者的肩膀。

기타 금기

위에서 말한 각 방면의 금기 외에도 민간에는 또 다른 금기들이 있다. 예를 들어 춘절에 기물을 깨뜨리는 것을 금기시하는데, 조심하지 못하여 깨뜨렸다면 '쑤이쑤이碎碎 평안'이라고 말해야 한다. ('碎碎(깨뜨리다)'와 '歲歲(해마다)'가 같은 음이므로) '해마다 평안하다歲歲平安'라는 말로 깨뜨린 불길함을 바꾸는 것이다. 예전에는 정월 초하루에는 밥을 먹을 때 물고기가 없으면 안 되고, 물고기를 전부 먹어 치워도 안 됐었다. 이는 ('남을 여餘'와 '고기 어魚'자가 동음이므로 물고기를 다 먹지 않아야) '해마다 여유가 있다'는 상서로운 뜻을 취하기 위해서이다.

이날에는 칼, 가위 등 예리한 물건을 사용하지 말아야 하고, 불길한 말도 일체 해서는 안 된다. '깨뜨릴 파破', '무너질 괴壞', '죽을 사死', '다 써버릴 광光', '귀신 귀鬼', '나를 수輸', '다할 궁窮', '질병 병病' 등의 안 좋은 글자는 모두 피해야 한다. 민간에는 또 머리나 얼굴을 때리면 안 되고 나이가 어린 사람이 자기보다 연장자의 어깨를 쳐서는 안 된다는 금기도 있다.

이거 아세요?

汉语中的"梨"和"离"同音，所以，热恋中的男女忌同吃一个"梨"，因为这样意味着会"分梨(分离)"。

중국어의 '배나무 리梨'자와 '떠날 리離'자는 발음이 같다. 그러므로 연애 중인 남녀는 하나의 '배梨'를 같이 먹지 말아야 하는데, 여기에는 '헤어지다分离'라는 뜻이 있기 때문이다.

分梨=分离 분리(分梨)=분리(分離)

새 단어

打碎 dǎsuì 동 때려 부수다 | 利器 lìqì 명 예리한 무기 | 肩膀 jiānbǎng 명 어깨

18

传统象征物
전통 상징물

龙

　　早在汉字产生以前，中国就有了龙的形象。龙的形象集中了许多动物的特点：鹿的角，牛的头，蟒的身，鱼的鳞，鹰的爪。几千年来，龙在中国人的眼里，是无所不能的神灵，是英勇、权威和尊贵的象征。中国人称自己是"龙的传人"。古代各王朝的帝王则自称为"真龙天子"，为的是让人民更愿意服从他们的统治。长久以来，龙的形象始终存在于中华民族的传统意识中。

　　现在，中国民间仍把龙看作神圣、吉祥之物。在喜庆的日子里，中国许多地方有舞龙的习惯。之所以舞龙，是因为古人相信龙是掌管风雨的神灵，通过舞龙这种形式可以取悦龙王，保证风调雨顺，农民获得丰收。

용

　　한자가 생기기 전부터 중국에는 용의 형상이 있었다. 용의 형상은 사슴의 뿔, 소의 머리, 구렁이의 몸통, 물고기의 비늘, 매의 발톱 등 여러 동물의 특징이 합쳐진 형태이다. 수천 년 동안 용은 중국인에게 전지전능한 신이며 용감, 권위, 존귀함의 상징이었다. 중국인은 자신들을 '용의 후예'라고 칭한다. 고대 각 왕조의 제왕들은 자신을 '진룡천자眞龍天子'라고 불렀는데, 이것은 백성들이 자신의 통치에 복종하게 하기 위함이었다. 오래 전부터 용의 형상은 중화민족의 전통의식 속에 줄곧 존재해 왔다.

　　현재도 중국 민간에서는 여전히 용을 성스러우면서도 길한 동물로 간주한다. 경사스러운 날 중국의 많은 곳에서 용춤을 추는데, 용춤을 추는 것은 옛 선인들이 용을 풍우의 신으로 믿어서 용춤을 춤으로써 용왕을 기쁘게 하고 풍년과 풍작을 기원한 데서 비롯되었다.

龙 용

새 단어

鹿 lù 圆사슴 | 蟒 mǎng 圆이무기, 구렁이 | 鳞 lín 圆비늘 | 鹰 yīng 圆매 | 英勇 yīngyǒng 圆영특하고 용맹하다 | 权威 quánwēi 圆권위 | 尊贵 zūnguì 圆존귀하다 | 服从 fúcóng 圆복종하다 | 掌管 zhǎngguǎn 圆관리하다 | 取悦 qǔyuè 圆환심을 사다, 비위를 맞추다 | 风调雨顺 fēngtiáo yǔshùn 圆비바람이 순조롭다 [풍년의 징조] | 丰收 fēngshōu 圆풍작

凤凰

从远古时代起，凤凰就是中国人心目中能带来幸福祥瑞的鸟。雄的叫凤，雌的叫凰，合称凤凰。凤凰跟龙一样，也被认为是一种神灵。凤凰的形象极为美丽，它头似锦鸡，有大鹏的翅膀，仙鹤的腿，鹦鹉的嘴和孔雀的尾巴。传说中凤凰是百鸟之王，象征美好与和平，只有在国泰民安、天下太平时，才会降临人间。当凤凰出现时，数不清的鸟雀就会从四面八方飞来，跟随在它身后，被称为"百鸟朝凤"。凤凰曾是各王朝最高贵女性的代表。现在，作为吉祥、喜庆的象征，凤凰美丽的形象仍一直在民间广泛流传。

봉황

옛날부터 중국인들 마음속에서 봉황은 행복을 가져다주는 길조로 여겨졌다. 수컷은 봉, 암컷은 황이라고 하며, 통칭해서 봉황이라고 한다. 봉황은 용과 마찬가지로 신령한 동물로 여겨진다. 봉황의 형상은 극도로 아름다운데, 금계의 머리, 대붕의 날개, 선학의 다리, 앵무의 부리, 공작의 꼬리를 가졌다. 전설에 따르면 봉황은 뭇 새의 왕으로 아름다움과 평화를 상징하며, 국태안민, 태평성세 시에만 인간 세상에 강림한다고 전해진다. 봉황이 나타나면 수 많은 새들이 사방팔방에서 날아와 봉황의 뒤를 따르는데, 이를 '뭇 새들이 봉황의 뒤를 따른다'라고 한다. 봉황은 각 왕조에서 가장 고귀한 여성의 상징이었다. 지금도 봉황을 길함과 경사의 상징으로 여겨 봉황의 아름다운 형상이 여전히 민간에 널리 퍼져 있다.

凤凰 봉황

새 단어

凤凰 fènghuáng 🕮봉황 | 祥瑞 xiángruì 🕮상서롭다 | 雄 xióng 🕮수컷의 | 雌 cí 🕮암컷의 | 锦鸡 jǐnjī 🕮금계 | 大鹏 dàpéng 🕮대붕 | 仙鹤 xiānhè 🕮선학 | 鹦鹉 yīngwǔ 🕮앵무새 | 孔雀 kǒngquè 🕮공작 | 鸟雀 niǎoquè 🕮새, 조류

麒麟 기린

麒麟

　　麒麟和龙、凤凰一样，也是中国古代传说中的灵物。麒麟有鹿的身体、牛的尾巴，独角，全身有鳞甲。在中国的神话和民间传说中，麒麟是仁慈和忠义的象征，和凤凰一样，只有在太平盛世才出现，也是一种吉祥的象征。在中国民间风俗中，老百姓认为麒麟的灵性之一是可以为人们"送子"，有"麒麟送子"的说法，传说求拜麒麟可以让家人生育孩子，认为它会给没有子嗣的女性带来福音。

기린

　　기린은 용, 봉황과 마찬가지로 중국 고대 전설 속의 영물이다. 기린은 사슴의 몸, 소의 꼬리 형상으로, 외 뿔에 딱딱한 비늘이 온몸을 덮고 있다. 중국의 신화와 민간 전설에서 기린은 인자함, 충의의 상징이고, 봉황처럼 태평성세에만 나타나는 상서로움의 상징이기도 하다. 중국 민간 풍속에서 백성들은 기린의 영성 중 하나는 사람들에게 '아이를 점지해 주는 것'이라 여겼고, '기린이 아이를 점지해 준다'는 말이 있었다. 또 기린은 아이를 낳게해 달라는 소원을 들어주며, 아이를 낳지 못하는 여자에게 수태의 기쁨을 안겨준다는 전설이 있다.

새 단어

麒麟 qílín 명 기린 | 灵物 língwù 명 영물 | 鳞甲 línjiǎ 명 비늘과 껍데기 | 仁慈 réncí 형 인자하다 | 忠义 zhōngyì 명 충성과 절의 | 灵性 língxìng 명 영성, 총기 | 送子 sòngzǐ 통 (신이) 아이를 점지해 주다 | 求拜 qiúbài 통 간곡하게 부탁하다 | 子嗣 zǐsì 명 자식 | 福音 fúyīn 명 기쁜 소식

狮子

狮子有威严的外貌，在中国古代被视为法的维护者，是勇敢、吉祥的象征。佛教中，狮子是寺庙的守护者。随着佛教在中国影响的扩大，中国民间逐渐也把狮子作为镇压邪恶的"灵兽"。在古代，宫殿和富贵人家府邸前，通常摆着两只石狮子，以显示威势并镇恶辟邪。

卢沟桥上的石狮子 노구교 돌사자

每逢佳节或集会庆典，民间都以舞狮来助兴。中国舞狮分为北狮和南狮两大类。北狮的造型酷似真狮，狮头较为简单，全身披金黄色毛。北狮的表演特色是活泼、有趣，表演中还常常穿插惊险的特技，例如玩跷跷板、走钢索等，以此来表达喜庆和欢愉。舞狮者需要有很高的平衡能力。南狮又称醒狮，依照中国古代传说中的独角神兽的外形而制成，造型威猛雄壮，舞动时注重马步。每逢喜庆节日，"狮子"到各家门前舞动，以助"辟邪"。

사자

위엄 있는 외모를 가진 사자는 중국 고대에서 법의 수호자로 용감함과 상서로움의 상징이었다. 불교에서는 사자를 불교 사원의 수호자로 여겼고, 불교의 영향이 커짐에 따라 중국 민간에서도 점차 사자를 사악함을 없애는 '영험한 동물'로 여기게 되었다. 고대의 궁궐과 부유한 저택 앞에는 돌사자 두 마리를 놓아 위세를 과시했으며 악귀를 몰아내기도 했다.

명절이나 모임 축제 때 민간에서는 사자춤을 추며 흥을 돋웠다. 중국의 사자춤은 크게 북사자춤과 남사자춤 두 종류로 나눌 수 있다. 북사자는 진짜 사자와 매우 닮은 모양으로, 머리는

새 단어

威严 wēiyán 휑 위엄 있다 | 维护者 wéihùzhě 휑 옹호자, 수호자 | 寺庙 sìmiào 휑 절, 사찰 | 镇压 zhènyā 휑 진압하다, 탄압하다 | 邪恶 xié'è 휑 사악하다 | 宫殿 gōngdiàn 휑 궁전 | 府邸 fǔdǐ 휑 저택, 관사 | 威势 wēishì 휑 위세 | 辟邪 bìxié 휑 악귀를 물리치다 | 助兴 zhùxìng 휑 흥을 돋우다 | 酷似 kùsì 휑 몹시 닮다, 매우 비슷하다 | 穿插 chuānchā 휑 삽입하다, 집어넣다 | 惊险 jīngxiǎn 휑 아슬아슬하다, 스릴 있다 | 跷跷板 qiāoqiāobǎn 휑 시소 | 钢索 gāngsuǒ 휑 와이어, 쇠사슬 | 威猛 wēiměng 휑 용맹스럽다, 사납다 | 雄壮 xióngzhuàng 휑 웅장하다, 힘차다 | 马步 mǎbù 휑 기마자세

비교적 간단하고 전신은 황금색 털로 덮여 있다. 북사자춤 공연의 특색은 활기차고 재미있다는 것인데, 공연 사이에 시소 타기, 쇠사슬 위 걷기 등 아슬아슬한 묘기로 재미와 즐거움을 선사한다. 그래서 북사자 춤꾼은 균형 감각이 아주 좋아야 한다. 남사자를 잠 깬 사자라고도 하는데 중국 고대 전설의 외 뿔 신수神獸를 모방해 만들어서 위풍당당하고 웅장한 모습이고, 춤을 출 때는 기마자세가 중요하다. 경사스러운 날과 명절 날, '사자'는 집 앞에서 춤을 추며 그 집의 '사악한 기운'을 쫓아낸다.

岁寒三友

岁寒三友(松·竹·梅)
세한삼우(소나무, 대나무, 매화나무)

岁寒三友指的是松、竹、梅三种植物。

松树耐寒，在冬天也呈现一片苍绿。竹子笔直不弯，四季都保持茂盛。梅树在严冬才开花，而这时候，百花早已凋谢。因为这些特点，岁寒三友一直都受到中国人民的喜爱。

松树寿命长久，常被看作是长寿的象征。民间常见的一种吉祥画叫《松鹤延年》，因为鹤也是长寿的象征，以松、鹤为主题的画，寓意长寿吉祥。

竹经常是中国吉祥画的题材，因为传说中有"竹报平安"的说法。同时，竹子的形象高大笔直，可以象征正直的人品，因此受到人们的喜爱。

梅花有五个花瓣，中国民间认为梅花象征"五福"，即长寿、富贵、健康、品德高尚与善始善终，民间吉祥图案中有"梅开五福"。

새 단어

苍绿 cānglǜ 🔺질푸르다 | 笔直 bǐzhí 🔺똑바르다, 매우 곧다 | 茂盛 màoshèng 🔺우거지다, 무성하다 | 凋谢 diāoxiè 🔺시들어 떨어지다 | 寓意 yùyì 🔺함축적 의미, 내포된 뜻 | 花瓣 huābàn 🔺꽃잎 | 善始善终 shànshǐ shànzhōng 🔺처음부터 끝까지 한결같이 잘하다 | 做寿 zuòshòu 🔺(나이 든 사람의) 생신 잔치를 하다 | 蟠桃 pántáo 🔺복숭아 | 神明 shénmíng 🔺천지신명, 신의 총칭 | 功用 gōngyòng 🔺효용, 기능 | 镇宅 zhènzhái 🔺집의 악귀를 몰아내다 | 纳福 nàfú 🔺복을 가져오다

세한삼우

세한삼우는 소나무, 대나무, 매화나무 세 가지를 가리키는 말이다.

소나무는 추위를 잘 견뎌 겨울에도 푸르르다. 대나무는 곧고 휘어지지 않으며 사계절 내내 무성한 모습이다. 매화나무는 엄동설한에 꽃이 피는데 이때는 모든 꽃들이 이미 시들어 버린 후이다. 이와 같은 특징 때문에 세한삼우는 줄곧 중국인들의 사랑을 받아오고 있다.

소나무는 수명이 길어서, 줄곧 장수의 상징으로 여겨졌다. 민간에서 흔히 볼 수 있는 길상 화에 「송학연연松鶴延年」이라는 그림이 있는데, 학도 장수의 상징이기 때문에 소나무와 학이 주제인 그림은 장수 길상의 의미를 담고 있다.

대나무도 자주 중국 길상화의 소재가 되는데, '대나무는 평안하다'는 속설이 있기 때문이다. 동시에 대나무는 높고 곧아서 강직한 품성의 상징으로 많은 사람들의 사랑을 받았다.

매화는 다섯 개의 꽃잎이 있는데 중국 민간에서는 매화를 '오복', 즉 장수, 부귀, 건강, 고상한 품성, 선시선종善始善終의 상징으로 본다. 민간 길상화 중에는 '오복을 여는 매화'가 있다.

桃

在中国人的心目中，桃是长寿的象征。关于此类的传说很多。有的说，从前有一棵桃树，五十丈高，结的桃子三尺二寸，连核吃下去，人就会长寿。也有的说，中国古代传说中的女神王母娘娘做寿，设蟠桃会招待群仙，王母娘娘一直被认为是长寿的神明，群仙吃了王母娘娘的蟠桃，所以长生不老。

此外，民间认为桃木有辟邪的功用，使用桃木制作的物品可以镇宅、纳福。

복숭아

중국인들에게 복숭아는 장수의 상징으로, 이와 관련된 전설이 많이 전해진다. 옛날에 복숭아 나무 한 그루가 있었는데 높이가 오십 길이고 복숭아는 석 자 2촌이나 되었다. 이 복숭아를 씨까지 먹으면 장수할 수 있다고 한다. 또, 중국 고대 전설 속의 여신인 서왕모가 생일 잔치를 할 때 번도회蟠桃會를 열어 여러 신선들을 초대했다는 이야기도 있다. 서왕모는 언제나 장수의 신으로 추앙 받았고, 여러 신선들은 서왕모의 복숭아를 먹어서 불로장생했다고 한다.

이 외에도 민간에서는 복숭아 나무에 사악한 기운을 쫓아내는 효용이 있어서, 복숭아 나무를 사용해서 만든 물건이 집의 악귀를 몰아내고 복을 가져올 수 있다고 여겼다.

对联

　　对联又叫对子、楹联，由两句话组成。第一句叫上联，贴或悬挂在右边；第二句叫下联，贴或悬挂在左边。两联的字数相等，意思相关，常常用来表达人们的美好愿望。在节庆时张贴对联，象征着人们对美好生活的向往。

　　中国人过春节时贴在大门两边的大红对联称为春联，可为节日增添喜庆气氛。据说，明太祖朱元璋十分喜爱春联，甚至某一年除夕传旨要求家家贴春联。从此，过春节贴春联的风俗在民间越来越兴盛，一直流传至今。

대련

　　대련은 주련柱聯, 영련楹聯이라고도 부르는데 두 마디로 되어 있다. 첫 마디를 상련上聯이라 하여 오른쪽에 붙이거나 걸어 두며, 둘째 마디를 하련下聯이라 하여 왼쪽에 붙이거나 걸어 둔다. 두 마디의 글자 수는 같고 뜻은 서로 관련이 있어야 하는데, 대련은 사람들의 소망을 담고 있다. 명절이나 축제 때 대련을 붙이는데, 사람들의 행복한 삶에 대한 동경을 상징한다.

　　중국인들은 춘절에 대문 양쪽에 붙인 붉은색 대련을 춘련이라고 불렀는데, 춘련은 명절 분위기를 고조시켜 준다. 전하는 바에 따르면, 명태조明太祖 주원장朱元璋은 춘련을 좋아해서 어느 해 섣달 그믐에는 집집마다 춘련을 붙이라는 성지까지 내렸다고 한다. 이때부터 춘절에 춘련을 붙이는 풍습이 민간에서 점점 유행해서 지금에까지 이르고 있다.

年画

　　中国有一种特别的绘画体裁，因为是在过年时张贴的，因此叫年画。年画是伴随着中国农历新年辞旧迎新和辟邪避恶的活动而产生的。

　　早期年画上的内容是传说中的人物，用以辟邪，带来吉祥。由于是贴在门上的，所以也叫门神画。到了唐代，门神变成了秦叔宝、尉迟恭两位将军。也有些年画的主角是中国传说中能除妖辟邪的钟馗。虽然年画上的主角变了，但用意一样，那就是驱除恶魔保平安。到了明末清初，年画的题材更加扩大，不少反映普通民众心愿的年画出现，如麒麟送子、连年有余、五谷丰登、六畜兴旺等。至今民间依然有春节贴年画的风俗。

门神 대문신

연화

　중국에는 특별한 그림 양식이 있는데, 음력설에 붙인다고 해서 연화라고 부른다. 연화는 중국 음력설에 송구영신하고 사악한 기운을 물리치는 행사에서 생겨난 것이다.

　초기 연화의 내용은 귀신을 물리치고 상서로운 기운을 가져오는 전설 속 인물을 그렸으며, 대문에 붙이는 것이라 대문신화라고도 했다. 당나라 때에는 대문신이 진숙보秦叔寶, 위지공尉遲恭 두 장군이 되었으며, 또 일부 연화의 주인공은 중국 전설에서 요괴를 물리치는 인물인 종규鐘馗가 되기도 했다. 연화의 주인공이 바뀌기는 했지만 연화를 붙이는 의도는 같았는데, 모두 악귀를 몰아내고 평안을 빌기 위해서였다. 명말 청초에는 연화의 소재가 더욱 확대되어 일반 민중의 소망을 반영한 연화가 등장했는데, 기린이 아이를 보내 주는 연화, 풍족한 생활을 비는 연화, 오곡 풍성과 육축六畜 번창을 기원하는 연화 등이다. 지금도 민간에는 춘절에 연화를 붙이는 풍습이 그대로 남아 있다.

새 단어

悬挂 xuánguà 통 걸다, 매달다 ｜ 张贴 zhāngtiē 통 붙이다 ｜ 增添 zēngtiān 통 더하다, 늘리다 ｜ 传旨 chuánzhǐ 통 황제의 유시를 전달하다 ｜ 兴盛 xīngshèng 형 흥성하다, 번창하다 ｜ 体裁 tǐcái 명 체재, 표현 양식 ｜ 伴随 bànsuí 통 수반하다, 따라가다 ｜ 辞旧迎新 cíjiù yíngxīn 성 묵은해를 보내고 새해를 맞다 ｜ 用意 yòngyì 명 의도, 의향 ｜ 驱除 qūchú 통 쫓아내다, 제거하다 ｜ 恶魔 èmó 명 악마 ｜ 兴旺 xīngwàng 형 번창하다, 흥성하다

倒"福"

中国人在过春节时的一个传统习俗，就是张贴"福"字，表达迎春接福的美好愿望，寄托人们对幸福生活的向往。民间为了更充分地表达这种向往和愿望，干脆把"福"字倒过来贴，取"倒"的同音字"到"的意义，表示"幸福已到"。

거꾸로 붙이는 '복'자

중국인들은 춘절을 쇨 때 '복'자를 붙이는 전통 풍습이 있는데, 이는 봄을 맞아 복이 오기를 비는 마음을 표현하고, 사람들의 행복한 삶에 대한 동경을 담고 있다. 민간에서는 이런 동경과 바람을 더 충분히 전달하기 위해서 아예 '복'자를 거꾸로 붙이는데, 이는 '거꾸로 도倒'자와 동음자인 '이를 도到'자의 의미를 가져와 '행복이 이미 왔다'라는 의미를 나타내기 위해서이다.

倒"福" 거꾸로 붙인 '복'자

吉祥数字

在中国民间，常用来表达吉祥的数字有"三""六""八""九"。"三"作为吉祥数字，是因为在广东方言中，"三"跟"生"谐音，因此人们认为，三可寓意"生命""生机勃勃"。"六"表示"顺利"，民间中有"六六大顺"的说法。"八"作为吉祥数字，是近几十年的事，因为"八"在广东方言里跟"发"谐音，寓意"发达""发财"。"九"表示"长久""永恒"，因为"九"跟"久"谐音。

길한 숫자

중국 민간에서 길하게 여기는 숫자는 '3', '6', '8', '9'이다. '3'이 길한 숫자가 된 것은 광둥 방언에서 '삼三'자가 '생生'자와 동음 관계의 글자라서 사람들이 3을 '생명'이나 '생기발랄하다'라는 뜻으로 여겼기 때문이다. '6'은 '순조로움'을 나타내는데, 민간에는 '대단히 순조롭다六六大順'라는 표현이 있다. '8'이 길한 숫자가 된 것은 몇십 년 전부터인데 '팔八'자가 광둥 방언에서 '발發'자와 동음 관계라서 '발달하다', '돈을 벌다'의 의미를 부여할 수 있기 때문이다. '9'는 '오래다', '영원하다'는 뜻을 나타내는데, '아홉 구九'자와 '오랠 구久'자가 동음 관계의 글자이기 때문이다.

压岁钱

每逢过年，中国各地都有长辈给晚辈"压岁钱"的习俗。压岁钱，也称"压祟钱"。"祟"是民间传说中的一种妖怪，专门在除夕夜出来侵害小孩。传说用红纸包着铜钱，放在小孩枕边，就可驱赶妖怪，让孩子平安过年。人们把这钱称为"压祟钱"，因"祟"与"岁"谐音，后来就称为"压岁钱"了。人们相信，孩子得到压岁钱后，就可以平平安安过一年。所以，春节时给孩子压岁钱的习俗便流传下来。

压岁钱是由长辈给予晚辈的。不仅父母给压岁钱，爷爷奶奶、外公外婆，以及叔姑姨舅等长辈也会给压岁钱，甚至父母的朋友同事也可能给压岁钱。压岁钱的金额可多可少，但都是表达一种美好的祝愿。

세뱃돈

매년 음력설에 중국 각지에서는 윗사람이 아랫사람에게 '세뱃돈'을 주는 풍습이 있다. 세뱃돈을 '압수돈壓祟錢'이라고도 한다. '수祟'는 민간 전설에 등장하는 요괴로, 섣달그믐 밤에 아이들을 해친다고 한다. 전설에 따르면 동전을 붉은 종이로 싸서 아이의 베개 옆에 놓으면 요괴를 쫓아내 아이를 보호할 수 있다고 한다. 사람들이 이 돈을 '압수돈壓祟錢'이라 부른 것은 '수祟'와 '세歲'가 동음이기 때문에 후에 '압세돈壓歲錢'이 된 것이다. 사람들은 아이들이 세뱃돈을 받으면 1년 내내 평안하게 지낸다고 믿었다. 그래서 춘절에 아이들에게 세뱃돈을 주는 풍습이 전해 내려오게 된 것이다.

세뱃돈은 웃어른이 아랫사람에게 주는 것으로, 부모가 주는 것은 물론이고 할아버지와 할머니, 외할아버지와 외할머니, 작은아버지, 고모, 이모, 외삼촌 등 웃어른도 세뱃돈을 줄 수 있으며 심지어 부모의 친구, 동료들도 세뱃돈을 줄 수 있다. 세뱃돈은 액수에 관계 없이 항상 좋은 축원이 담겨 있다.

새 단어

寄托 jìtuō 墨 담다, 두다, 의탁하다 | 干脆 gāncuì 墨 아예, 차라리 | 谐音 xiéyīn 墨 한자에서 같거나 비슷한 음 | 生机勃勃 shēngjī bóbó 墨 생기가 넘쳐흐르다 | 永恒 yǒnghéng 墨 영원하다 | 妖怪 yāoguài 墨 요괴 | 侵害 qīnhài 墨 침해하다 | 流传 liúchuán 墨 세상에 널리 퍼지다 | 金额 jīn'é 墨 금액 | 祝愿 zhùyuàn 墨 축원하다

玉

　中国人通常都喜欢佩戴玉制的饰品。民间传说玉在夜间可发出一种特殊的光泽，而这种光泽是邪魔鬼怪最怕见到的，所以中国人认为玉能辟邪保平安，玉在生活中成为一种护身符。

옥

　중국인들은 대부분 옥으로 만든 장신구를 좋아한다. 옥은 밤에 특이한 광채가 나는데 이 광채를 귀신이 가장 무서워한다는 민간 전설이 있다. 그래서 중국인들은 옥을 지니면 사악한 기운을 물리치고 평안을 가져온다고 여겨서 옥은 생활 속에서 일종의 부적이 되었다.

福禄寿

　在中国民间，有时会在人们家中看到三位老人的画像，他们是福（幸福）、禄（高官厚禄）、寿（长命百岁）。传说他们是天上的三位吉神，可以给人们带来幸福、吉利、长寿。

복록수

　중국 민간에서는 사람들 집에서 종종 세 노인의 초상화를 볼 수 있는데, 이들은 복(행복), 록(고관의 높은 봉록), 수(장수 100세)이다. 이들은 하늘의 길한 세 명의 신으로 행복, 길조, 장수를 가져다준다고 전해진다.

福禄寿(从右至左) 복, 록, 수 (오른쪽에서 왼쪽으로)

19

中医、气功与武术
중의(中醫), 기공과 무술

中医

中医历史悠久，是中国人民几千年来在与疾病斗争的过程中逐渐形成的一整套诊病治病的方法和理论。中医理论主要包括阴阳五行理论、辩证施治理论以及中药学、针灸学等方面的理论。

중의

유구한 역사를 지닌 중의학은 수천 년 동안 질병과 싸우는 과정에서 점차적으로 만들어진 질병 치료 방법과 이론이다. 중의학의 이론은 음양오행 이론, 변증치료 이론, 중약학 및 침구학 이론 등을 포함한다.

◆ 阴阳五行

阴阳理论本来是中国古代的一种宇宙观，根据阴阳理论，世界上一切事物都是阴和阳的统一体，阴和阳相互依存又相互排斥，且在其盛衰的变化中互相转化。这种宇宙观后来成为中医的指导理论。中医认为，人体是一个小宇宙，也是阴和阳的统一体，人体的健康与否取决于阴阳是否平衡。

五行学说原是中国古代的一种哲学观。五行指金、木、水、火、土五种基本元素，它们之间的相生、相克构成宇宙间一切事物运动、变化和发展的基本规律。五行学说也被应用到中医学上，认为人体的五脏分别属于五行：肝属木，心属火，脾属土，肺属金，肾属水。中医就是运用五行相生、相克的关系来解释五脏的病变和病变的原因。

号脉 진맥하다

◆ 음양오행

음양 이론은 본래 중국 고대의 우주관으로, 음양 이론에 따라 세계의 모든 사물은 음과 양의 통일체이며 음과 양은 서로 의존하는 동시에 서로 배척한다는 학설이다. 이 이론에 의하면 음양 성쇠의 변화 속에서 음양은 서로 바뀐다. 이런 우주관이 후에 중의학의 지도 이론이 되었다. 중의학은 사람의 몸은 작은 우주이자 음과 양의 통일체이며, 신체의 건강은 음양의 균형 여부에 달려 있다고 본다.

오행설은 원래 중국 고대의 철학 사상이었다. 오행은 금金, 목木, 수水, 화火, 토土 다섯 종류의 기본 원소를 일컫는 말로, 이들 사이의 상생과 상극은 우주에 있는 모든 사물의 운동과 변화, 발전의 기본 법칙을 이룬다. 오행설은 중의학에도 응용되어 인체의 오장은 각각 오행에 귀속된다고 여겨진다. 간은 목木에, 심장은 화火에, 비장은 토土에, 폐는 금金에, 신장은 수水에 귀속된다. 중의사는 오행의 상생, 상극 관계를 응용해서 오장의 병변病變과 그 원인을 설명한다.

◆ 辩证施治

辩证施治是中医诊病治病的方法和理论，可简单称为四诊和八纲。传统中医诊断疾病的方法叫四诊：望、闻、问、切。中医师通过四诊把观察到的错综复杂的临床表现联系起来并加以具体分析，然后归结为八个方面的症侯，即阴、阳、表、里、寒、热、虚、实，就是八纲。八纲用来辨别和概括疾病的性质、病因、病变部位以及人的机体抗病能力的强弱，从而确定治疗的方法和手段。

◆ 변증법적 치료

변증법적 치료는 중의에서 병을 치료하는 방법과 이론이며, 사진四诊과 팔강八綱으로 약칭할 수 있다. 전통 중의학의 진단 방법을 사진四诊이라고 하는데 사진은 망진望诊, 문진聞诊, 문진問诊, 절진切诊을 말한다. 중의사는 사진을 통해 관찰한 복잡한 임상 결과를 서로 연결시켜 분석한 후 여덟 가지의 증상인 음陰, 양陽, 표表, 리裏, 한寒, 열熱, 허虛, 실實에 귀결시키는데 이것이 바로 팔강八綱이다. 팔강은 질병의 성격, 원인, 병변 부위 및 사람 몸의 질병 저항력의 강약을 측정하여 치료 방법과 수단을 확정하는 것이다.

새 단어

斗争 dòuzhēng 圖 투쟁하다 | 诊病 zhěnbìng 圖 병을 진찰하다 | 辩证 biànzhèng 圖 논증하다, 변증하다 | 施治 shīzhì 圖 치료를 실시하다, 다스리기 시작하다 | 针灸 zhēnjiǔ 圖 침구, 침술 | 依存 yīcún 圖 의존하다 | 排斥 páichì 圖 배척하다 | 盛衰 shèngshuāi 圖 성쇠 | 平衡 pínghéng 圖 평형, 균형 | 相生 xiāngshēng 圖圖 상생 | 相克 xiāngkè 圖 상극 | 五脏 wǔzàng 圖 오장 [심장, 간, 폐, 비장, 신장] | 病变 bìngbiàn 圖 병리 변화 | 辩证 biànzhèng 圖 논증하다, 변증하다 | 错综 cuòzōng 圖 뒤섞다 | 归结 guījié 圖 귀결하다, 매듭짓다 | 概括 gàikuò 圖 요약하다, 총괄하다

◆ 中药学

中药学主要研究中药的性质和用途，是中医学的重要组成部分。所谓中药，指的是中医所用的药物，其中植物最多，也包括动物和矿物。中药所用的药材有数百种之多，其中人参、龟板、砂仁、甘草、黄连、丹参、金银花、红花、天麻、淫羊藿、冬虫夏草等为中国广大老百姓所熟悉。

◆ 중약학

중약학은 중약의 성질과 용도를 연구하는 학문으로, 중의학에서도 중요한 구성 요소이다. 중약이란 중의사들이 쓰는 약재를 가리키는데, 중약에는 식물이 가장 많고 동물과 광물도 있다. 중약에 쓰이는 약재는 수백 종에 달하며, 그중 인삼, 귀판, 사인, 감초, 황련, 단삼, 금은화, 홍화, 천마, 음양곽, 동충하초 등은 중국인들에게 잘 알려진 약재다.

中药 중약

◆ 针灸

针灸的应用范围很广，可用于内、外、妇、儿、五官等科多种疾病的治疗和预防，疗效迅速，方法简便，少有副作用。

针和灸是两种不同的治疗方法，"针"指针刺，是用针刺在人体皮肤表面的穴位上进行治疗；"灸"指艾灸，是把艾条点燃后熏烤皮肤表面的穴位。

根据针灸理论，人体内有一些看不见的通道或线，叫作"经络"，它们连接身体的各个部分。经络虽然看不见、摸不着，但确实存在。经络载有"气"，健康人的"气"在整个身体中运行畅通。沿着经络分布着很多穴位，它们是"气"聚集的地方。如果人体内的"气"不能畅通运行，人就会生病。所谓针灸治病，就是用针灸刺激穴位，使不畅通的"气"能再畅通地运行起来，达到治病的目的。

◆ 침구

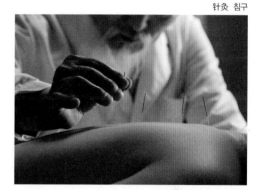

针灸 침구

침구는 활용 범위가 넓어 내과, 외과, 산부인과, 소아과, 이비인후과 등 여러 종류의 질병을 치료하고 예방한다. 치료 효과는 신속하고 치료 방법은 간편하며 부작용이 적다.

침鍼과 구灸는 두 가지의 다른 치료 방법이다. '침'은 침술을 가리키는 것으로, 인체 피부 표면의 경혈經穴에 침을 놓아 치료하는 것이고 '구'는 쑥뜸을 가리키는 것으로, 봉뜸으로 불을 붙인 후 피부 표면의 경혈에 뜸을 뜨는 것이다.

침구 이론에 의하면 인체에는 보이지 않는 통로나 선이 있는데 이를 '경락'이라고 한다. 그것들은 신체의 각 부분에 연결되어 있다. 경락은 보이지도 않고 만져지지도 않지만 확실히 존재한다. 경락에는 '기氣'가 실려 있는데 건강한 사람의 '기'는 몸 전체에서 막힘없이 잘 통한다. 경락을 따라 많은 경혈들이 분포해 있고 그것은 '기'의 집결 장소이다. 만약 인체의 '기'가 막히면 병에 걸리게 된다. 소위 침구 치료란, 침구로 경혈을 자극해서 막힌 '기'를 뚫어 다시 잘 통하게 하고, 병을 치료하는 목적에 이르는 것을 말한다.

새 단어

矿物 kuàngwù 몡광물 | 针灸 zhēnjiǔ 몡침구, 침질과 뜸질 | 疗效 liáoxiào 몡치료 효과 | 简便 jiǎnbiàn 톙간단하고 편리하다 | 副作用 fùzuòyòng 몡부작용 | 针刺 zhēncì 몡침술 치료 | 穴位 xuéwèi 몡혈, 경혈 | 艾灸 àijiǔ 몡쑥뜸 | 点燃 diǎnrán 통불을 붙이다 | 熏烤 xūnkǎo 통훈연하다 | 经络 jīngluò 몡경락 | 畅通 chàngtōng 톙막힘없이 잘 통하다 | 聚集 jùjí 통모으다

气功

　气功是中国宝贵的文化遗产，是一种有着几千年历史的养生术，也是一种医疗与体育结合的健身运动。气功有硬气功和静功之分。静功，就是通常说的气功。

　按中医理论，"气"就是指人们呼吸的空气以及人体内在的"元气"。练气功，就是要增强人体对疾病的抵抗力、对周围环境的适应力和身体的自我恢复能力。气功有一套独特的"自我锻炼"方法，包括调身（姿势）、调息（呼吸）、调心（神经）三方面，称为"三调"。三调之间相互联系，相互制约。练气功就要掌握三调的要领，采用"内向性"的锻炼方法，主动控制意识，掌握自身的内在行动，调动和增强身体各器官的机能，激发身体固有的潜力。

기공

练习气功 기공 훈련

　기공은 중국의 귀중한 문화유산으로 수천 년의 역사를 지닌 양생술이며, 또한 의료와 체육이 결합한 보건 운동이다. 기공은 경공硬功과 정공静功으로 분류되는데, 정공이 우리가 흔히 말하는 기공이다.

　중의학 이론에 따르면 '기氣'는 사람들이 호흡하는 공기와 몸 속에 있는 '원기元氣'를 뜻한다. 기공 훈련은 인체의 질병에 대한 저항력과 주변 환경에 대한 적응력, 그리고 신체적 자기 회복 능력을 증강시킨다. 기공은 독특한 '자기 훈련' 방법이 있는데 몸(자세) 조절, 호흡 조절, 마음(신경) 조절의 '세 가지 조절'이 그것이다. 이 세 가지 조절은 서로를 연결시키기도 하고 통제하기도 한다. 기공 훈련은 세 가지를 조절하는 요령을 터득해야 한다. 세 가지 조절은 '내향적인' 운동 방법으로, 능동적으로 의식을 제어하고 내재된 행동을 컨트롤하며 신체 각 기관의 기능을 이동하고 강화시킴으로써 신체의 잠재력을 일깨운다.

새 단어

抵抗力 dǐkànglì 명 저항력 ｜ 制约 zhìyuē 통 제약하다 ｜ 要领 yàolǐng 명 요령, 요점 ｜ 控制 kòngzhì 통 제어하다 ｜ 调动 diàodòng 통 옮기다, 이동하다 ｜ 固有 gùyǒu 형 고유의 ｜ 潜力 qiánlì 명 잠재력, 저력

少林武术 소림 무술

武术

　　中国武术源自古代人们的渔猎生活和部落之间的战争。汉朝末年，著名医生华佗模仿虎、鹿、熊、猿、鸟五种动物的活动，发明了"五禽戏"。人们练习五禽戏，可增长力气、活动关节、促进血脉流通，达到强身健体的目的。后来，武术不断发展。宋朝以后，武术逐渐分为不同流派，各有成系统的拳路和器械套路，如太极拳、太极剑、形意拳、少林拳、少林棍等。

무술

　　중국 무술은 고대인들의 수렵 생활과 부족 간의 전쟁에서 유래했다. 한나라 말기에 명의 화타華佗는 호랑이, 사슴, 곰, 원숭이, 새 등 다섯 가지 동물의 동작을 모방하여 '오금희五禽戲'를 만들었다. 사람들은 오금희를 연마함으로써 힘을 키우고 관절을 움직이며 혈액 순환을 촉진시켜 건강한 몸을 만드는 목적을 이루었다. 이후 이 무술은 발전을 거듭했다. 송나라 이후 점차 몇 개의 다른 유파로 나뉘어졌고, 각각 체계적인 권법과 동작이 생겨남에 따라 태극권, 태극검, 형의권, 소림권, 소림곤 등으로 나뉘어졌다.

새 단어

模仿 mófǎng 통 모방하다, 흉내내다 | 关节 guānjié 명 관절 | 血脉 xuèmài 명 혈관, 맥 | 流派 liúpài 명 유파, 분파 | 器械 qìxiè 명 기계, 기구 | 套路 tàolù 명 체계적인 무술 동작

太极拳

　　"太极"原是中国古代哲学的术语，指宇宙的本原为原始的混沌之气。宋代有人画了一幅太极图，用一个圆形来表示作为宇宙本原的原始的混沌之气。后来，为了表示"阴"和"阳"以及它们的相互作用，人们把圆形一分为二，一边为阴，一边为阳，分别用一条黑鱼和一条白鱼来表示。白鱼的眼睛是黑色的，表示阳中有阴；黑鱼的眼睛是白色的，表示阴中有阳。

　　明末清初，河南省温县陈家沟人陈王廷受太极图的启发，创造了太极拳。太极图是圆的，太极拳的每一个动作也是圆的；太极图中分阴阳，强调阴中有阳，阳中有阴，太极拳讲究刚柔结合，强调刚中有柔，柔中有刚。打太极拳的人认为，宇宙变化的原动力在于太极，人身运动的原动力也在于太极（人的腹部），所以太极拳的动作是由腹部发动，进而带动全身。

　　陈王廷创造的太极拳被称为陈氏太极拳。后人在陈氏太极拳的基础上创造出吴氏太极拳、孙氏太极拳、杨氏太极拳等。尽管各种太极拳的套路有所不同，但它们的原理都是相同的。

태극권

'태극'은 원래 중국 고대의 철학 용어로, 우주의 원리는 원시적인 혼돈의 기氣임을 가리킨다. 송나라 때 어떤 이가 태극도를 그려 한 개의 원으로 우주 본체의 원시적인 혼돈의 기를 표현했다. 이후 '음'과 '양' 그리고 그것들의 상호작용을 표시하기 위해 원을 둘로 나누고, 한 쪽은 음, 다른 한 쪽은 양이라 했다. 그리고 검은 물고기 한 마리와 흰 물고기 한 마리로 음과 양을 구분했다. 흰 물고기의 눈은 검은색으로 양 속에 음이 있음을, 검은 물고기의 눈은 흰색으로 음속에 양이 있음을 나타낸다.

阴阳八卦图 음양팔괘도

명말 청초에 허난성河南省 원현溫縣 천자거우陳家溝 사람 진왕정陳王廷이 태극도에 영감을 받아 태극권을 창시했다. 태극도도 둥글고 태극권의 동작 하나하나도 역시 둥글다. 태극도는 음과 양을 구분하고 음 속에 양이 있고 양 속에 음이 있음을 강조하는데, 태극권도 강한 힘과 유한 힘이 결합하여 강한 힘 속에 유한 힘이 있고, 유한 힘 속에 강한 힘이 있음을 강조한다. 태극권을 하는 사람들은 우주 변화의 원동력이 태극에 있고 인체 운동의 원동력 역시 태극(사람의 복부)에 있다고 생각한다. 그래서 태극권의 동작은 복부에서 움직임을 시작해 전신을 움직여 간다.

진왕정이 만든 태극권을 진씨 태극권이라고 한다. 후세 사람들은 진씨 태극권의 토대 위에 오씨 태극권, 손씨 태극권, 양씨 태극권 등을 만들었다. 각 태극권의 동작은 다른 점도 있지만 원리는 모두 같다.

새 단어

哲学 zhéxué 명 철학 | 术语 shùyǔ 명 전문 용어 | 混沌 hùndùn 명 혼돈 | 启发 qǐfā 동 일깨우다, 계몽하다 | 刚柔 gāngróu 명 굳셈과 부드러움 | 腹部 fùbù 명 복부

中国最早的医书

中国最早的医书是《黄帝内经》，写于战国时期（公元前475—公元前221年）。

중국 최초의 의학서

중국 최초의 의학 서적은 『황제내경黃帝內經』으로, 전국戰國시기(기원전 475년~기원전 221년)에 쓰여졌다.

十八般武艺

武侠小说里常常提到"十八般武艺"，指的是使用中国古代十八种常用兵器的技能与方法，这些兵器有：刀、枪、剑、戟、斧、钺、钩、叉、鞭、铜、锤、抓、镋、棍、槊、棒、拐、流星锤。

십팔반 무예

무협소설에서 자주 보이는 '십팔반十八般 무예'는 중국 고대 18종 상용 병기의 사용 기술과 방법을 말한다. 이 18종 병기는 칼刀, 창槍, 검劍, 극戟, 도끼斧, 월鉞, 구鉤, 차叉, 채찍鞭, 간鐧, 망치錘, 조抓, 당鐋, 곤棍, 삭槊, 봉棒, 괴자拐子, 유성 망치流星錘이다.

为什么称医生为"大夫"

在中国古代，大夫是一种官名，多是中央要职和顾问，并不指医官。到了宋代，医官分为七级，最高一级为"大夫"。于是，人们就把"大夫"作为医生的尊称，流传至今。

왜 의사를 '대부'라 부를까?

중국 고대의 대부大夫는 관직명이었다. 대부는 주로 중앙 요직이나 고문이었으며 의관醫官을 가리키는 것이 아니었다. 송대에 이르러 의관을 7급으로 나누고 최고 등급의 의관을 '대부'라고 했다. 그래서 사람들은 '대부'를 의사의 존칭으로 사용했으며 지금까지도 이어지고 있다.

20

戏曲与乐器
희곡과 악기

中国戏曲

中国戏曲源远流长。由专业演员演出的戏曲，可以追溯到唐玄宗在位时期(712年—756年)。当时，唐玄宗在都城长安一个叫梨园的地方，教年轻的艺人练习歌舞。至今，戏曲演员仍然称自己为梨园弟子，奉唐玄宗为戏曲祖师。

在今日中国，仍保留着种类众多的戏曲。下面简要介绍几种常见的剧种。

중국 희곡

중국의 희곡은 역사가 유구하다. 전문 배우들이 출연하는 희곡의 시작은 당 현종 재위 시절(712년~756년)로 거슬러 올라간다. 당시 당 현종은 수도 창안長安의 이원梨園이라는 곳에서 젊은 배우들에게 가무를 가르쳤다. 지금도 희곡 배우들은 여전히 자신을 이원제지梨園弟子라고 부르며 당 현종을 희곡의 창시자로 신봉하고 있다.

현재 중국에는 여전히 많은 희곡들이 남아 있는데, 흔히 볼 수 있는 희곡 몇 가지를 아래에서 간략하게 소개하겠다.

◆ 京剧

京剧是在徽剧和汉剧的基础上吸收了其他地方戏的精华，结合北京的地方语言和风俗习惯逐渐形成的。京剧盛行于20世纪20年代到40年代，当时有"国剧"之称。如今，它仍受到全国人民的喜爱，是具有全国影响力的大剧种，是中国戏曲的代表。

中国传统戏曲的角色，称为"行当"。京剧的行当分为四大类：生、旦、净、丑。以前还有一种角色叫"末"，现已归入"生"的行当。生，指老生、小生，都是男角色。以唱、念为主的称为文生，会武艺的叫做武生。旦，包括青衣、花旦、武旦、刀马旦、老旦等，都是女角色，也可以由男性扮演。20世纪20年代到30年代在北京出现的四大名旦梅兰芳、程砚秋、尚小云、荀慧生，都是男旦角。净，亦称花脸，扮演花脸的角色要用各种颜色画脸谱，叫"净"，是取其反意。丑，也称小花脸或三花脸，是性格开朗、动作滑稽的角色，既可表现心地善良的人物，也可表现奸诈卑鄙的人物。

京剧的剧目极为丰富，现在经常演出的京剧剧目可分为三类：一类是传统剧，一类是新编历史剧，还有一类是现代剧。

◆ 경극

경극은 휘극徽劇과 한극漢劇의 토대 위에 타지방 희곡의 정수를 흡수하고 베이징 지방의 언어와 풍습을 한데 녹여 만들었다. 경극은 1920~40년대에 성행했으며 당시에는 '국극國劇'이라고 불렸

京剧《霸王别姬》 경극 「패왕별희」

다. 현재 경극은 전국민의 사랑을 받고 있고 국가적 영향력 또한 상당하며, 중국 희곡의 대표이다.

중국 전통 희곡의 배역을 '행당行當'이라고 하는데 '행당'은 생生, 단旦, 정淨, 축丑 4가지로 분류할 수 있다. 이전에는 '말末'이라는 역이 있었으나 현재는 '생生'에 귀속되었다. '생'이란 노생老生, 소생小生을 가리키는데 모두 남자 역할이다. 노래 부르고 말을 주로 하는 생은 문생이고, 무예를 주로 하는 생은 무생이다. 단旦은 청의青衣, 화단花旦, 무단武旦, 도마단刀馬旦, 노단老旦 등으로 여자 역할이며, 남자들이 연기할 수도 있다. 1920~30년대에 베이징에서 유명했던 4대 명배우인 매란방梅蘭芳, 정연추鄭硯秋, 상소운尚小雲, 순혜생荀慧生도 모두 남자였다. 정淨은 화검花脸이라고도 하는데, 화검은 다양한 색깔로 얼굴을 분장해야 한다. 이를 깨끗하다는 뜻의 '정淨'이라 부르는 것은 반의법적 표현인 것이다. 축丑은 소화검小花脸 또는 삼화검三花脸이라고도 하는데, 명랑하고 익살맞은 역으로 선량한 인물일 수도 있고 간사하고 비천한 인물일 수도 있다.

경극의 레퍼토리는 매우 풍부하다. 현재 무대에 자주 올려지는 경극은 세 가지 종류로, 첫째는 전통극, 둘째는 각색한 역사극, 나머지 하나는 현대극이다.

새 단어

源远流长 yuányuǎn liúcháng 〔성〕 역사가 유구하다 | 追溯 zhuīsù 〔동〕 거슬러 올라가다 | 简要 jiǎnyào 〔형〕 간단명료하다 | 剧种 jùzhǒng 〔명〕 중국 전통극의 종류 | 精华 jīnghuá 〔명〕 정수, 정화 | 扮演 bànyǎn 〔동〕 ~의 역을 맡다 | 旦角 dànjué 여자 역할 | 滑稽 huájī 〔형〕 익살스럽다 | 奸诈 jiānzhà 〔형〕 간사하다 | 卑鄙 bēibǐ 〔형〕 비열하다

◆ 昆曲

昆曲又称"昆剧"，是一种古老的戏曲种类。它源自江苏昆山，形成于元代末年。明嘉靖到清乾隆前后200多年，是昆曲的全盛时代，当时的传奇戏多用昆曲演唱。

昆曲具有细腻柔婉的特色，清丽而抒情，表演载歌载舞，程式严谨，是中国古典戏曲的代表。昆曲著名剧目有《牡丹亭》《浣沙记》《十五贯》等。

◆ 곤곡

곤곡은 '곤극昆劇'이라고도 하는데, 오랜 역사를 지닌 희곡 장르이다. 이 희곡은 장쑤江蘇 쿤산昆山에서 처음 시작되었으며 원나라 말기에 만들어졌다. 명나라 가정嘉靖에서 청나라 건륭乾隆 전후의 200여 년이 곤곡의 전성시대로, 당시의 전기傳奇 희곡은 대체로 곤곡이 맡았다.

곤곡은 섬세하고 부드러운 특색이 있으며, 청아하고 서정적이며 공연에 노래와 춤을 가미한다. 곤곡은 치밀한 구성을 갖춘 중국 고전 희곡의 대표라고 할 수 있다. 유명 곤곡으로는 「모란정牡丹亭」, 「완사기浣沙記」, 「십오관十五貫」 등이 있다.

昆曲《牡丹亭》 곤곡 「모란정」

◆ 评剧

评剧是清代末期在河北东部一带的小曲"莲花落子"的基础上形成的，后进入唐山，发展成"唐山落子"。20世纪20年代左右流行于东北地区。后来，评剧在表演上受京剧和河北梆子等剧种的影响逐渐成熟，现在仍在华北、东北一带流行。著名剧目有《刘巧儿》《花为媒》《秦香莲》等。

◆ 평극

평극은 청나라 말기에 허베이河北 동부 일대의 '연꽃의 씨'라는 소곡小曲의 토대 위에서 형성되었는데 후에 탕산唐山에 전해져 '탕산의 씨'로 발전했고 1920년대쯤에 둥베이東北 지역에서 유행했다. 후에 평극의 표현 기술은 경극京劇과 허베이방자河北梆子극의 영향으로 점차 더 성숙해졌으며 지금도 중국 화베이華北, 둥베이東北 일대에서 유행하고 있다. 유명 평극으로는 「유교아劉巧兒」, 「화위매花爲媒」, 「진향련秦香蓮」 등이 있다.

◆ 秦腔

秦腔又称"梆子腔"，它形成于秦朝，成熟于明朝，如今流行于陕西、甘肃、宁夏、青海、新疆等地。秦腔的表演朴实、粗犷，唱腔高亢，其声如吼，富有夸张性，善于表现悲剧情节。角色分为四生、六旦、二净、一丑，共十三个行当。著名剧目有《蝴蝶杯》《游龟山》《三滴血》等。

◆ 진강

진강秦腔은 '방자강梆子腔'이라고도 하는데 진나라 때 형성되어 명나라 때 성행했다. 지금은 산시陕西, 간쑤甘肅, 닝샤寧夏, 칭하이青海, 신장新疆 등지에서 유행하고 있다. 진강은 소박하면서도 호방하며 곡조가 높고 우렁차다. 진강의 고함치는 듯한 소리와 과장된 표현은 비극적인 장면을 연출하기에 좋다. 배역은 4생生, 6단旦, 2정淨, 1축丑으로 모두 13종류의 역할이 있다. 유명 진강으로는 「호접배蝴蝶杯」, 「유귀산遊龜山」, 「삼적혈三滴血」 등이 있다.

새 단어

全盛 quánshèng 圖 전성하다, 한창 왕성하다 | **细腻** xìnì 圖 섬세하다, 세밀하다 | **柔婉** róuwǎn 圖 온화하다, 얌전하다 | **清丽** qīnglì 圖 청아하고 수려하다 | **抒情** shūqíng 圖 감정을 표현하다 | **程式** chéngshì 圓 일정한 격식 | **严谨** yánjǐn 圖 엄격하다, 빈틈없다 | **朴实** pǔshí 圖 소박하다, 꾸밈이 없다 | **粗犷** cūguǎng 圖 거칠고 상스럽다 | **唱腔** chàngqiāng 圓 노래 곡조 | **高亢** gāokàng 圖 높고 낭랑하다, 우렁차다 | **悲剧** bēijù 圓 비극

◆ **豫剧**

豫剧又称"河南梆子"，起源于明朝中后期，现流行于河南及邻近各省。豫剧的声腔，有的高亢活泼，有的悲凉缠绵。角色有四生、四旦、四花脸。著名剧目有《红娘》《花木兰》《穆桂英挂帅》等。

◆ **예극**

예극은 '허난방자河南梆子'라고도 하며 명나라 후기에 형성되어 현재 허난河南 및 허난과 인접한 성省에서 유행하고 있다. 예극의 곡조는 높고 우렁차고 활기찬 것도 있고 비통하고 처량한 것도 있다. 예극의 배역으로는 4생生, 4단丹, 4화검花脸 등이 있으며 유명 예극으로는 「홍낭紅娘」, 「화목란花木蘭」, 「목계영괘수穆桂英挂帅」 등이 있다.

◆ **越剧**

越剧，发源于浙江省绍兴地区，曾称小歌班、绍兴戏剧、绍剧等。1925年9月17日，上海《申报》演出广告中首次将此剧种称为"越剧"。1938年开始，多数剧团使用"越剧"这一名称。中华人民共和国成立后，这一剧种被正式定名为"越剧"。越剧现流行于浙江、江苏、上海一带，著名剧目有《红楼梦》《碧玉簪》《梨花情》《珍珠塔》等。

◆ 월극

월극은 저장성浙江省 사오싱紹興 지역에서 생겨났으며 소가반小歌班, 사오싱희극紹興戲劇, 소극紹劇 등으로 불렸다. 1925년 9월 17일, 상하이「신보申報」의 공연 광고에서 처음으로 이 희곡을 '월극'이라고 칭했다. 1938년부터 대부분의 극단은 '월극'이라는 명칭을 사용했고 중화인민공화국 수립 후 이 극은 정식으로 '월극'이라는 명칭이 붙여졌다. 월극은 현재 저장浙江, 장쑤江蘇, 상하이上海 일대에서 유행하고 있으며, 유명 월극으로는 「홍루몽紅樓夢」, 「벽옥잠碧玉簪」, 「이화정梨花情」, 「진주탑珍珠塔」 등이 있다.

◆ 黄梅戏

黄梅戏原名"黄梅调"，起源于湖北黄梅，是18世纪后期在安徽、湖北、江西三省毗邻地区形成的一种民间小戏。其中一支逐渐东移到安徽省的安庆地区，与当地民间艺术相结合，用当地语言歌唱、说白，形成了自己的特点。

黄梅戏是安徽省的主要地方戏曲剧种。在湖北、江西、福建、浙江、江苏、台湾等省亦非常流行，受到广泛的欢迎。著名剧目有《天仙配》《女附马》《罗帕记》等。

◆ 황매극

황매극의 원래 이름은 '황매조黃梅调'인데 후베이湖北 황매黃梅에서 유래되었다. 18세기 후반에 안후이安徽, 후베이湖北, 장시江西 3성省 인접 지역에서 형성된 소형 민간 희곡이다. 이 소형 희곡 중 하나가 점차 안후이성 안칭安慶 지역에 전파되어 현지의 민간 예술과 결합되었다. 현지 언어로 노래도 부르고 말도 하는데 이것이 안칭 황매극의 특징이 되었다.

황매극은 현재 안후이성 주요 지역의 희곡으로, 후베이湖北, 장시江西, 푸젠福建, 저장浙江, 장쑤江蘇, 타이완臺灣 등에서도 유행하며 폭넓은 인기를 얻고 있다. 유명 황매극으로는 「천선배天仙配」, 「여부마女附馬」, 「나파기羅帕記」 등이 있다.

새 단어

邻近 línjìn 〔동〕이웃하다, 가까이 접하다 ｜ 声腔 shēngqiāng 〔명〕(극의) 곡조 ｜ 高亢 gāokàng 〔형〕높고 낭랑하다, 우렁차다 ｜ 悲凉 bēiliáng 〔형〕슬프고 처량하다 ｜ 缠绵 chánmián 〔형〕구성지다, 멋들어지다 ｜ 剧团 jùtuán 〔명〕극단 ｜ 定名 dìngmíng 〔동〕명명하다, 이름짓다 ｜ 毗邻 pílín 〔동〕인접하다 ｜ 说白 shuōbái 〔명〕대사

◆ 皮影戏

皮影戏也叫"影戏""灯影戏"，是用灯光照射兽皮或纸板雕刻成的人物剪影来表演故事的戏剧。皮影戏剧目、唱腔多同地方戏曲相互交融，艺人一边操纵皮影一边演唱，并配以音乐。皮影以河北唐山一带的驴皮影和西北的牛皮影最为著名。

◆ 그림자극

그림자극은 '영극影劇', '등영극燈影劇'이라고도 하는데, 짐승 가죽이나 종이로 조각한 인물의 형상에 불빛을 비추어 이야기를 만드는 연극이다. 그림자극의 레퍼토리, 노래 곡조는 대부분 지방 희곡과 서로 섞여있다. 예인藝人은 그림자 인형을 조종하면서 반주에 맞춰 노래를 부른다. 그림자극은 허베이河北 탕산唐山 일대의 당나귀 가죽 그림자극과 시베이西北 지역의 쇠가죽 그림자극이 가장 유명하다.

皮影戏 그림자극

彈琵琶 비파 연주

民间乐器

中国的民间乐器种类很多，以下是最为常见的几种。

·**吹奏乐器**：唢呐、笛子、箫、葫芦丝、笙。
·**打击乐器**：锣、堂鼓、镲。
·**拉弦乐器**：二胡、板胡。
·**弹拨乐器**：古琴、古筝、琵琶。

민간 악기

중국의 민간 악기 종류는 매우 다양한데, 다음은 가장 쉽게 볼 수 있는 종류이다.

· **관악기**: 태평소, 피리, 퉁소, 후루쓰, 생황
· **타악기**: 징, 당고, 동발
· **현악기**: 얼후, 판호
· **발현 악기**: 고금, 쟁, 비파

拉二胡 얼후 연주

元代的关汉卿是中国戏曲史上成就最突出的剧作家之一，以杂剧的成就最大。其代表作有《窦娥冤》《救风尘》《望江亭》《拜月亭》等。

원나라의 관한경關漢卿은 중국 희곡사에서 가장 뛰어난 업적을 남긴 극작가 중 하나로, 잡극에서 성취가 가장 뛰어나다. 대표작으로는 「두아원竇娥冤」, 「구풍진救風塵」, 「망강정望江亭」, 「배월정拜月亭」 등이 있다.

새 단어

照射 zhàoshè 图 밝게 비치다, 쪼이다 ㅣ 纸板 zhǐbǎn 图 판지 ㅣ 雕刻 diāokè 图 조각 ㅣ 交融 jiāoróng 图 뒤섞이다, 혼합되다 ㅣ 操纵 cāozòng 图 조종하다, 제어하다 ㅣ 吹奏 chuīzòu 图 취주하다, 불다 ㅣ 打击 dǎjī 图 치다, 때리다 ㅣ 拉弦 lāxián 图 현을 당기다 ㅣ 弹拨 tánbō 图 (현악기를) 뜯다

中国五大戏曲剧种

中国的民族戏曲历史悠久，剧种种类繁多，如昆曲、京剧、豫剧、评剧、越剧、黄梅戏、粤剧等。其中"京剧、豫剧、越剧、黄梅戏、评剧"为五大戏曲剧种。

중국의 5대 희곡

중국의 민간 희곡은 역사가 길고, 그 종류가 매우 많다. 예를 들면 곤곡, 경극, 예극, 평극, 월극, 황매극, 월극 등이다. 그중에서 '경극, 예극, 월극, 황매극, 평극'을 5대 희곡이라 부른다.

川剧的变脸

变脸是川剧表演艺术的特殊技巧之一。演员通过特定的身法、手法，在极短的瞬间，变幻出五颜六色的脸谱，为剧情增添许多魅力。

천극의 변검

변검(얼굴을 바꿈)은 천극 공연 예술의 특수한 기교 중 하나이다. 배우들은 특정한 몸짓, 수법으로 순식간에 각양각색의 얼굴로 바꿔 극의 매력을 더한다.

虚拟表演

中国戏曲的表演，多以虚拟为特征。如跑一个圆场就算越过千山万水，四个"龙套"就可以代表千军万马，空拉一下弓弦对方就应声倒地。演员的虚拟表演激发了观众的想象力，使观众把这些作为真实情景来接受。

가상 공연

중국 희곡의 공연은 대부분 가상적인 상징을 담아내는 것이 특징이다. 무대를 한 바퀴 돌면 천산만수를 넘은 것이고, 네 명의 '병사 복장'을 한 사람은 천군만마를 상징한다. 활줄을 한 번 당기면 그 소리에 맞춰 적군이 쓰러진다. 배우의 가상 공연은 관중의 상상력을 자극해 이 모든 것을 진짜 상황처럼 받아들이게 만든다.

21

绘画与书法
회화와 서예

东晋·顾恺之·《女史箴图》(局部) 동진·고개지·「여사잠도」(일부)

绘画

中国的绘画艺术历史悠久，数千年来，出现过许多著名画家和大量优秀画作。下面介绍的是中国流传至今的传统国画。

中国画是中国传统四艺(琴、棋、书、画)之一，古代称为"丹青"。中国画主要指以毛笔、墨、中国画颜料等画在绢、宣纸、帛上，并加以装裱的卷轴画。中国画的绘画工具主要是毛笔，也有用软笔或手指的；所用的纸主要是宣纸，也可以画在绢帛上。中国画按其题材主要分人物画、山水画、花鸟画几种。

在宋朝以前，中国画一般是画在绢帛上的，材料非常昂贵，因此中国画题材以王公贵族人物肖像或他们的生活场景为主，这就是人物画。在人物画方面，特别值得一提的是：在东晋时，出了一位著名的人物画家，名叫顾恺之。他的传世作品《女史箴图》是以人物为主体的叙事性手卷，也是最早的人物题材卷轴画，现藏于英国的大英博物馆。

除了人物画以外，中国的山水画也有很长的历史，唐宋时期是山水画发展的鼎盛时期，出现了许多著名的大画家，如吴道子、李思训父子、王维等人。在宋朝以后，人们开始用宣纸作为绘画材料，材料费用大大降低，国画题材和技法开始趋向多元化。明朝之后，绘画推广到大众，成为老百姓生活的一部分，风俗画成为国画的重要题材。到了清末，受世界上其他国家，尤其是欧洲国家绘画的影响，中国画的绘画材料更加多样化，朝多方面发展。

花鸟画描绘的对象，实际上不是仅指花与鸟，而是指各种动植物，包括蔬菜、水果、动物的羽毛、草木、昆虫等。清代的朱耷(八大山人)和近现代的齐白石都是花鸟画的代表人物。

跟油画相比，中国画在创作上有许多特点：重神似而不重形似，强调总体印象而不强调现场临摹，运用散点透视法而不用焦点透视法，重视意境而不重视场景。当然，现代中国画也十分重视吸收油画的一些技巧，如明暗光影的配置、人体解剖的准确等。

회화

중국의 회화 예술은 유구한 역사를 자랑하며 수천 년 동안 저명한 화가와 대량의 명작들을 탄생시켰다. 아래에 소개하는 것은 중국에서 지금까지 전래되어온 전통적인 중국화中國畵이다.

중국화中國畵는 중국 전통의 사예四藝(거문고琴, 바둑棋, 서예書, 회화畵) 중 하나이며 고대에는 '단청丹靑'이라 불렸다. 중국화는 붓, 먹, 국화 안료 등으로 비단(견絹), 화선지宣紙, 비단(백帛)에 그림을 그려 표구한 두루마리 그림들을 말한다. 중국화의 회화 도구는 주로 붓인데, 연필軟筆이나 손가락으로 그린 것들도 있다. 사용하는 종이는 주로 화선지이며 비단에 그림을 그리기도 했다. 중국화는 그 소재에 따라 인물화, 산수화, 화조화花鳥畵 등으로 구분된다.

송나라 이전에 중국화는 보통 비단에 그림을 그렸는데 재료가 매우 비쌌다. 이로 인해 중국화의 소재는 왕과 귀족들의 인물 초상 또는 그들의 생활 풍경을 주로 그렸고, 이것이 바로 인물화이다. 인물화 분야에서 특히 주목할 만한 인물은 동진東晉의 저명한 고개지顧愷之라는 화가이다. 전해 오는 그의 작품 「여사잠도女史箴圖」는 인물을 모티브로 하는 서사적인 서화책으로 최초의 인물 소재 서화책이다. 이 그림은 현재 영국의 대영박물관에 소장되어 있다.

인물화 외에 중국의 산수화 역시 오랜 역사를 자랑한다. 당송 시대는 산수화가 전성기를 구가하던 시기로 오도자吳道子, 이사훈李思訓 부자, 왕유王維 등 수 많은 대화가들이 배출되었다. 송나라 이후 사람들이 회화 재료로 화선지를 사용하기 시작해서 재료비가 크게 떨어졌고, 중국화의 소재와 기법은 다양성을 띠기 시작했다. 명나라 이후 회화는 대중화되어 백성들의 삶의 일부분이 되었으며 풍속화가 중국화의 중요한 소재가 되었다. 청 말에 이르러 다른 나라, 특

近现代·齐白石·《墨虾》
근현대·제백석·「묵하」

北宋·王希孟·《千里江山图》(局部)　북송·왕희맹·「천리강산도」(일부)

히 유럽 국가 회화의 영향으로 중국화의 회화 재료가 더 다양해졌으며 다방면으로 발전하기
시작했다.

　화조화의 대상은 꽃과 새뿐 아니라 채소, 과일, 동물의 깃털, 초목, 곤충 등 각종 다양한 동
식물을 망라한다. 청나라의 주탑朱耷(팔대산인八大山人)과 근현대의 제백석齊白石은 모두 화조화의
대표 주자였다.

　유화에 비해 중국화의 창작 원리는 많은 특징을 가지고 있는데 정신세계를 강조하고 현실
묘사에 국한되지 않으며 전체적인 이미지를 강조하고 사실적인 묘사를 배제했다. 산점투시법
散點透視法을 운용하고 초점투시법焦點透視法을 멀리했으며 여백을 읽는 분위기에 초점을 두고 눈에
보이는 경치를 중요시하지 않았다. 물론 현대 중국화도 유화의 기교를 흡수하여 명암, 빛과
그림자의 배합, 인체 해부학의 정확성 등을 매우 중시한다.

새 단어

颜料 yánliào 圓 도료, 물감 ┃ 装裱 zhuāngbiǎo 屬 표구하다 ┃ 卷轴 juànzhóu 圓 두루마리, 족자 ┃ 肖像 xiàoxiàng 圓 초상 ┃
传世 chuánshì 屬 후세에 전해지다 ┃ 鼎盛 dǐngshèng 屬 한창 흥성하다 ┃ 描绘 miáohuì 屬 생생하게 묘사하다 ┃ 临摹 línmó
屬 모사하다 ┃ 意境 yìjìng 圓 정서, 분위기 ┃ 场景 chǎngjǐng 圓 장면, 정경 ┃ 解剖 jiěpōu 屬 해부하다

书法

书法也是中国传统四艺(琴、棋、书、画)之一。

书法是中国传统文化艺术发展五千年来最具有标志性的民族符号，它是用毛笔书写汉字并具有审美惯性的艺术形式。汉字是象形文字，起源于图画。在中国，书法和绘画是同源的。后来随着文化的发展，书法和绘画才逐渐成为两种艺术形式。

汉字书法的美，主要是线条美。由于汉字是由笔画组成的，而笔画是通过线条来表现的，人们可以从线条和由线条组成的形体看出不同的字体，获得不同的美感。最常见的字体有篆书、隶书、楷书、草书、行书。而每种字体还有不同的风格，如楷书就有钟体、王体、欧体、颜体、柳体、赵体等。

书写汉字首先要写好汉字的各种笔画。虽然汉字书法的字体和风格多种多样，但汉字不外乎由点、横、竖、撇、捺、钩、折、提八种基本笔画组成。汉字"永"包括这八个基本笔画，所以古代书法家提倡多练习写"永"字，"永"字写好了，那么汉字的笔画也就掌握了。这种方法就是著名的"永字八法"。

练习书法建议从摹写开始。所谓摹写，就是先选择一种字帖，然后把透明的纸放在字帖上，用毛笔描写。经过一段时间的摹写，就可以临帖了。所谓临帖，就是练习者对照书法原帖，在另外一张纸上尽可能写出和原作一模一样的书法。

书法作为一种独特的中国艺术，有它独特的书写工具，那就是中国人常说的"文房四宝"：笔(毛笔)、墨(黑墨)、纸(宣纸)、砚(砚台)。

永字八法 영자팔법

새 단어

审美 shěnměi 圈 심미적 | 惯性 guànxìng 圈 관성, 타성 | 同源 tóngyuán 圈 어원이 같다 | 线条美 xiàntiáoměi 圈 곡선미 |
提倡 tíchàng 图 제창하다 | 摹写 móxiě 图 모사하다, 본떠 쓰다 | 字帖 zìtiè 圈 글씨본, 서첩 | 透明 tòumíng 圈 투명하다 |
临帖 líntiè 图 서첩을 보고 따라 쓰다

216

서예

서예 역시 중국 전통 사예四藝(거문고琴, 바둑棋, 서예書, 회화畵) 중 하나이다.

서예는 중국 전통문화 예술이 발전해온 5000년 이래 가장 상징성 있는 민족 부호이며, 그것은 붓글씨로 한자를 쓰고 심미적인 관성을 지닌 예술 양식이다. 한자는 상형문자로, 그림에서 기원했다. 중국에서 서예와 회화는 그 기원이 같았으나 이후 문화가 발전하면서 서예와 회화는 점차 두 가지 예술 형식이 되었다.

한자 서예의 아름다움은 주로 곡선미에 있다. 한자는 필획으로 구성된 것이고, 필획은 곡선을 그리며 표현한 것으로, 사람들은 선과 선으로 구성된 형체에서 다른 서체를 분별할 수 있고, 각기 다른 아름다움을 얻을 수 있다. 가장 많이 사용되는 서체는 전서篆書, 예서隸書, 해서楷書, 초서草書, 행서行書가 있다. 또한 서체별로 각기 다른 풍격이 존재해서, 해서체에서도 종체鍾體, 왕체王體, 구체毆體, 안체顔體, 유체柳體, 조체趙體 등이 있다.

한자를 잘 쓰려면 우선 한자의 필획을 잘 써야 한다. 한자 서예의 서체와 모양은 다양하지만 한자는 점點, 가로橫, 수직豎, 삐침撇, 오른쪽 삐침捺, 갈고리鉤, 꺾음折, 올림提 등 여덟 가지 기본 획에 의해 구성된다. 한자 '영永'자는 이 여덟 개의 기본 획을 포함하고 있어서 고대 서예가들은 '영'자 쓰는 법을 많이 연습하라고 권유했다. '영'자를 잘 쓰면 한자의 필획도 익히게 되기 때문이다. 이 방법이 바로 그 유명한 '영자팔법永字八法'이다.

붓글씨 연습은 모사模寫부터 시작해야 한다. 모사란 먼저 글씨본 하나를 선택한 후 투명한 종이를 글씨본 위에 올려 놓고 붓으로 그대로 본떠 쓰는 것이다. 일정 시간의 모사를 거치면 서첩을 보고 따라 쓸 수 있다. 서첩을 보고 따라 쓰는 것은 연습하는 사람이 서첩 원본을 따라서 또 다른 종이에 최대한 원작과 같은 모양의 글씨를 쓰는 것이다.

서예는 독특한 중국의 예술로서 그 자체의 필기 도구가 따로 있는데, 그것은 중국인들이 '문방사우文房四友'라 부르는 필筆(붓), 묵墨(먹), 지紙(종이), 연硯(벼루)이다.

이거 아세요?

中国书法艺术史上最有名的书法家之一是东晋的王羲之，他被称为"书圣"，其最有名的代表作品是《兰亭序》，被誉为"天下第一行书"。

중국 서예 예술사에서 가장 유명한 서예가는 동진東晋의 왕희지王羲之로, 그는 '서성書聖'이라 불린다. 가장 유명한 대표작 「난정서蘭亭序」는 '천하제일 행서'라고 불린다.

《兰亭序》「난정서」

敦煌壁画

中国敦煌的壁画堪称一绝。敦煌莫高窟开窟造像始于366年，后来，历朝历代都曾派人在此陆续增建，规模越来越大。到唐代时，敦煌壁画已经发展成为中外闻名的艺术宝库，同时也是中国艺术史上的奇珍异宝，敦煌也成为了中外文化交流的佛教圣地。敦煌壁画中莫高窟的规模最大，但在漫长岁月中，其中大量的艺术珍品被盗走。如今莫高窟有洞窟735个，存有壁画和雕塑的洞窟492个，壁画45,000多平方米，塑像2,400多尊。敦煌壁画的主要类型有主尊佛像画、佛教故事画、佛教史迹画、大型经变画、民族神怪画、世俗生活画、山水风景画、供养人物画和装饰图案画等。

둔황 벽화

중국의 둔황 벽화는 유일무이한 걸작이라 할 만하다. 둔황 막고굴莫高窟은 서기 366년에 건축되기 시작하여 역대 왕조에서 잇따라 증축하면서 그 규모가 점차 커지게 되었다. 당나라에 이르러 이곳은 세계에 알려진 예술의 보고가 되었고, 동시에 중국 예술사의 귀

敦煌莫高窟 둔황 막고굴

중한 보물이며 둔황 역시 대외 문화 교류에 있어 불교 성지가 되었다. 둔황 벽화 중 막고굴의 규모가 가장 컸지만 오랜 세월을 거치며 수많은 예술품이 도난당했다. 현재 막고굴에는 동굴이 735개 있는데 벽화와 조각상이 있는 동굴은 492개이고, 벽화 45,000여 제곱미터, 조각상 2,400여 점을 보유하고 있다. 둔황 벽화의 주요 유형은 주존불상화, 불교고사화, 불교사적화, 대형경변화, 민족신괴화, 세속생활화, 산수풍경화, 공양인물화와 장식도안화 등으로 이루어져 있다.

22

诗词与小说
시사(詩詞)와 소설

《诗经》

　　《诗经》是中国最早的一部诗歌总集，收集了自西周初年至春秋中叶（公元前11世纪至公元前6世纪）大约500多年的诗歌，共305篇（除此之外还有6篇有题目无内容）。《诗经》在内容上分"风"（160篇）、"雅"（105篇）、"颂"（40篇）三部分。"风"是周朝各地的民歌，"雅"是周朝直辖地区的音乐，"颂"是周王庭和贵族宗庙祭祀的乐歌。

　　《诗经》的诗歌一般每句四个字，如"关关雎鸠，在河之洲。窈窕淑女，君子好逑。"内容主要反映当时的社会面貌和人民的生活和思想。《诗经》自问世以来，对中国的文学发展产生了巨大影响，同时它也是珍贵的古代史料。

『시경』

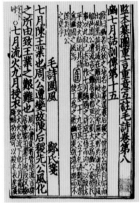

《诗经》「시경」

　　『시경』은 중국 최초의 시가 모음집으로 서주西周 초부터 춘추春秋 중엽(기원전 11세기에서 기원전 6세기까지)에 이르는 약 500여 년간 총 305편(이외 제목은 있으나 내용이 없는 시 6편)의 시가를 수집하여 수록했다. 『시경』은 내용상 '풍風'(160편), '아雅'(105편), '송頌'(40편) 3부분으로 나뉘어 있는데 '풍'은 주나라 각 지방의 민요이고, '아'는 주나라 왕조 직할 지역의 음악이며, '송'은 주나라 왕실과 귀족의 종묘제사에 쓰이는 음악이다.

　　『시경』은 보통 1구 4언으로 지어져 있는데, 예를 들어 '관관저구, 재하지주. 요조숙녀, 군자호구.(쌍쌍이 물수리 마주하여 졸졸 흐르는 섬에 살듯, 요조 숙녀는 군자의 좋은 배필이다)'와 같다. 내용은 주로 당시의 사회상과 백성의 생활과 의식을 반영하고 있다. 『시경』은 출간 이후 중국의 문학 발전에 지대한 영향을 미쳤으며 동시에 귀중한 고대 사료로서의 가치도 지니고 있다.

새 단어

总集 zǒngjí 圐 총집, 모음집 ┃ 收集 shōují 圐 수집하다, 모으다 ┃ 宗庙 zōngmiào 圐 종묘 ┃ 祭祀 jìsì 圐 제사 ┃ 史料 shǐliào 圐 사료, 역사 연구 자료 ┃ 商议 shāngyì 圐 상의하다, 협의하다 ┃ 抵抗 dǐkàng 圐 저항하다, 대항하다 ┃ 听信 tīngxìn 圐(남의 말을 쉽게) 믿다, 곧이듣다 ┃ 谗言 chányán 圐 헐뜯는 말 ┃ 疏远 shūyuǎn 圐 소원하다 ┃ 流放 liúfàng 圐 유배하다 ┃ 郁闷 yùmèn 圐 마음이 답답하고 괴롭다 ┃ 抒发 shūfā 圐(감정을) 토로하다 ┃ 攻破 gōngpò 圐 돌파하다, 쳐부수다 ┃ 悲愤 bēifèn 圐 슬프고 분하다 ┃ 自尽 zìjìn 圐 자살하다 ┃ 遗体 yítǐ 圐 시체, 유해 ┃ 迫害 pòhài 圐 박해하다

屈原

　　屈原(约公元前340年—公元前278年)是中国战国时期的楚国诗人、政治家。战国后期，秦国最强，想吞并其他六国。屈原早年深得楚怀王信任，常与怀王商议国事，参与制定法律，同时主持外交事务。他主张楚国应该联合其他各国，共同抵抗秦国。在屈原的努力下，楚国国力有所增强。后来，楚怀王听信他人谗言，逐渐疏远屈原。公元前304年，屈原被流放到汉北地区，心中郁闷，却又无能为力，只好以诗歌来抒发自己忧国忧民的心情。公元前278年，楚国国都被秦国攻破，屈原在绝望和悲愤之下投江自尽。传说当地百姓划船去寻找他，并投下粽子喂鱼以防止屈原的遗体被鱼所食。后来人们在每年农历五月初五，也就是端午节，吃粽子、划龙舟，以此来纪念屈原。

　　屈原的代表作是长诗《离骚》，全诗370多句，近2,500字。作者在诗中叙述了自己的家世、抱负、政治遭遇以及受迫害后的心情，抒发了强烈的爱国情感，对后世影响很大。

굴원

　　굴원(기원전 340년~기원전 278년)은 중국 전국시기 초나라의 시인이자 정치가이다. 진나라는 전국시대 후기 강성한 제후국으로 다른 6개 국을 삼키려 했다. 굴원은 일찍이 초회왕楚懷王의 신임을 얻어 왕과 국사를 의논하고 법률을 제정하는 동시에 외교 업무를 수행했다. 그는 다른 나라와 연합하여 진나라에 공동으로 대항하자고 주장했고, 이러한 굴원의 노력에 의해 초나라 국력은 다소 증강되었으나 후에 초회왕은 아첨하는 신하들의 중상모략을 듣고 점점 굴원을 멀리하게 되었다. 기원전 304년 굴원은 한북 지역으로 유배되었고 심중의 울분을 어찌하지 못하여 시가詩歌를 통해 나라와 백성을 근심하는 심경을 토로할 수 밖에 없었다. 기원전 278년 초나라가 진나라에 의해 멸망하자, 굴원은 절망과 비분을 이기지 못해 강물에 투신 자살했다. 당시 백성들은 배를 저어 그를 찾아 나섰으며, 찹쌀로 만든 쫑즈粽子를 던져 굴원의 시신이 물고기의 먹이가 되는 것을 막았다고 한다. 이후 매년 음력 5월 5일 단오절에는 찹쌀 종자를 먹고 용머리 형상의 조정 경기를 함으로써 굴원을 추도했다.

　　굴원의 대표작은 장편 시 『이소離騷』인데, 전체 시는 370여 구, 약 2,500 자로 구성되었다. 저자는 시에서 집안 내력과 야망, 정치적 조우와 박해 받은 심정을 서술하며 강렬한 애국심을 토로했는데, 이는 후대에 커다란 영향을 끼쳤다.

唐诗

　　唐代是中国古代诗歌的黄金时代。仅《全唐诗》所收，就有2,200余位诗人，为后世留下了近5万首诗，出现了李白、杜甫、白居易等伟大诗人。

당시

　　당나라 시기는 중국 고대 시가의 황금기였다. 『전당시全唐诗』에 따르면 당나라 때 시인은 2,200여 명에 달했고 후대에 남긴 시편은 약 5만 편으로 기록되어 있다. 이 시기에 이백, 두보, 백거이 등 위대한 시인이 탄생하기도 했다.

◆ 李白

　　李白(701年—762年)，字太白，号青莲居士。他自幼博学多才，从青年时期开始游历中国各地。唐玄宗天宝元年(742年)，李白受到唐玄宗赏识在翰林院供职，但因遭权贵嫉恨，所以仅仅不到两年他就离开了长安。后来他在洛阳和唐朝另一位著名诗人杜甫相识，并且成为了好友。安史之乱时，李白受牵连入狱。不久以后，他被流放到夜郎(今贵州桐梓)，在流放途中遇赦，此时他已年近60岁。李白晚年在江南一带漂泊，生活贫苦。762年，李白病逝，葬于当涂(今安徽马鞍山)。

　　李白一生创作了大量的诗歌作品，其中《静夜思》《蜀道难》《行路难》《将进酒》等为广大人民所熟知。李白是盛唐浪漫诗派的代表人物，把中国诗歌的浪漫主义推向高峰，后人称之为"诗仙"。

◆ 이백

　　이백(701년~762년)의 자는 태백이고 호는 청련거사이다. 그는 어려서부터 문재가 뛰어났고, 젊은 시절부터 중국 각지를 유람했다. 천보天宝 원년(742년)에 이백은 당 현종의 신임을 얻어 한림원翰林院에서 잠시 재직했으나 권세가의 질투와 미움으로 2년이 못 되어 창안長安을 떠났다. 후에 그는 뤄양洛陽에서 당대의 또 다른 유명 시인 두보杜甫와 조우하여 두터운 친분을 쌓았

새 단어

自幼 zìyòu 📖 어려서부터 ｜ 博学多才 bóxuéduōcái 학문이 넓고 재능이 많다 ｜ 游历 yóulì 📖 두루 돌아다니다 ｜ 赏识 shǎngshí 📖 총애, 높은 평가 ｜ 供职 gòngzhí 📖 직무를 맡다 ｜ 嫉恨 jíhèn 📖 질투하여 미워하다 ｜ 牵连 qiānlián 📖 연루되다, 말려들다 ｜ 入狱 rùyù 📖 수감되다 ｜ 遇赦 yùshè 📖 은사를 입다 ｜ 漂泊 piāobó 📖 표박하다, 유랑하다 ｜ 贫苦 pínkǔ 📖 빈곤하다 ｜ 推向 tuīxiàng 📖 끌어올리다

屈原·李白·杜甫雕像 굴원·이백·두보 조각상

다. 이백은 안사의 난에 연루되어 투옥되었다가 다시 예랑夜郎(지금의 구이저우貴州 퉁쯔銅梓 일대)으로 유배되었는데 유배 도중 사면되었다. 이때 그의 나이는 이미 60세가 다 되었다. 이백은 만년에 장난江南 일대를 떠돌아다니며 빈곤한 생활을 하다가 762년에 병으로 사망했고, 당투當途(지금의 안후이安徽성 마안산馬鞍山시)에 묻혔다.

이백은 일생 동안 수많은 시가 작품을 창작했는데 그중 「정야시靜夜思」, 「촉도난蜀道難」, 「행로난行路難」, 「장진주將進酒」 등은 많은 사람들이 익히 알고있는 것이다. 이백은 당대 낭만파의 대표 주자로, 중국 시가의 낭만주의 작품을 최고의 경지로 끌어올렸고, 후세 사람들은 그를 '시선詩仙'이라 칭한다.

◆ 杜甫

杜甫(712年—770年)，字子美，号少陵野老。自幼学习刻苦，20岁开始漫游吴越(今江苏、浙江、安徽一带)等地，在洛阳认识李白，成为好友。杜甫35岁到长安(今陕西西安)应试，在长安居住达十年之久，但一直不中第，生活贫困。安史之乱后，杜甫四处漂泊，于759年迁居四川成都西郊。晚年漂泊于今天的四川、湖北和湖南一带。770年于舟中去世。

杜甫一生经历了唐朝由盛转衰的时期，作品大多是反映当时的社会面貌，题材非常广泛，尤其描述了人民的疾苦，揭露了统治者的腐朽，其中最有名的是"三吏三别"，即《石壕吏》《新安吏》《潼关吏》和《新婚别》《无家别》《垂老别》。杜甫给后世一共留下了1,400多首诗，对中国古典诗歌影响非常深远，是中国文学史上伟大的现实主义诗人，后人称之为"诗圣"。

◆ 두보

두보(712년~770년)의 자는 자미이고 호는 소릉야노이다. 그는 어려서부터 열심히 공부했고 20세부터는 오吳, 월越 등(지금의 장쑤江蘇성, 저장浙江성, 안후이安徽성 일대)을 떠돌며 유람했

새 단어

漫游 mànyóu 图 자유롭게 유람하다 | 应试 yìngshì 图 시험에 응하다 | 疾苦 jíkǔ 图 괴로움, 고통 | 揭露 jiēlù 图 폭로하다 | 腐朽 fǔxiǔ 图 썩다, 타락하다

다. 뤄양에서 이백과 조우하여 친분을 쌓았다. 두보는 35세에 창안長安(지금의 산시陝西성 시안西安)에서 과거시험에 응시하며 10년간 거주했으나 줄곧 벼슬을 하지 못해 곤궁하게 생활했다. 안사의 난 이후 두보는 사방으로 떠돌다가 759년에 쓰촨四川 청두成都 서쪽 교외에 정착했다. 두보는 만년에 현재의 쓰촨四川, 후베이湖北, 후난湖南 일대를 유랑하다가 770년에 쪽배에서 세상을 떠났다.

두보는 일생 동안 당나라의 절정기부터 점차 쇠약해지는 시기를 모두 겪었는데 작품 대부분에 당시 사회 모습이 잘 나타나 있다. 두보의 작품 소재는 광범위했는데, 특히 백성의 고통을 묘사하고 통치자의 부패를 폭로한 것들이 많았다. 그중 가장 유명한 작품은 「삼리삼별三吏三別」 즉, 「석호리石壕吏」, 「신안리新安吏」, 「동관리潼關吏」와 「신혼별新婚別」, 「무가별無家別」, 「수로별垂老別」이다. 두보는 총 1,400여 편의 시를 후세에 남겨 중국 고전 시가에 지대한 영향을 끼쳤고, 또 중국 문학사의 위대한 현실주의 시인으로, 후세 사람들은 그를 '시성詩聖'이라 칭한다.

◆ 白居易

白居易(772年—846年)，字乐天，号香山居士。青年时期家境贫苦，29岁中进士后，定居长安(今陕西西安)多年，因得罪权贵，多次被降职。曾任杭州刺史和苏州刺史，据传杭州西湖的白堤就是他在当地任官时所修建的。白居易是杜甫之后又一位伟大的现实主义诗人。他的作品通俗易懂，揭露了当时的社会矛盾，反映了人民的疾苦。他所写的《新乐府》《长恨歌》《琵琶行》《秦中吟》等为人民广泛传诵。

◆ 백거이

백거이(772년~846년)의 자는 낙천이고 호는 향산거사이다. 청년 시절 그의 집안은 가난했고, 29세에 진사進士에 급제하여 창안(지금의 산시성 시안)에 정착하게 되었다. 그러나 다년간 권문세족의 미움을 사 수차례 관직에서 강등되기도 했다. 항저우杭州자사와 쑤저우蘇州자사를 역임했는데, 항저우 서호西湖의 백제白堤는 그가 항저우자사 재직 시 건설한 것이라 전해진다. 백거이는 두보 이후 또 한 명의 위대한 현실주의 시인이다. 그의 작품은 통속적이며 이해하기 쉽고, 당시의 사회 모순을 폭로하고 백성들의 고통을 담아내고 있다. 그가 쓴 「신악부新樂府」, 「장한가長恨歌」, 「비파행琵琶行」, 「진중음秦中吟」 등은 오늘날까지 대중들에게 널리 칭송되고 있다.

새 단어

得罪 dézui ⑧ 남의 미움을 사다 | 权贵 quánguì ⑨ 권세 있고 지위가 높은 사람 | 降职 jiàngzhí ⑧ 강등되다, 좌천하다 | 任官 rènguān ⑧ 관리로 임명하다 | 传诵 chuánsòng ⑧ 사람의 입에서 입으로 전하여 외우다

宋词

　　词是一种新的诗歌体裁，最初是配合古代乐曲而唱的歌词。词与大体整齐的古代诗歌不同，句式有长有短，最初在民间流行，后来文人也开始创作。到了宋代，词高度繁荣，成为中国古典文学皇冠上又一颗灿烂夺目的宝石。在宋代词人中，成就较高的有苏轼、辛弃疾、柳永。

송사

　　사詞는 새로운 장르의 시가 체재로, 처음에는 옛 악곡에 맞춰 부르는 가사였다. 사는 가지런한 고대 시가와 달리 구의 길이가 길고 짧음이 다양하다. 처음에는 민간에서 유행하기 시작했다가 나중에는 문인들도 창작하기 시작했다. 송대에 이르러서 사는 고도로 발전하여 중국 고전문학의 최고봉이자 찬란하고 눈부신 보석으로 자리매김했다. 송대 사인詞人 중 가장 걸출한 인물은 소식蘇軾, 신기질辛棄疾, 유영柳永이다.

새 단어

体裁 tǐcái 몡 체재, 장르 | **皇冠** huángguān 몡 왕관 | **灿烂** cànlàn 휑 찬란하다 | **夺目** duómù 휑 눈부시다

◆ 苏轼

苏轼（1037年—1101年），字子瞻，号东坡居士，世称苏东坡。苏轼出生于一个知识分子家庭，嘉祐年间考取进士，曾任礼部尚书。他的一生是在激烈的政治斗争中度过的，因他在政治上不属于任何派别，曾几次被降职。苏轼是一个有多方面成就的文学家，是"唐宋八大家"之一。他在诗歌、词、散文方面都有很高的造诣，其作品《水调歌头·明月几时有》《念奴娇·赤壁怀古》在民间广为流传。

苏轼 소식

◆ 소식

소식(1037년~1101년)의 자는 자첨이고 호는 동파거사로 흔히 소동파로 불린다. 소식은 지식인 가정에서 태어나 가우嘉祐년간에 진사進士에 급제하고 일찍이 예부상서禮部尚書로 재직했다. 그는 평생을 치열한 정치적 소용돌이 속에서 보냈는데 정치적으로 어떠한 유파에도 속하지 않았고 수차례에 걸쳐 좌천되었다. 소식은 다방면의 성취를 이룬 문학가로 '당송8대가唐宋八大家'의 한 사람이다. 그는 시詩, 사詞, 산문 분야에서 모두 조예가 깊었다. 작품 중 「수조가두·명월기시유水調歌頭·明月几時有」, 「념노교·적벽회고念奴嬌·赤壁懷古」는 민간에서 널리 회자되고 있다.

◆ 辛弃疾

辛弃疾（1140年—1207年），字幼安，号嫁轩。21岁那年，他率领2,000多人起义抗金，加入耿京为首的农民起义军，后归入南宋，曾在湖北、湖南、江西一带任职。在任地方官期间，他表现出非凡的军事和政治才能，但一直得不到信任和重用，后被罢职，闲居在江西上饶、铅山。辛弃疾是南宋伟大的词人，其词热情洋溢，慷慨悲壮，笔力雄厚，艺术风格多样，以豪放为主。代表作有《青玉案·元夕》《丑奴儿·书博山道中壁》《永遇乐·京口北固亭怀古》等，著有词集《稼轩长短句》。

새 단어

派别 pàibié 图 파벌, 유파 ┃ 造诣 zàoyì 图 조예 ┃ 率领 shuàilǐng 图 거느리다, 이끌다 ┃ 罢职 bàzhí 图 해임하다, 면직하다 ┃ 闲居 xiánjū 图 하는 일 없이 집에 한가로이 있다 ┃ 洋溢 yángyì 图 충만하다 ┃ 慷慨 kāngkǎi 图 기개가 있다 ┃ 悲壮 bēizhuàng 图 비장하다 ┃ 笔力 bǐlì 图 필력 ┃ 雄厚 xiónghòu 图 풍부하다, 충분하다 ┃ 豪放 háofàng 图 호방하다, 활달하다 ┃ 狂放 kuángfàng 图 분방하다, 제멋대로이다 ┃ 潦倒 liáodǎo 图 초라하게 되다, 가난하게 되다 ┃ 捐钱 juānqián 图 돈을 기부하다 ┃ 安葬 ānzàng 图 안장하다, 고이 모시다 ┃ 婉约 wǎnyuē 图 완곡하고 함축적이다

◆ 신기질

辛弃疾 신기질

신기질(1140년~1207년)의 자는 유안이고 호는 가헌이다. 21세 나이에 그는 2,000여 명을 거느리고 금나라 통치에 반대하는 봉기를 일으켜 경경耿京을 두목으로 하는 농민봉기군에 가담했다가 훗날 남송南宋에 귀속되었다. 그는 일찍이 후베이湖北, 후난湖南, 장시江西 일대에서 재직했다. 그는 지방관리 시절 비범한 군사와 정치적 재능을 보였으나 줄곧 신뢰와 중용을 얻지 못하고 면직되어 장시 상라오上饒, 옌산鉛山 등지에서 칩거했다. 신기질은 남송 시기의 위대한 애국사인詞人으로 그의 사詞는 열정이 충만하고, 웅장하고 비장하며 필력이 풍부하고 예술 풍격이 다양했으며 호방함이 넘쳤다. 대표작으로는 「청옥안·원석青玉案·元夕」, 「추노아·서박산도중벽丑奴兒·書博山道中壁」, 「영우락·경구북고정회고永遇樂·京口北固亭懷古」 등이 있으며, 사집詞集으로는 「가헌장단구稼軒長短句」가 있다.

◆ 柳永

柳永(约984年—约1053年), 原名三变, 字景庄, 后改名柳永, 字耆卿, 因排行第七, 又称柳七。景祐元年(1034年), 柳永暮年及第。柳永一生狂放不羁, 大多数时间在青楼里度过, 晚年贫穷潦倒, 死时靠妓女捐钱安葬, 但他的词作极佳, 流传甚广。其词多描绘城市风光和歌妓生活, 比如他写的《雨霖铃·寒蝉凄切》《蝶恋花·伫倚危楼风细细》, 以严肃的态度, 婉约的手法, 唱出不忍的离别、难收的归思, 极富感染力。

◆ 유영

유영(약 984년~약 1053년)의 초명初名은 삼변이고 자는 경장이다. 후에 유영柳永으로 개명했고 자는 기경이다. 집에서 일곱째여서 유칠柳七이라고도 했다. 경우景祐 원년(1034년)에 진사 급제한 유영은 자유분방한 성격으로, 일생 동안 어떤 구애도 받지 않고 대부분의 시간을 기생집에서 보냈고, 죽을 때 기생의 돈으로 장례를 치를 만큼 말년을 가난하게 보냈다. 그러나 그의 사詞는 지극히 아름다워서 세상에 널리 전해졌다. 사는 대부분 도시의 경치와 가기歌妓의 일상생활을 묘사했는데 그가 쓴 「우림령·한선처절雨霖鈴·寒蟬淒切」, 「접련화·저의위루풍세세蝶戀花·佇倚危樓風細細」 등은 엄숙한 태도와 완곡한 수법으로 간절한 이별을 노래하여 깊은 사색에 빠지게 하는 매우 풍부한 감화력이 있다.

四大古典小说

《三国演义》「삼국연의」

中国四大古典小说指明清时期的《三国演义》《水浒传》《西游记》和《红楼梦》。

《三国演义》，中国历史上第一部长篇历史章回体小说，由元末明初的罗贯中所作，共120回。小说描写了东汉末年至西晋初年近百年的政治斗争和军事斗争，反映了当时动乱的社会，成功地塑造了曹操、刘备、张飞、诸葛亮、关羽、孙权、周瑜等典型形象。

《水浒传》，长篇小说，一般认为是元末明初的施耐庵所作。小说主要描写了以宋江为首的农民起义军被逼上梁山、逐渐壮大、起义造反到最后接受招安的历史过程，揭露了封建统治阶级的腐朽和北宋末年的政治状况和社会矛盾，成功地塑造了李逵、武松、林冲、鲁智深等典型形象。

《西游记》，浪漫主义长篇神怪小说，由明代吴承恩所作，共100回。小说描写了孙悟空、猪八戒、沙和尚和白龙马保护唐僧西天取经的故事。作品想象丰富，情节曲折，成功地塑造了孙悟空、猪八戒、唐僧等典型形象。

《红楼梦》，古典章回体小说，共120回，前80回是清代曹雪芹所作，后40回一般认为是高鹗续写。小说描写了贾、史、王、薛四大家族的兴衰以及贾宝玉、林黛玉、薛宝钗的爱情婚姻故事，揭示了封建末世危机，成功地塑造了贾宝玉和金陵十二钗等典型形象。

새 단어

塑造 sùzào 墨 인물을 형상화하다 | 招安 zhāo'ān 墨 복종시키다, 투항시키다 | 曲折 qūzhé 墨 복잡하다, 곡절이 많다 | 兴衰 xīngshuāi 墨 흥함과 쇠함, 성쇠 | 揭示 jiēshì 墨 게시하다, 드러내어 보이다

4대 고전소설

중국의 4대 고전소설이란 명, 청조 시기의 『삼국연의三國演義』, 『수호전水滸傳』, 『서유기西遊記』, 『홍루몽紅樓夢』을 일컫는다.

『삼국연의三國演義』는 중국 최초의 장회체章回體 역사소설로, 원말 명초의 나관중羅貫中의 작품인데 총 120회 장편소설이다. 소설은 동한東漢 말기부터 서진西晉 초에 이르는 100여 년 동안의 정치, 군사 투쟁을 그렸으며 당시의 어지러운 사회를 반영하면서 조조曹操, 유비劉備, 장비張飛, 제갈량諸葛亮, 관우關羽, 손권孫權, 주유周瑜 등의 인물 전형을 성공적으로 형상화했다.

『수호전水滸傳』은 장편소설로, 원말 명초의 시내암施耐庵 작품으로 알려져 있다. 소설은 송강을 필두로 한 농민봉기군이 핍박을 받아 양산에 오르게 되고, 그 세력이 점차 강해짐에 따라 봉기하여 반란을 일으켜서 결국 투항을 받는 역사적 과정을 묘사함으로써 봉건 통치 계급의 부패와 북송 말년의 정치 상황과 사회적 갈등을 폭로했다. 이규李逵, 무송武松, 임충林冲, 노지심魯智深 등의 인물 전형을 성공적으로 형상화했다.

《水滸传》「수호전」

『서유기西遊記』는 낭만주의 장편 신괴神怪 소설로, 명나라 오승은吳承恩의 작품인데 총 100회에 이른다. 소설은 손오공孫悟空, 저팔계豬八戒, 사오정沙和尙, 백룡마白龍馬가 당나라 승려를 보호하며 서천에 가서 경전을 가져오는 일화를 그렸는데, 작품의 상상력이 풍부하고 우여곡절이 많으며 손오공, 저팔계, 당승 등의 인물 전형을 성공적으로 형상화했다.

『홍루몽紅樓夢』은 고전 장회체 소설로, 총 120회 중 앞의 80회는 청나라 조설근曹雪芹이 창작하고 이후 40회는 고악高鶚이 완성한 것으로 알려져 있다. 소설은 가賈, 사史, 왕王, 설薛 4대 가족의 흥망성쇠와 가보옥賈寶玉, 임대옥林黛玉, 설보채薛寶釵의 사랑과 결혼 이야기를 다룬 것으로, 봉건시대 말기의 위기를 보여 주며 가보옥과 금릉金陵 12채釵 등의 인물 전형을 성공적으로 형상화했다.

◆ 曹雪芹和《红楼梦》

　　《红楼梦》的作者曹雪芹于1715年出生于一个曾经显赫一时的贵族家庭。1727年之前，曹雪芹一直生活在优裕的环境中，受到了良好的教育。后来，曹家的地位下降，家产被查抄，全家从南方迁到现在的北京。又过了几年，曹家彻底败落，沦为社会底层。此时的曹雪芹地位卑下，家境贫寒，难以维持生计，常常要靠卖字画来补贴家用。晚年流落到北京西郊的一个小山村，生活更加贫困潦倒，甚至到了全家吃不饱的地步，他就是在这样的环境里写出了《红楼梦》。1762年，曹雪芹爱子夭折，不久他也因伤心过度去世，留下未完成的《红楼梦》书稿，一般认为《红楼梦》的后40回是一位叫高鹗的文学家续写的。

　　《红楼梦》是中国古代最杰出的长篇小说之一。它以一对贵族青年男女的爱情故事为中心，描写了贾、史、王、薛四大家族的兴衰，刻画了封建末年的社会生活和世俗人情，被人称为中国封建社会的百科全书。

　　小说的主人公贾宝玉和林黛玉是封建贵族阶级的叛逆代表。他们蔑视功名，追求自由婚姻，但在封建势力的摧残下，他们的爱情终成悲剧。小说通过歌颂他们的叛逆精神和反抗行为，颠覆了封建时代的价值观念，把人的情感放到了最高地位，表现出对自由生活的渴望。除贾宝玉和林黛玉外，小说还塑造了其他典型形象，如王熙凤、薛宝钗、尤三姐、晴雯等。

　　《红楼梦》问世以来，已赢得国内外亿万读者的欣赏和赞誉。1830年，《红楼梦》部分被译成英文，此后又被译成二十几种语言，发行遍及世界各地。

◆ 조설근과 『홍루몽』

　　『홍루몽紅樓夢』의 저자인 조설근曹雪芹은 1715년에 한때 권세를 떨치던 귀족 집안에서 태어났다. 1727년 이전에 그는 줄곧 풍족한 환경에서 생활하며 높은 수준의 교육을 받았다. 그러나 후에 조曹씨 가문의 지위는 낮아졌고 모든 재산은 압류됐다. 이 여파로 가족은 남방에서 현재의 베이징으로 이주하게 되었다. 몇 년 후 조씨 가문은 철저히 몰락하여 사회 하층까지 전락하게 되었다. 이때 조설근의 지위는 생계 유지가 어려운 빈천한 지경에 이르러 서화를 판 돈

새 단어

显赫一时 xiǎnhè yīshí 國 한때 권세를 떨치다 | 优裕 yōuyù 國 부유하다, 충족하다 | 查抄 cháchāo 國 조사하여 몰수하다 | 败落 bàiluò 國 쇠퇴하다, 몰락하다 | 卑下 bēixià 國 (품격이나 지위가) 낮다 | 流落 liúluò 國 타향을 떠돌다, 유랑하다 | 夭折 yāozhé 國 요절하다, 젊어서 죽다 | 书稿 shūgǎo 國 저작 초고 | 刻画 kèhuà 國 새기거나 그리다 | 叛逆 pànnì 國 반역하다 | 蔑视 mièshì 國 멸시하다, 깔보다 | 功名 gōngmíng 國 공명 | 摧残 cuīcán 國 박해하다, 학대하다 | 颠覆 diānfù 國 전복하다 | 赞誉 zànyù 國 칭찬하다, 찬양하다

으로 살림을 꾸려 나가야만 했다. 말년에는 베이징 교외의 산촌으로 이주했는데 생활은 더욱 곤궁해져서 식구들이 배를 주리는 지경에까지 이르렀다. 그는 이런 환경에서 『홍루몽』을 집필해 냈다. 1762년에 조설근의 아들이 요절했고 얼마 안 되어 그 역시 극도의 상심에 빠져 죽음에 이르면서 미완의 『홍루몽』 초고를 남겼다. 일반적으로 『홍루몽』의 뒤 40회는 고악高鶚이라는 문학가가 완성한 것으로 알려져 있다.

『홍루몽』은 중국 고대의 가장 걸출한 장편소설 중 하나이다. 그것은 귀족 청년 남녀의 사랑이야기를 중심으로 가賈, 사史, 왕王, 설薛 4대 가족의 멸망 과정을 담아 봉건 말년의 사회생활과 세속적인 인정을 그려 중국 봉건사회의 백과사전이라고 불린다.

소설의 주인공인 가보옥賈寶玉과 임대옥林黛玉은 봉건 귀족계급의 반역자 대표이다. 공명을 뒤로하고 자유로운 혼인을 추구했지만 봉건 세력의 파괴로 그들의 사랑은 결국 비극으로 막을 내린다. 소설은 그들의 투쟁 정신과 반항 행위를 칭송하고 봉건시대의 가치관을 무너뜨리고 인간의 감정을 최고 가치로 여겨 자유로운 삶에 대한 갈망을 표현했다. 가보옥과 임대옥을 제외하고도 소설에서는 왕희봉王熙鳳, 설보채薛寶釵, 우삼저尤三姐, 청문晴雯 등의 인물 전형을 형상화하여 성공적으로 그려냈다.

『홍루몽』이 발표된 후 이 책은 국내외 수많은 독자들의 환영과 찬사를 받았다. 1830년에는 『홍루몽』의 일부분이 영어로 번역되었고 그 후 다시 20여 개 언어로 번역되어 세계 각지에서 발행되었다.

이거 아세요?

世界上最长的史诗, 是中国藏族的长篇叙事诗《格萨尔王传》, 共有120多部, 100多万诗行。

中国最长的古典小说是清代作家李桂玉写的《榴花梦》。全书360卷, 约480余万字。

세계 최장 서사시는 중국 티베트족의 장편 서사시인 『게싸르왕전格薩爾王傳』으로 총 120여 편, 100만여 구로 된 시편이다.

중국에서 가장 긴 고전소설은 청대 작가 이계옥李桂玉이 쓴 『유화몽榴花夢』으로 360권, 약 480여 만 자이다.

唐宋八大家

　　唐宋八大家，指唐代的韩愈、柳宗元和宋代的欧阳修、苏洵、苏轼、苏辙、王安石、曾巩八大散文家。

당송8대가

　　당송8대가는 당대의 한유^{韓愈}, 유종원^{柳宗元}, 송대의 구양수^{歐陽脩}, 소순^{蘇洵}, 소식^{蘇軾}, 소철^{蘇轍}, 왕안석^{王安石}, 증공^{曾鞏}의 8대 산문가를 가리킨다.

神话故事

　　中国民间流传着许多神话故事，其中很多故事家喻户晓。像女娲补天、大禹治水、后羿射日、嫦娥奔月、精卫填海、夸父逐日等，对后世产生了深远的影响。

신화 이야기

　　중국 민간 설화에는 수많은 신화가 전해지고 있는데, 그중 많은 이야기는 모든 사람이 다 알 정도이다. 여와^{女媧}의 보천, 대우^{大禹}의 치수, 후예^{後羿}가 해를 쏜 고사, 상아^{嫦娥}가 달로 간 전설, 정위^{精衛}의 바다 이야기, 과보^{夸父}가 해를 쫓은 고사 등은 후대에 큰 영향을 끼쳤다.

文章西汉两司马

　　两司马，是指西汉著名的辞赋家司马相如和史学家、散文家司马迁这两个人。尤其是司马迁，他所写的《史记》对后世影响深远。

서한의 문장가 두 사마씨

　　두 사마^{司馬}씨는 서한^{西漢}의 유명한 사부가^{辭賦家} 사마상여^{司馬相如}와 역사가이자 산문가인 사마천^{司馬遷}을 가리킨다. 특히 사마천이 쓴 『사기^{史記}』는 후대에 지대한 영향을 끼쳤다.

23

工艺品 공예품

陶瓷

陶瓷是陶器和瓷器的合称。陶器的历史可以追溯到新石器时代；大约在公元前16世纪的商代中期，中国就出现了早期的瓷器。中国是陶瓷的故乡，被世界称为"陶瓷之国"。英文的"china"一词，原义就是瓷器。中国陶瓷为中国文化增添了光彩，为世界文明做出了贡献。

도자기

도자기는 도기^{陶器}와 자기^{瓷器}를 합쳐서 이르는 말이다. 도기의 역사는 신석기 시대로 거슬러 올라갈 수 있고, 대략 기원전 16세기 상나라 중기에 중국에 초기 자기가 출현했다. 중국은 도자기의 본고장으로 세계에서 중국을 '도자기의 나라'라고 부른다. 영문에서 'china'라는 용어의 원래 뜻은 자기이다. 중국의 도자기는 중국 문화에 광채를 더해 세계 문명에 기여했다.

◆ 唐三彩

中国陶器生产的历史悠久。唐三彩，是汉族古代陶瓷烧制工艺的珍品，全名是唐代三彩釉陶器，是盛行于唐代的一种低温釉陶器，因为这种陶器以黄色、绿色和白色为主要颜色，所以称为唐三彩。因唐三彩最早、最多出土于洛阳，亦有"洛阳唐三彩"之称。唐三彩的美感主要来自不同色彩的交错和融汇，这在当时是一个了不起的创造。

唐三彩制品的种类很多，有人物、动物、器物、建筑、生产工具模型以及琉璃瓦等，其中以人物、马、骆驼等最为有名。

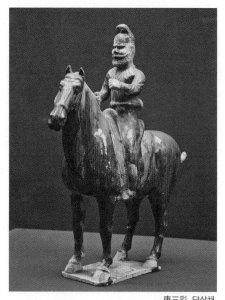

唐三彩 당삼채

새 단어

合称 héchēng ❷ 합쳐서 ~라고 부르다 ┃ 追溯 zhuīsù ❷ 거슬러 올라가다 ┃ 原义 yuányì ❷ 원래 뜻 ┃ 光彩 guāngcǎi ❷ 광채, 명예 ┃ 烧制 shāozhì ❷ 가마에 넣어 굽다 ┃ 交错 jiāocuò ❷ 교차하다 ┃ 融汇 rónghuì ❷ 융합하다

◆ 당삼채

중국의 도자기 생산의 역사는 유구하다. 당삼채唐三彩는 한족漢族의 고대 도자기 공예품의 진품珍品으로서 정식 명칭은 당대삼채유도기唐代三彩釉陶器인데 당나라 때 성행한 저온유低溫釉 도기이다. 이러한 도기는 황색, 녹색, 백색을 기본 색으로 했기 때문에 당삼채라고 불리기도 했다. 당삼채는 뤄양洛陽에서 가장 최초로, 가장 많이 출토되어 '뤄양당삼채'라는 칭호로도 불린다. 당삼채의 아름다움은 다양한 색깔의 교차와 조화로부터 나오는데, 이는 당시에 대단히 창조적인 것이었다.

당삼채 제품의 종류는 인물, 동물, 집기, 건물, 생산 도구 모형 및 유리 기와 등 다양하다. 그중 인물, 말, 낙타 등이 가장 유명하다.

◆ 景德镇瓷器

如今，说起中国陶瓷，不得不提瓷都景德镇。中国著名的瓷窑很多，最著名的是江西景德镇。景德镇原名新平，因为宋代景德年间(1004年—1007年)这里为宫廷生产的瓷器都署以"景德年制"字样，人们就把这个地方叫作景德镇。景德镇的名声在宋代就已确立，这一名字一直沿用至今。那时候，景德镇烧制出一种青中有白、白中有青的"影青瓷"，很快就传遍了全国。这里生产的青花瓷、白瓷、薄胎瓷质量很高，因而受到了人们的高度评价，说它具有"白如玉，明如镜，薄如纸，声如磬"的独特风格。明清时期，全国瓷业大都集中于景德镇，景德镇成为中国名副其实的"瓷都"。

青花瓷 청화자

◆ 징더전 자기

오늘날, 중국 도자기를 말할 때 자기의 도시 징더전景德鎭을 빼놓을 수 없다. 중국의 유명한 자기 굽는 가마는 많은데, 가장 유명한 곳은 장시성江西省의 징더전이다. 징더전은 원 지명이 신

새 단어

瓷窑 cíyáo 圐 자기를 굽는 가마 ┃ 宫廷 gōngtíng 圐 궁전, 궁궐 ┃ 字样 zìyàng 圐 문구 ┃ 沿用 yányòng 圎 계속해서 사용하다 ┃ 传遍 chuánbiàn 圎 두루 퍼지다

평新平인데 송대 경덕景德 연간(1004년~1007년)에 이곳에서 생산해 궁궐에 바쳐지는 모든 도자기에 '경덕년제景德年製'라고 써넣었다. 그 후 사람들은 이곳을 징더전이라 부르게 되었다. 징더전의 명성은 송대에 이미 확립되어 오늘날까지 줄곧 이 이름이 사용되고 있다. 그 당시 징더전에서 구워낸 도자기는 청색과 흰색이 조화롭게 섞여있는 '영청자影青瓷'였는데 빠른 속도로 전국에 퍼져 나갔다. 이곳에서 생산한 청화자青花瓷, 백자白瓷, 박태자薄胎瓷는 품질이 높아 사람들의 높은 평가를 받아서 '옥 같이 희고 거울 같이 밝고 종이처럼 얇고 소리는 경쇠 같은' 독특한 풍격을 지니고 있다고 했다. 명청 시대에는 전국 도자기 공업이 대부분 징더전에 집중됐고, 징더전은 중국의 명실상부한 '도자기 도시'가 되었다.

◆ **現代陶瓷**

　　今天，中国陶瓷生产大放异彩。除了瓷都景德镇，各地陶瓷也形成了自己的独特色彩，像湖南醴陵的釉下彩，广东广州的彩瓷，广东石湾的美术陶，河北唐山的喷彩、雕金，山东淄博的雨点釉，江苏宜兴的陶器等，驰名中外，受到国内外人民的喜爱和赞赏。现代陶瓷除了日用瓷和陈列瓷以外，还有陶瓷建筑构件、陶瓷礼品、陶瓷壁画等很多新品种。

◆ **현대 도자기**

　오늘날, 중국 도자기 생산은 크게 빛을 발하고 있다. 도자기 수도 징더전을 제외한 각지의 도자기들도 모두 자기만의 독특한 색채를 띠고 있다. 후난 리링醴陵의 유하채釉下彩, 광둥 광저우廣州의 채자彩瓷, 광둥 스완石灣의 미술도美術陶, 허베이 탕산唐山의 분채喷彩와 조금雕金, 산둥 쯔보淄博의 우점유雨點釉, 장쑤 이싱宜興의 도기 등은 해외에서 명성이

现代瓷器 현대 자기

높고 국내외 사람들의 사랑과 찬사를 받고 있다. 현대 도자기는 생활 도자기와 진열용 도자기 외에 도자기 건축 부품, 도자기 예물, 도자기 벽화 등 다양한 신품종들이 생겨나고 있다.

새 단어

大放异彩 dàfàng yìcǎi 휑 뛰어나게 빛을 내다 | 驰名中外 chímíng zhōngwài 중국 내외에서 명성을 떨치다 | 赞赏 zànshǎng 동 높이 평가하다 | 陈列 chénliè 동 진열하다, 전시하다

丝绸

丝绸是一种纺织品，用蚕丝或合成纤维织成。它是中国古老的手工业产品，也是传统的工艺品。丝绸是中国古老文化的象征，中国古老的丝绸业是中华民族文化中光辉的一页。汉族劳动人民发明并大规模生产丝绸制品，这开启了世界历史上第一次东西方大规模的商贸交流，运输丝绸的交通道路被称为"(陆上)丝绸之路"。中国丝绸以其卓越的品质、精美的花色和丰富的文化内涵闻名于世。

中国是世界上最早发现蚕丝的国家。中国人工养蚕已经有很长的历史，传说黄帝的元妃嫘祖是中国第一个种桑养蚕的人。中国的丝绸制造业后来不断发展，唐代是中国丝绸生产的繁盛时期。

丝绸不仅可以用来做衣料，还可以装裱书画，制作艺术品。中国的丝绸在西汉时期（公元前202年—8年）就沿着丝绸之路传到波斯和欧洲，它所带去的，不仅仅是一件件华美的服饰、艺术品，更是东方古老灿烂的文明。丝绸从那时起，几乎就成了东方文明的传播者和象征。中国的丝绸在古罗马时期就受到了高度的评价，如今，中国的丝绸仍然以其高质量而享誉全球。

비단

비단은 일종의 방직물로, 실크나 합성 섬유로 엮어 만든 것이다. 그것은 중국의 오래된 수공업 제품이자 전통 공예품이기도 하다. 비단은 중국 고대 문화의 상징이고 중국 고대의 견직업은 중화민족의 찬란히 빛나는 문화의 한 페이지이다. 한족 노동자들이 발명하고 대규모로 생산한 비단 제품은 세계 역사상 최초로 동서양의 대규모 상업 교류를 열었고, 비단을 운반하는 길이 '(육상) 실크로드'라고 불리게 되었다. 중국의 비단은 뛰어난 품질과 화려한 무늬, 풍부한 문화적 콘텐츠로 세계에 명성을 떨쳤다.

중국은 세계에서 가장 먼저 견직물을 발견한 나라이다. 중국의 양잠은 이미 오랜 역사를 가지고 있으며 황제의 원비元妃 누조嫘祖는 중국 최초의 뽕나무 재배자로 알려져 있다. 중국의 비단 제조업은 이후 꾸준히 발전해 왔고 당나라 시기는 중국 비단 생산의 절정기였다.

비단은 옷감을 만들 수 있을 뿐만 아니라 서화를 수놓아 예술품을 만들 수도 있었다. 중국의

새 단어

蚕丝 cánsī 圐 잠사, 고치실 | 合成纤维 héchéng xiānwéi 圐 합성섬유 | 光辉 guānghuī 圀 찬란하다, 훌륭하다 | 开启 kāiqǐ 圀 시작하다, 열다 | 装裱 zhuāngbiǎo 圀 표구하다 | 波斯 Bōsī 圐 페르시아 | 享誉 xiǎngyù 圀 명성을 떨치다

비단은 서한(기원전 202년~8년) 때 실크로드를 따라 페르시아와 유럽에 전해졌다. 실크로드 무역을 통해 전한 것은 화려한 의상과 예술품 뿐만 아니라 동양의 오래되고 찬란한 문명이었다. 비단은 그때부터 동양 문명의 전파자이자 상징이 되었다. 중국의 비단은 고대 로마시대 때부터 높은 평가를 받았으며, 지금까지도 여전히 높은 품질로 세계에 그 명성을 떨치고 있다.

雕塑

中国传统雕塑包括玉雕、石雕、木雕等。

玉石经加工雕刻成精美的工艺品，就称为玉雕。玉雕是中国古老的雕刻品种之一。早在3,500多年前的商周时期，就有玉制的工具。玉石历来被人们视为珍宝，从古至今，玉一直是美好品质的标志和君子风范的象征。玉石的种类很多，有白玉、黄玉、碧玉、翡翠、玛瑙、绿松石、芙蓉石等。玉雕制品的品种很多，有人物、器具、鸟兽、花卉等大件制品，也有装饰品、印章等小件制品。中国玉器的主要产地有北京、辽宁、陕西、河南、新疆等地。中国的玉雕作品在世界上享有很高的声誉。

石雕指的是在石块上雕刻出的各种图案和形象，也指用石块雕刻而成的雕塑工艺品。中国石雕按石料分有青石雕刻、大理石雕刻、汉白玉雕刻、彩石雕刻等。青石雕刻以福建惠安的产品最为有名；大理石雕刻以大理石原产地云南大理的产品最为著名；汉白玉雕刻以河北曲阳和北京房山的产品流传最广；彩石雕刻的著名产地有浙江青田和福建寿山等。

木雕是以各种木材及树根为材料进行的雕刻艺术。木雕在中国的历史非常悠久，在浙江余姚河姆渡文化遗址就有木雕鱼出土。唐代是中国工艺技术大放光彩的时期，木雕工艺日趋完美。许多保存至今的木雕佛像，造型凝练，刀法流畅，线条清晰。明清时期是木雕艺术的辉煌时期，出现了大量的名家、艺人及其木雕作品。木雕发展到今天，最为著名的是泉州木雕、东阳木雕、乐清黄杨木雕、广东潮州金漆木雕、福建龙眼木雕，这五大流派被称为"中国五大木雕"。

새 단어

雕刻 diāokè 통조각 | 珍宝 zhēnbǎo 명진귀한 보물 | 风范 fēngfàn 명풍모와 재능, 패기 | 凝练 níngliàn 형간결하다 | 流畅 liúchàng 형유창하다 | 清晰 qīngxī 형뚜렷하다, 분명하다 | 辉煌 huīhuáng 형눈부시다, 휘황찬란하다

조각

중국의 전통 조각으로는 옥조玉雕, 석조石雕, 목조木雕 등이 있다.

옥돌을 가공하여 공예품을 정교하게 조각한 것을 옥조라 하는데, 옥조는 중국의 오래된 조각 기예 중 하나이다. 일찍이 3,500여 년 전의 상商, 주周 시기부터 옥을 다듬는 도구가 존재했다. 옥돌은 옛날부터 사람들에게 보물로 여겨졌는데, 고대부터 지금까지 옥은 줄곧 아름다운 인품의 지표이자 군자다운 풍모의 상징으로 여겨졌다. 옥돌의 종류는 백옥白玉, 황옥黃玉, 벽옥碧玉, 비취翡翠, 마노瑪瑙, 녹송석綠松石, 부용석芙蓉石 등 매우 많다. 옥조 제품으로는 인물, 기구, 조류 및 짐승, 화훼 등의 대형 제품이 있고, 장신구, 도장 등 작은 소품들도 있다. 중국 옥기의 주요 산지는 베이징, 랴오닝, 산시, 허난, 신장 등지이다. 중국의 옥조 제품은 세계에서 매우 높은 명성을 유지하고 있다.

清·芙蓉石蟠螭耳盖炉 청·부용석 반이 이개노

석조는 돌에 새긴 각종 도안과 형상을 가리키고, 돌로 조각하고 만든 조소彫塑 공예품도 포함한다. 중국 석조는 석재에 따라 청석靑石 조각, 대리석大理石 조각, 한백옥漢白玉 조각, 채석彩石 조각 등으로 구분된다. 청석 조각은 푸젠 후이안惠安의 제품이 가장 유명하고 대리석 조각은 대리석 원산지인 윈난 다리大理의 제품이 가장 유명하며, 한백옥 조각은 허베이 취양曲陽과 베이징 팡산房山의 제품이 널리 알려져 있고, 채석 조각의 유명 산지는 저장 칭톈靑田과 푸젠 서우산壽山 등지이다.

목조는 각종 목재와 나무 뿌리를 소재로 한 조각 예술이다. 목조는 중국 역사에서 매우 유구하며, 저장 위야오餘姚 허무두河姆渡 문화 유적지에서도 물고기 모양의 목조가 출토되었다. 당대는 중국 공예 기술이 크게 빛을 발하던 시기로, 목조 공예가 나날이 완벽해져 갔다. 오늘날까지 보존된 수많은 목조 불상은 조형이 간결하고 검법이 유창하며 선이 분명하다. 명청 시대는 목조 예술의 절정기였고 이 시기에 명인, 예술인 및 목조 작품이 대거 등장했다. 지금까지 발전되어 온 목조 중 취안저우泉州 목조, 둥양東陽 목조, 웨칭樂淸 황양黃楊 목조, 광둥廣東 차오저우潮州 금칠金漆 목조, 푸젠福建 용안龍眼 목조 등이 가장 유명한데, 이 5가지 유파를 '중국 5대 목조'라 부른다.

刺绣 자수

刺绣

　　刺绣是中国民间传统手工艺之一，是用针和线把工艺师设计的各种图案添加在某种织物上的艺术及其产品。刺绣工艺在秦汉时期已经达到较高的水平，刺绣品是古代丝绸之路运输的重要商品之一。中国最为有名的刺绣是江苏的苏绣、湖南的湘绣、广东的粤绣和四川的蜀绣，合称为"中国四大名绣"。此外，北京的京绣、上海的申绣、苗族的苗绣也非常有名。

자수

　　자수는 중국 민간 전통 수공예의 하나로, 바늘과 실을 이용하여 공예사가 설계한 여러가지 도안을 어떤 직물에 수를 놓은 예술 및 그 제품이다. 자수 공예는 진한秦漢 시기에 이미 높은 수준에 도달했으며 자수품은 고대 실크로드에서 운송되는 중요한 상품 중 하나였다. 중국에서 가장 유명한 자수는 장쑤의 소수蘇繡, 후난의 상수湘繡, 광둥의 월수粤繡와 쓰촨의 촉수蜀繡로 이를 '중국 4대 명수名繡'라 부른다. 이 밖에 베이징의 경수京繡, 상하이의 신수申繡, 먀오족苗族의 묘수苗繡도 매우 유명하다.

景泰蓝

景泰蓝是一种将各种颜色的珐琅附在铜胎或是青铜胎上烧制而成的瑰丽多彩的工艺美术品，具有民族风格。因其是在中国明朝景泰年间兴盛起来的，因此命名为景泰珐琅或是景泰琅。后来又因多用宝石蓝、孔雀蓝色釉作为底衬色，而且"琅"的发音近似"蓝"，最后演变成"景泰蓝"这个名字。现在虽然有各种颜色，但仍然使用"景泰蓝"这个名字。

景泰蓝 경태람

制作景泰蓝先要用紫铜制成器物的形状，称为铜胎。接着工艺师在上面作画，再用铜丝或金银丝根据画面制出图案花纹，焊接在铜胎上。然后用色彩不同的珐琅釉料镶嵌在图案中，最后再经反复烧制、磨光、镀金而成。景泰蓝工艺品造型多样，纹饰品种繁多，已成为中国人与亲朋好友和国际友人互相往来的最佳礼品之一。

경태람

경태람은 각종 색깔의 법랑珐瑯을 구리나 청동에 발라 구워 만든 화려하고 다채로운 공예품으로 민족적인 색깔을 띠고 있다. 이 기술은 중국 명대 경태景泰 연간에 흥성하여 이를 경태법랑 또는 경태랑景泰琅이라 부르게 되었다. 나중에는 보석 파란색, 공작 남색 유약을 밑바탕 색상으로 많이 사용해서, '랑琅'의 발음이 푸른색을 뜻하는 '람藍'과 비슷하므로 결국 '경태람'이라는 이름으로 변하게 되었다. 현재는 다양한 색깔이 쓰이고 있지만 여전히 '경태람'이라는 명칭을 사용하고 있다.

경태람은 먼저 구리로 기물의 형상을 만드는데, 이것을 동태銅胎라 부른다. 이어서 공예사가 위에 그림을 그려 넣고 다시 구리철사 또는 금은사金銀絲로 밑그림에 근거하여 도안 무늬를 만들어 동태 위에 용접한다. 그런 후 색깔이 다른 법랑 유약을 패턴에 새겨 넣고 마지막으로 다

새 단어

刺绣 cìxiù 명 자수 | 织物 zhīwù 명 직물 | 珐琅 fàláng 명 법랑, 에나멜 | 铜胎 tóngtāi 명 굽지 않은 질그릇 | 烧制 shāozhì 명 가마에 넣어 굽다 | 瑰丽 guīlì 명 매우 아름답다 | 釉 yòu 명 유약 | 紫铜 zǐtóng 명 붉은색을 띤 동 | 铜丝 tóngsī 명 구리철사 | 金银丝 jīnyínsī 명 금은사 | 花纹 huāwén 명 장식용 도안이나 무늬 | 焊接 hànjiē 명 용접하다 | 釉料 yòuliào 명 유약 | 镶嵌 xiāngqiàn 명 끼워 넣다 | 磨光 móguāng 명 윤을 내다 | 镀金 dùjīn 명 도금하다 | 纹饰 wénshì 명 무늬 장식

시 반복해서 가열, 연마, 도금하여 완성한다. 경태람 공예품은 조형이 다양하고, 무늬 장식의 종류도 풍부해서 중국인들이 친지와 친구 및 외국 친구와 서로 주고 받는 최고의 선물 중 하나가 되었다.

剪纸

剪纸是一种镂空艺术，就是用剪子或刻刀在纸上剪刻出各种装饰性的花样和图案。剪纸是中国汉族最古老的民间艺术之一，根据考古，剪纸的历史可追溯到6世纪。

剪纸常用于某些仪式和日常装饰上。在过去，人们经常用纸剪成各种形态的物像和人像，与死者一起下葬或在葬礼上燃烧。此外，剪纸还是祭祀祖先和神仙的一种供品。现在，剪纸更多地是用于装饰，可用于点缀墙壁、门窗、房柱、镜子、灯和灯笼等。剪纸本身也可作为礼物赠送他人。

剪纸 전지

전지

전지剪紙는 가위나 조각칼로 종이에 각종 장식적인 무늬와 도안을 새겨 조각하는 투각 기법의 공예. 전지는 중국 한족의 가장 오래된 민간 예술 중 하나이며 고고학 연구에 따르면 전지의 역사는 서기 6세기로 거슬러 올라간다.

전지는 보통 어떤 의식과 일상의 장식에 자주 쓰인다. 과거에는 사람들이 종이를 각종 물건과 사람의 조형으로 잘라서 죽은 사람과 함께 묻거나 장례에서 태우기도 했다. 이외에도 전지는 여전히 조상과 신선의 제사에 바치는 일종의 제물이다. 지금은 전지가 장식용으로 더 많이 쓰이는데, 벽, 창호, 기둥, 거울, 초롱 등의 장식에 사용된다. 전지 공예품은 그 자체로 다른 사람에게 선물로 줄 수도 있다.

새 단어

镂空 lòukōng 圏 투각하다 ｜ 剪子 jiǎnzi 圏 가위 ｜ 刻刀 kèdāo 圏 조각칼 ｜ 花样 huāyàng 圏 무늬, 디자인 ｜ 下葬 xiàzàng 圏 매장하다 ｜ 葬礼 zànglǐ 圏 장례, 장의 ｜ 燃烧 ránshāo 圏 연소하다 ｜ 祭祀 jìsì 圏 제사 ｜ 供品 gòngpǐn 圏 공물, 제물 ｜ 点缀 diǎnzhuì 圏 장식하다, 단장하다

蜡染制品 황랍 제품

蜡染

　　蜡染是中国西南地区少数民族中一种世代相传的民间艺术，是中国三大传统印染工艺之一。如今，蜡染在布依族、苗族和土家族等少数民族中仍十分流行，衣裙、被毯、床单、手袋等多喜用蜡染作装饰。

　　蜡染制作者用铜制的蜡刀蘸上熔化后的蜡液，在白布上描绘几何图案或花、鸟、鱼、虫等纹样，然后浸入靛缸（以蓝色为主）。染过后的蜡染布再放进沸水中，煮去蜡质，然后用水冲洗，布上即现花纹。蜡染一般只有蓝白两色，但图案层次丰富，生动朴实，具有鲜明的民族风格。

황랍 염색

　　황랍 염색은 중국 시난西南 지역의 소수민족 사이에서 대대로 이어져 온 민간 예술로, 중국 3대 전통 날염 공예 중 하나이다. 오늘날, 황랍 염색은 부이족布依族, 먀오족苗族, 투자족土家族 등 소수민족 사이에서 여전히 유행하고 있으며 드레스, 담요, 침대시트, 핸드백 등에 다채롭게 염색되어 있다.

새 단어

蘸 zhàn 圖찍다, 묻히다 | 熔化 rónghuà 圖융해하다 | 蜡液 làyè 圄촛농 | 描绘 miáohuì 圄묘사하다 | 浸入 jìnrù 圖차츰 스며들다, 담그다 | 靛缸 diàngāng 圄남색 물감이 든 항아리 | 沸水 fèishuǐ 圄끓는 물 | 朴实 pǔshí 圖소박하다, 꾸밈이 없다

황랍 염색 제작자들은 구리로 만든 칼에 녹인 황랍액을 묻힌 뒤 흰 천에 기하학 무늬나 꽃, 새, 물고기, 벌레 등의 문양을 그린 후 전항靛缸(남색 위주)에 담근다. 염색이 된 천을 다시 끓는 물에 넣고 황랍을 삶아 없앤 후 물에 헹궈주면 천 위에 무늬가 나타난다. 황랍 염색은 일반적으로 남색과 흰색 두 가지 색만 사용하지만 도안이 다양하고 생동감 있으면서도 소박해서 민족적 특징을 잘 나타낸다.

扇子

纸扇 종이 부채

　　扇子是人们消暑纳凉的工具，也是中国的一种传统工艺品。在炎热的夏季，它能给人们带来阵阵清凉。汉族的扇文化有着深厚的文化底蕴，是汉族文化的一个组成部分。大约在3,000多年前的商周时期，中国就有扇子了。但扇子成为老百姓普遍使用的用品，则是在汉代。

　　中国扇子的种类主要有纸扇、绢扇、葵扇、羽毛扇、竹编扇等，主要产地有浙江、江苏、四川、湖北、广东等。扇子除了主要用于夏日纳凉外，还是评弹、戏曲、舞蹈、相声等表演的道具。

부채

　　부채는 사람들이 시원한 바람을 쏘이며 더위를 식히는 도구이자 중국의 전통 공예품이기도 하다. 더운 여름에 부채는 사람들에게 시원함을 선사한다. 한족의 부채 문화는 깊은 문화적 소양을 가지고 있고, 한족 문화의 한 단면을 보여 준다. 약 3,000여 년 전의 상商, 주周 시대부터 중국에는 부채가 존재했다. 하지만 부채가 백성들이 보편적으로 사용하는 용품이 된 것은 한나라 때부터이다.

　　중국 부채의 종류는 종이 부채, 비단 부채, 해바라기 부채, 깃털 부채, 대나무 부채 등이 있는데, 주요 산지는 저장, 장쑤, 쓰촨, 후베이, 광둥 등지이다. 부채는 여름에 더위를 식히는 데 사용되는 것 외에도 평탄評彈, 희곡, 무용, 재담 등 공연의 도구로 쓰이기도 한다.

새 단어

扇子 shànzi 圐 부채 | 消暑 xiāoshǔ 圐 더위를 식히다, 피서하다 | 纳凉 nàliáng 圐 더위를 피하여 서늘한 바람을 쐬다 | 阵阵 zhènzhèn 圐 간간이, 이따금 | 清凉 qīngliáng 圐 시원하다, 서늘하다 | 底蕴 dǐyùn 圐 내막, 속사정 | 道具 dàojù 圐 무대 장치에 필요한 크고 작은 도구 | 风筝 fēngzheng 圐 연 | 发祥地 fāxiángdì 圐 발상지 | 集散地 jísàndì 圐 집산지

风筝

风筝 연

中国是风筝的故乡。相传，春秋时期（公元前770年—公元前476年）的鲁班是风筝的发明者。

现在，风筝是一种民间玩具，也是一种工艺品。其实在最早发明的时候，风筝主要用于军事。大约在唐代以后，风筝才逐渐变为民间玩具。最初，放风筝的只限于一些富贵人家的子弟。到了北宋时期，由于使用纸作为风筝的材料，所以风筝的价格大大降低，风筝才从有钱人的玩具，变成大众化的玩具。

中国山东潍坊是中国风筝文化的发祥地，是国际风筝联合会会议总部所在地，也是"国际风筝会"的固定举办地点。潍坊还是中国历史上最大的风筝的产地和集散地，又被称为"世界风筝都"。潍坊不仅有风筝博物馆，而且也已经成功举办过多次国际风筝节，世界上已有越来越多的人认识并喜欢中国的风筝。

연

중국은 연의 고향이다. 춘추시대(기원전 770년~기원전 476년)의 노반魯班이 연의 발명자라고 전해진다.

현재 연은 민간의 장난감이자 공예품이기도 하다. 사실 처음 발명됐을 때 연은 주로 군사 목적으로 쓰기 위한 것이었다. 대략 당나라 이후 연은 점차 민간의 장난감으로 변해갔다. 처음에 연을 날릴 수 있던 것은 대개 부잣집 자제들뿐이었다. 북송 시기에 종이를 연의 재료로 사용함으로써 연의 가격이 많이 떨어졌고, 연은 비로소 부유층의 장난감에서 대중화된 장난감으로 변했다.

중국 산둥 웨이팡濰坊은 중국 연 문화의 발상지로서 국제 연 연합회 조직 본부가 있는 곳이며 '국제 연 연합회'의 고정 개최 장소이기도 하다. 웨이팡은 역사적으로 중국의 최대 연 생산지이자 집산지로 '세계 연의 수도'로 불린다. 웨이팡에는 연 박물관이 있으며 국제 연 행사를 이미 여러 차례 성공적으로 개최했다. 중국의 연은 갈수록 세계인들에게 알려지고 있으며 동시에 많은 사랑을 받고 있다.

더 많이 알기

中国主要旅游城市的代表工艺品
중국 주요 관광 도시의 대표 공예 기념품

北京 베이징	翡翠、景泰蓝、字画、印章 비취, 경태람, 서화, 도장
上海 상하이	丝绸、茶具、珠宝、刺绣 비단, 다구, 진주, 자수
天津 톈진	泥塑、木雕 진흙 조각, 목각
苏州 쑤저우	丝绸、刺绣、檀香扇、真迹拓本、金银制品 실크, 자수, 단향부채, 진품 탁본, 금은 제품
杭州 항저우	丝绸、檀香扇、木制品 비단, 단향부채, 목제품
南京 난징	云锦、茶具、雨花石 운금, 다구, 우화석
无锡 우시	丝绸、紫砂陶、泥塑 비단, 자사도, 진흙조각
扬州 양저우	漆器、首饰、剪纸 칠기, 장신구, 전지
广州 광저우	端砚、陶瓷、刺绣 단연(단계端溪석 벼루), 도자기, 자수
长沙 창사	瓷器、菊花石雕、刺绣 자기, 국화 석조, 자수
桂林 구이린	水墨画、竹和柳枝制品 수묵화, 대나무와 버드나무 제품
昆明 쿤밍	铜、刺绣 동, 자수
成都 청두	银制品、陶器、刺绣 은제품, 도기, 자수
西安 시안	碑林拓本、挂画 비림 탁본, 벽화
兰州 란저우	夜光杯、骆驼毛织制品 야광 컵, 낙타 모직제품
洛阳 뤄양	仿唐三彩、宫灯 모방 당삼채, 궁등
青岛 칭다오	贝壳制品 자개 제품
长春 창춘	玉石雕刻、羽毛画 옥석 조각, 깃털화

24

名城与古迹
유명 도시와 명승고적

北京

　　北京是中华人民共和国的首都、直辖市、国家中心城市、一线城市。作为全国的政治中心、文化中心、国际交往中心、科技创新中心，北京吸引着全国各地的人才，也向世界各国展示着中国的发展。在北京市内，有世界上现存规模最大、保存最为完整的木质结构的宫殿型建筑——故宫，有世界上最大的城市广场——天安门广场。北京以它的"大"，给国内外游客留下了深刻的印象。

　　同时，北京也是举世闻名的历史文化名城，是中国七大古都之一，其作为国都的历史已经超过800年，悠久的文明史给北京留下了一笔极为丰厚的文化遗产，如故宫、天坛、颐和园、周口店北京猿人遗址、长城、明十三陵等，都已列入联合国《世界遗产名录》。北京在规划建设现代化大都市的同时，也充分考虑到保护文化遗产的重要性，因此像鼓楼和后海一带的中国传统街区得以保留。

　　可以说，北京既是一个古老的皇城，又是一个名副其实的现代化大都市。

北京 베이징

베이징

　베이징은 중화인민공화국의 수도이자 중앙정부의 직할시直轄市이며, 국가의 핵심 도시이고 대표 도시다. 전국의 정치, 문화, 국제교류, 과학기술 혁신의 중심으로서 베이징은 전국 각지의 인재를 끌어들이고, 세계 각국에 중국의 발전상을 과시하고 있다. 베이징 시내에는 현존하는 세계 최대 규모의 완벽하게 보존된 목조 궁전 건축물인 고궁故宮이 있으며, 세계 최대의 도시 광장인 천안문 광장이 있다. 베이징은 이와 같은 '초대형'의 개념으로 국내외 관광객들에게 깊은 인상을 남겼다.

　동시에 베이징은 전세계에 이름이 알려져 있는 역사문화 도시로, 중국의 7대 고도 중 하나이자 수도로서 800년의 역사를 가지고 있다. 유구한 문명사는 베이징에 고궁, 천단天壇, 이화원頤和園, 주구점周口店 베이징 원인猿人 유적지, 만리장성, 명조 십삼릉十三陵 등 매우 풍부한 문화유산을 남겼고, 이것들은 모두 유네스코 '세계문화유산'으로 등재되었다. 베이징은 근대화 도시를 지향하면서도 문화 유산 보호의 중요성을 충분히 인지하고 있어서, 고루鼓樓, 후해後海 일대와 같은 중국 전통 거리를 보존하는 일에도 심혈을 기울이고 있다.

　베이징은 오랜 전통의 도시이자 명실상부한 현대화 도시라고 말할 수 있다.

七大古都

　中国是一个文明古国，有文字记载的历史已经有数千年。随着社会的发展，古代就已出现了很多具有相当规模的城市，尤其是历代的国都。其中最引人注目的是北京、西安(陕西省)、安阳(河南省)、洛阳(河南省)、开封(河南省)、南京(江苏省)、杭州(浙江省)七大古都。它们曾经是中国古代的政治、经济和文化中心，历史文化悠久，建筑风格各具特色，名胜古迹众多，是人们了解中国古代文明的窗口。

7대 고도

　중국은 유구한 문명을 지닌 나라로서 문자로 기록된 역사만으로도 수천 년에 달한다. 사회가 발전함에 따라 고대에 이미 상당한 규모를 갖춘 도시, 특히 역대 수도가 많이 나타났다. 그중 사람들이 가장 주목하는 도시는 베이징, 시안西安(산시성), 안양安陽(허난성), 뤄양洛陽(허난성), 카이펑開封(허난성), 난징南京(장쑤성), 항저우杭州(저장성) 등 7대 고도이다. 이곳은 중국의 정치, 경제, 문화의 중심지였고, 유구한 역사문화와 독특한 건축양식, 수많은 명승고적으로 중국 고대 문명의 창구 역할을 하고 있다.

历史文化名城

　　除了七大古都，中国还有一大批历史文化名城，它们都有着深厚的文化底蕴，重大的历史事件曾在这些名城中发生过。截至2018年5月，全国已有134个城市被中国国务院列入国家历史文化名城，如：天津、上海、承德(河北省)、平遥(山西省)、大同(山西省)、苏州(江苏省)、扬州(江苏省)、绍兴(浙江省)、泉州(福建省)、景德镇(江西省)、曲阜(山东省)、武汉（湖北省）、江陵(湖北省)、长沙(湖南省)、成都(四川省)、广州(广东省)、桂林(广西壮族自治区)、昆明(云南省)、大理(云南省)、敦煌(甘肃省)、拉萨(西藏自治区)等。

유명 역사문화 도시

　　7대 고도 외에도 중국에는 유명 역사문화 도시들이 많다. 그곳들은 모두 풍부한 문화적 소양을 가지고 있고, 중대한 역사적 사건도 이 도시들에서 발생했다. 2018년 5월까지 중국 국무원에서 국가역사문화명성으로 지정한 도시는 134개인데, 톈진, 상하이, 청더承德(허베이성), 핑야오平遙(산시성), 다퉁大同(산시성), 쑤저우蘇州(장쑤성), 양저우揚州(장쑤성), 샤오싱紹興(저장성), 취안저우泉州(푸젠성), 징더전景德鎮(장시성), 취푸曲阜(산둥성), 우한武漢(후베이성), 장링江陵(후베이성), 창사長沙(후난성), 청두成都(쓰촨성), 광저우廣州(광둥성), 구이린桂林(광시쫭족자치구), 쿤밍昆明(윈난성), 다리大理(윈난성), 둔황敦煌(간쑤성), 라싸拉薩(티베트 자치구) 등이다.

著名商埠

　　在中国有名的城市中，还有一些是著名的商埠。商埠分为两种。一种是老牌的，如广州、宁波、扬州，早在唐代就是对外开埠的三大口岸；泉州则是曾与埃及亚历山大港齐名的世界贸易大港。另一种则是近代以来开埠的都市，如广州、上海、香港等，它们多是因为商业需求而发展起来的。在这些著名商埠中，金融机构、商业中心、星级饭店、摩天大楼随处可见。走进这些城市，扑面而来的是浓浓的商业气息，这些地方因此成为购物天堂，外地人到这里，多半是来购物的。

새 단어

国都 guódū 圈 수도 ｜ 商埠 shāngbù 圈 외국과의 통상 항구 ｜ 老牌 lǎopái 圈 신용 있고 오래된 상표, 전통 강호 ｜ 开埠 kāibù 圈 개항하다 ｜ 口岸 kǒu'àn 圈 개항지, 항구 ｜ 埃及 Āijí 圈 이집트 ｜ 亚历山大 Yàlìshāndà 圈 알렉산드리아 ｜ 齐名 qímíng 圈 다 같이 유명하다 ｜ 摩天大楼 mótiān dàlóu 圈 마천루, 초고층빌딩

유명 무역항

　중국의 유명 도시 중에는 이름난 무역 항구 도시도 있다. 무역항은 두 종류로 나뉘는데 하나는 광저우廣州, 닝보寧波, 양저우揚州 등 유서 깊은 곳으로, 일찍이 당나라 때부터 대외 개방된 3대 항구이다. 취안저우泉州는 일찍이 이집트의 알렉산드리아 항구와 함께 세계 무역항으로 명성을 떨쳤다. 다른 하나는 광저우, 상하이, 홍콩 등 근대에 개방한 항구 도시인데, 대부분 상업적인 수요로 개항하여 발전된 곳이다. 이들 유명 상업 항구에는 금융기관, 상업센터, 성급星級 호텔, 마천루 등이 곳곳에 즐비하다. 이들 도시에 들어서면 상업적인 분위기가 물씬 풍기는데, 이곳은 쇼핑 천국이어서 외지인들은 대부분 쇼핑을 위해서 이곳에 온다.

商埠 무역항

长城

　　长城是中国古代最宏伟的军事防御工程，也是世界八大奇迹之一。提起长城，人们总以为是在秦始皇时期开始修建的，这大概是由于许多关于长城的故事都跟秦始皇有关。其实，长城的修筑可以追溯到公元前7世纪的春秋战国时期，也就是说，比秦始皇修筑长城早了四五百年。最早的长城是诸侯国为了防御其他诸侯国入侵而在自己的边界上修筑的。后来，秦、燕、赵三国还在自己国家的北部边界修筑了长城，以防御北方匈奴的侵扰。秦始皇统一中国后，下令拆除了诸侯国之间的长城，连接并延长了原来秦、燕、赵北部的长城，这就是历史上有名的秦长城。因为它长达一万多里，所以称为"万里长城"。

　　秦代以后，许多朝代都修筑过长城，其中以汉、明两代的工程最为壮观。如果把历代长城的长度加起来，总长度超过十万里，但很多已经被毁坏。现在，在新疆、甘肃、宁夏、山西、内蒙古、河北、北京等15个省、自治区、直辖市，都有古长城、烽火台的遗迹。

　　如今，长城已成为世界著名旅游胜地，世界各国的朋友来中国，都喜欢去游览长城。吸引游客最多的有山海关、八达岭和嘉峪关三段长城。"不到长城非好汉"，这已成为中外游客挂在嘴边的一句话。来中国如果不去游览长城，那将是一件非常遗憾的事情。

새 단어

宏伟 hóngwěi 웽 위대하다, 장엄하다 ｜ 防御 fángyù 웽 방어하다 ｜ 奇迹 qíjì 웽 기적 ｜ 入侵 rùqīn 웽 침입하다 ｜ 匈奴 Xiōngnú 웽 흉노족 ｜ 侵扰 qīnrǎo 웽 침입하다 ｜ 拆除 chāichú 웽 뜯어 없애다, 철거하다 ｜ 壮观 zhuàngguān 웽 장관이다 ｜ 毁坏 huǐhuài 웽 파손하다, 훼손하다 ｜ 烽火台 fēnghuǒtái 웽 봉화대

만리장성

만리장성은 중국 고대의 가장 규모가 큰 군사 방위 공정이자 세계 8대 불가사의 중 하나이다. 만리장성은 진시황과 관계된 고사가 많이 전해지고 있어 사람들은 만리장성이 진시황 때부터 건설된 것으로 알고 있다. 사실 만리장성의 축조는 기원전 7세기, 춘추전국春秋戰國 시대로 거슬러 올라가는데, 이는 진시황의 건설보다 4~500년 전에 시작된 것이다. 최초의 만리장성은 제후국이 타국의 침입을 방어하기 위해 자신의 국경지대에 축조한 것이다. 이후 진秦, 연燕, 조趙 3국은 자국의 북방한계선을 축조해 북방의 흉노匈奴의 침입을 방어했다. 진시황이 중국을 통일한 후 제후국 사이의 만리장성을 허물고 원래 있던 진나라, 연나라, 조나라의 만리장성을 잇게 했는데, 이것이 바로 역사상 유명한 만리장성이다. 그 길이가 1만리에 달하기 때문에 '만리장성'이라고 부른다.

진나라 이후 많은 왕조에서 만리장성을 축조했는데 그중 한漢, 명明왕조의 공사가 가장 장관이었다. 역대 만리장성의 길이를 합치면 총 길이가 10만 리를 초과하지만 그중 많은 부분이 이미 파손되었다. 지금의 신장新疆, 간쑤甘肅, 닝샤寧夏, 산시山西, 네이멍구內蒙古, 허베이河北, 베이징 등 15개 성, 자치구, 직할시에는 모두 만리장성의 봉화대 유적지가 남아 있다.

이제 만리장성은 세계적인 관광명소가 되었고 세계 각국의 관광객들은 중국을 방문해 만리장성에 오르는 것을 좋아한다. 만리장성 구간 중 관광객 유치가 가장 많은 곳은 산하이관山海關, 바다링八達嶺, 자위관嘉峪關 세 구간이다. '만리장성에 오르지 않으면 사내대장부가 아니다'라는 말은 이미 세계의 관광객들 사이에 널리 알려진 명구이다. 중국에 와서 만리장성을 유람하지 않는 것은 매우 유감스러운 일이다.

长城 만리장성

京杭大运河

京杭大运河全长1,797千米，是世界上最长的人工运河。它南起余杭(今杭州)，北至涿郡(今北京)，纵贯浙江、江苏、山东、河北四省和天津、北京两个直辖市，沟通了海河、黄河、淮河、长江、钱塘江五大水系。可以想象，在古代没有铁路运输的情况下，这条运河在沟通南北交通方面，起着十分重要的作用。

京杭大运河始凿于公元前5世纪的春秋末期，至今已经有2,500多年的历史。据史书记载，公元前5世纪，长江下游一带的吴国为北伐齐国争霸中原，在扬州附近开凿了一条引长江水北流的运河，称为邗沟。以后在这基础上不断向北向南发展、延长，尤其经隋朝和元朝两次大规模的扩展和整治，基本上完成了今日京杭运河的规模，始通达洛阳、北京。元、明、清三代，这条运河成为中国最重要的南北大动脉，对南北方的经济和文化交流曾起到重大作用。

清朝末期，由于兴建了京汉、津浦等从南到北的铁路，沿海航运又有了发展，京杭大运河才逐渐失去了它的作用。

新中国成立后，大运河得到了全面整治。今天，京杭大运河既是运输的重要通道，还担负着灌溉千万顷良田的重要任务。

中国古代人民在当时科学技术还不发达的条件下，开凿出京杭大运河这样的河道，创造了人类历史上的奇迹。京杭大运河是中国古代劳动人民创造的一项伟大工程，是活着的、流动的重要人类遗产。

징항 대운하

징항 대운하는 총 1,797킬로미터로, 세계에서 가장 긴 인공 운하이다. 이 운하는 위항餘杭(지금의 항저우)에서 시작되어 북으로 줘쥔涿郡(지금의 베이징)에 이르는데 저장, 장쑤, 산둥, 허베이 4개 성과 톈진, 베이징 2개 직할시를 관통하고 하이허海河, 황허黃河, 화이허淮河, 창장長江, 첸탕장錢塘江 5대 수계를 아우른다. 징항 대운하는 철도 운수가 없었던 고대에 남북 교통을 잇는 매우 중요한 역할을 했음을 짐작할 수 있다.

새 단어

纵贯 zòngguàn 동남북으로 관통하다 | 凿 záo 동구멍을 파다, 뚫다 | 北伐 běifá 명북벌 | 争霸 zhēngbà 동패권을 다투다 | 扩展 kuòzhǎn 동확장하다 | 整治 zhěngzhì 동정비하다, 보수하다 | 大动脉 dàdòngmài 명대동맥 | 兴建 xīngjiàn 동건축하다, 건설하다 | 灌溉 guàngài 동관개하다, 물을 대다 | 顷 qǐng 동논밭의 면적 단위 | 良田 liángtián 명좋은 논밭

징항 대운하는 기원전 5세기 춘추시대 말기부터 시작해서 지금까지 이미 2,500여 년의 역사를 가지고 있다. 역사책의 기록에 따르면 기원전 5세기에 창장 하류 일대의 오나라가 북벌을 위해 제나라와 중원을 두고 패권을 다퉜고, 양저우揚州 부근에 창장의 물을 북쪽으로 끌어당기는 한거우邗溝라는 운하를 파기 시작했다. 이후 이 기초 위에 북쪽과 남쪽으로 끊임없이 발전, 연장시켰고, 특히 수나라隋朝와 원나라元朝 때 두 번의 대규모 확장과 보수를 거치며 뤄양과 베이징을 통하는 현재의 징항 대운하의 규모를 완성시켰다. 원, 명, 청대에 이 운하는 중국에서 가장 중요한 남북을 잇는 대동맥이 되었고, 남방과 북방의 경제와 문화 교류에도 중대한 역할을 했다.

청조淸朝 말기에 남쪽에서 북쪽으로 징한京漢, 진푸津浦 등 철도를 건설하면서 연해 항로가 발전하여 징항 대운하는 점차 그 기능을 상실했다.

신중국 건립 후 대운하는 전면적으로 정비됐다. 지금 징항 대운하는 화물 운송의 중요한 통로이며 또한 주변 경작지에 물을 대는 중요한 임무를 맡고 있다.

중국의 고대인들은 당시 과학기술이 발달하지 않은 조건에서 징항 대운하를 창조하여 인류 역사상 또 한 번의 기적을 연출해 냈다. 징항 대운하는 중국 고대 노동자들이 만들어 낸 위대한 공정으로, 지금까지도 살아 숨쉬는 중요한 인류 문화유산이다.

京杭大运河 징항 대운하

古代陆上丝绸之路

古代陆上丝绸之路指起始于古代中国，连接亚、欧、非三大洲的古代陆上商业贸易路线。它东起长安(今西安)，经西域(今新疆)、安息(今伊朗)、叙利亚，最后到达地中海各国。

开辟这条道路的是西汉外交家张骞。丝绸之路自公元前2世纪的西汉时期形成，至唐代时达到鼎盛。在这1,000多年中，它一直是中国最长的陆上国际商路，为东西方文化交流做出了重大贡献。实际上，丝绸之路并非是一条"路"，而是一个穿越山川沙漠且没有标识的道路网络，并且丝绸也只是货物中的一种。由于当时通过这条古道运送的物品中，数量最多、最受欢迎的是丝绸，因而欧洲人就把这条古道叫做"丝绸之路"。

汉、唐时期，中国丝绸通过丝绸之路传到西亚和欧洲，西方人见到这些华丽的丝绸都赞不绝口，中国因此被称为"丝国"。据说，古罗马的一个皇帝曾穿着中国的丝袍去看戏，轰动了整个剧场，大臣们赞扬那是世界上最好的衣服。后来，穿着中国的丝绸成为罗马上层社会的风俗。

唐代，著名僧人玄奘从长安出发，沿着丝绸之路，克服重重险阻到达佛教的发源地——印度，带回650多部佛经。这就是历史上有名的"唐僧取经"。元代初年，意大利著名旅行家马可·波罗沿陆上丝绸之路来到中国。

今天，这条横跨亚、欧、非三大洲的古老交通大道仍然发挥着重要作用，同时还凭借着其独特的自然景观和深厚的历史文化底蕴吸引着成千上万的中外游客前去参观。

除陆上丝绸之路以外，还有欧亚大陆北部游牧民族使用的草原丝绸之路、主要与南亚交流的南方丝绸之路以及沿海路行进的海上丝绸之路。

丝绸之路 실크로드

고대 육상 실크로드

고대 육상 실크로드는 중국에서 시작되어 아시아, 유럽, 아프리카 3대륙을 잇는 고대 상업 무역 노선을 가리킨다. 실크로드는 동쪽 창안長安(지금의 시안)으로부터 시작해서 서역西域(지금의 신장), 안시安息(지금의 이란), 시리아를 거쳐 지중해의 유럽 각국에 이르렀다.

실크로드를 개척한 사람은 서한西漢 외교관 장건張騫이었다. 실크로드는 기원전 2세기 서한 시기에 형성되어 당唐대에 최고 전성기를 구가했는데, 이 길은 1,000여 년간 육상 국제 상업 비즈니스 길로 동서양의 문화 교류에 크게 기여했다. 실제로 실크로드는 단지 한 갈래의 '길'이 아니라 산과 하천, 사막을 가로지르는 표시되지 않은 도로망이고 비단 또한 당시 교역 물품 중 하나였을 뿐이다. 당시 이 길을 통과해 운반되고 교역됐던 물건 중 수량이 가장 많고 인기가 많았던 것이 비단이었기 때문에 유럽인들은 그 옛 길을 '실크로드'라고 불렀다.

한漢과 당唐나라 때 중국의 비단은 실크로드를 통해 서아시아 및 유럽에 널리 퍼졌다. 서양 사람들은 이렇듯 화려한 비단을 보고 찬탄을 금치 못했다. 중국은 그래서 '비단의 나라'로 불렸다. 고대 로마의 한 황제는 중국의 실크 옷을 입고 연극을 관람했는데 신하들은 그 옷을 보며 찬탄을 금치 못하고 세상에서 제일 좋은 옷이라고 칭찬했다고 전해진다. 이후 중국의 실크를 입는 것은 로마 상류층 사회의 풍속이 되었다.

당나라의 유명한 승려 현장玄奘은 창안에서 출발하여 겹겹이 펼쳐진 험준한 실크로드를 따라 불교의 발원지 인도에 도착하여 650여 부의 불경을 가지고 돌아왔다. 이것이 바로 역사상 유명한 '당승唐僧이 경을 취했다'는 고사이다. 원元나라 초기 이탈리아의 여행가 마르코 폴로는 육상 실크로드를 따라 중국에 왔다.

오늘날 아시아, 유럽, 아프리카 3대륙을 횡단하는 이 오랜 역사를 지닌 교통 대로는 여전히 중요한 역할을 하고 있으며, 동시에 독특한 자연경관과 깊은 역사문화의 저력으로 수많은 국내외 관광객들을 끌어들이고 있다.

육상 실크로드 외에도 유라시아 대륙의 북부 유목민들이 사용하는 초원 실크로드, 주로 남아시아와 교류하는 남방 실크로드, 바닷길을 따라 연해를 잇는 해상 실크로드가 펼쳐져 있다.

새 단어

叙利亚 Xùlìyà 몡 시리아 | 开辟 kāipì 됭 개척하다 | 鼎盛 dǐngshèng 몡 한창 흥성하다 | 贡献 gòngxiàn 됭 공헌하다, 기여하다 | 赞不绝口 zànbùjuékǒu 칭찬이 자자하다 | 轰动 hōngdòng 됭 뒤흔들다, 센세이션을 불러일으키다 | 僧人 sēngrén 몡 승려, 중 | 险阻 xiǎnzǔ 몡 험준하다 | 马可·波罗 Mǎkě bōluó 몡 마르코 폴로

故宫 고궁

故宫

　　故宫，旧称紫禁城，位于北京市中轴线的中心，是明清两个朝代的皇宫，现在人们叫它故宫。故宫始建于1406年，1420年基本竣工。在明清两代，先后有24个皇帝住在这里。故宫是中国现存最大最完整的古建筑群，它的整个建筑金碧辉煌，庄严绚丽，集中体现了中国古代建筑艺术的优秀传统和独特风格，在建筑史上具有十分重要的地位，被誉为世界五大宫（中国故宫、法国凡尔赛宫、英国白金汉宫、美国白宫、俄罗斯克里姆林宫）之一，并被联合国科教文组织列为"世界文化遗产"。

　　故宫南北长961米，东西宽753米，总面积约72万平方米。故宫的四角各有一座精巧玲珑的角楼。故宫有四个大门：南面的正门叫午门，北门叫神武门，东门叫东华门，西门叫西华门。

　　故宫有宫殿70多座，房屋9,000多间，建筑面积约15万平方米。整个建筑按一条南北方向的中轴线对称分布，重要的宫殿安排在中轴线上，次要的宫殿、房屋安排在两边。南北取直，左右对称。中轴线的使用，显示了皇帝的地位和威严。

　　故宫的建筑严格按照"前朝后寝"的观念来布局，也就是说，前面是办理政务的地方，后面是生活居住的地方。故宫前面的部分称为"外朝"，后面的部分称为"内廷"。

"外朝"以太和殿、中和殿、保和殿三大殿为中心，东西两侧有文华、武英两组宫殿，左右对称。三大殿中以太和殿最为重要。太和殿俗称金銮殿，是故宫最高大的一座建筑物，也是中国现存最大的古代木结构大殿，是封建皇权的象征。太和殿是明清两代皇帝举行盛大典礼的场所，皇帝登基、大婚、册立皇后、任命将帅出征，以及每年春节、冬至、万寿三大节日等，都要在这里举行大典。

"内廷"是皇帝处理日常政务之处，也是皇帝与后妃们居住生活的地方，建筑布局也是左右对称。不同于"外朝"的庄严雄伟，内廷的设计更富有生活气息。"内廷"以乾清宫、交泰殿、坤宁宫为中心，被人们称作"后三宫"，位于中轴线上。两侧的东、西六宫是嫔妃的住所，东、西五所是皇子的住所。"内廷"还包括为皇室游玩所建的三处花园。

今天，这座皇宫已经成为中国最大的博物馆——故宫博物院，每天接待数不清的游人。

고궁

고궁은 예전에 자금성紫禁城이라 불렸고 베이징시의 한 가운데 위치하고 있으며 명, 청 두 왕조의 황궁으로 지금은 고궁이라 부른다. 고궁은 1406년에 건설하기 시작하여 1420년에 준공되었다. 명, 청 두 왕조에 걸쳐 24명의 황제가 이곳에서 살았다. 고궁은 중국 현존 고대 건축물 중 규모가 가장 크고 완벽한 궁전이다. 전체 건축물의 벽은 금빛으로 물들어 있고 기세가 장엄하고 화려하여 중국 고대 건축 예술의 우수한 전통과 독특한 풍격을 집중적으로 구현하고 있다. 건축 역사상 매우 중요한 위치를 가지고 있으며, 세계 5대 궁전(중국 고궁, 프랑스 베르사유 궁전, 영국 버킹엄 궁전, 미국 백악관, 러시아 크렘린 궁전)의 하나로, 유엔 유네스코 '세계문화유산'에 등재되었다.

고궁은 남북 길이가 961미터, 동서 너비가 753미터, 총면적이 약 72만 제곱미터이다. 고궁의 네 모퉁이에는 정교하고 아름다운 성루城樓가 세워져 있다. 고궁에는 네 개의 대문이 있는데 남쪽의 정문은 오문午門, 북문은 신무문神武門, 동문은 동화문東華門, 서문은 서화문西華門이라 부른다.

고궁에는 70여 채의 궁전과 9,000여 칸의 방이 있고 건축 면적은 약 15만 제곱미터에 이른다. 전체 건물은 남북 방향의 중심축 양쪽에 대칭으로 분포되어 있으며, 중요한 궁전은 중축선에 배치되어 있고, 부차적인 궁전과 가옥은 양쪽에 배치되어 있다. 남북은 직선적이고 좌우는 대칭적이다. 중축선의 사용은 황제의 위상과 위엄을 보여 준다.

고궁의 건축은 '앞은 조정, 뒤는 침실'의 개념에 따라 엄격하게 설계되었다. 즉, 앞쪽은 정무를 처리하는 청사이고 뒤쪽은 주거 생활 공간이다. 고궁의 앞부분은 '외조外朝'라 부르고 뒷부분은 '내정內廷'이라 부른다.

'외조外朝'는 태화전太和殿, 중화전中和殿, 보화전保和殿 3대전大殿을 중심으로 동서 양측에 문화文華, 무영武英 두 전각이 좌우로 대칭되어 있다. 3대전 중 태화전이 가장 중요한데 이는 금란전金鑾殿이라 부르기도 하며 고궁 전체 건물 중 가장 높고 큰 건물이자 현존하는 중국 최대의 고대 목조 건축물이기도 하며 봉건적인 황권의 상징이기도 하다. 태화전은 명, 청 양대 황제가 성대한 의식을 베풀던 장소로, 황제의 즉위, 혼례, 황후 책립, 전쟁의 출정과 관직의 임명, 그리고 매년 춘절, 동지, 만수절萬壽節 등의 행사와 3대 명절 등을 이곳에서 거행했다.

'내정內廷'은 황제가 일상적인 정무를 처리하는 곳이자 황제와 황후, 후궁들이 거주하던 생활 공간인데 이곳 건축의 배치도 좌우대칭으로 설계되어 있다. 내정은 '외조外朝'의 장엄하고 웅대한 풍격과 달리 생활 공간으로서의 분위기가 풍부하다. '내정'은 건청궁乾淸宮, 교태전交泰殿, 곤녕궁坤寧宮을 중심으로 구성되어 있는데 이를 '후삼궁後三宮'이라 부르며, 고궁의 중심선에 위치해 있다. 양측의 동서 6궁宮은 후궁들이 거주하고 5소所는 황자皇子들이 거주하는 곳이다. '내정'에는 또 황실을 위한 세 곳의 화원花園이 있다.

오늘날, 이 황궁은 중국 최대의 박물관인 고궁 박물관이 되었으며, 매일 수많은 관광객의 발길이 이어지고 있다.

새 단어

中轴线 zhōngzhóuxiàn 명 중축선, 중심선 | 竣工 jùngōng 동 준공하다 | 金碧辉煌 jīnbì huīhuáng 형 건축물이 눈부시게 화려하다 | 庄严 zhuāngyán 형 장엄하다, 엄숙하다 | 绚丽 xuànlì 형 화려하고 아름답다 | 凡尔赛宫 Fán'ěrsài Gōng 명 베르사유 궁전 | 白金汉宫 Báijīnhàn Gōng 명 버킹엄 궁전 | 克里姆林宫 Kèlǐmǔlín Gōng 명 크렘린 궁전 | 玲珑 línglóng 형 정교하고 아름답다 | 角楼 jiǎolóu 명 각루, 성루 | 宫殿 gōngdiàn 명 궁전 | 取直 qǔzhí 동 똑바로 만들다 | 威严 wēiyán 형 위엄 있다 | 登基 dēngjī 동 제위에 오르다 | 册立 cèlì 동 책립하다 [황제가 황후를 세우는 것] | 出征 chūzhēng 동 출정하다, 나가서 싸우다 | 嫔妃 pínfēi 명 황제의 첩, 후궁

더 많이 알기

江南三大楼阁

　　岳阳楼位于湖南省岳阳市，始建于220年前后，是江南三大楼阁中唯一的一个纯木质结构建筑，也是三大楼阁中唯一一个没有在中华人民共和国成立后重新修建的楼阁。

　　黄鹤楼位于湖北省武汉市长江边上，原楼始建于223年。现在的黄鹤楼于1985年重建落成，是武汉市的标志和象征。

　　滕王阁位于江西省南昌市，原楼始建于653年，后焚毁，现已修复。新修复的滕王阁是一座大型的仿宋建筑，也是江南三大楼阁中最高的楼阁。

장난 3대 누각

　　악양루岳陽樓는 후난성 웨양岳陽시에 있는데, 220년 전후에 축조되었다. 악양루는 장난江南의 3대 누각 중 유일한 목조 건축물이자 중화인민공화국 수립 후 유일하게 보수하지 않은 누각이다.

　　황학루黃鶴樓는 후베이성 우한武漢시 창장 강변에 위치해 있는데, 원래 누각은 223년에 축조되었다. 현재의 황학루는 1985년 새로 축조했고, 우한시의 지표이자 상징이다.

　　등왕각滕王閣은 장시성 난창南昌시에 위치해 있는데, 원래 누각은 653년에 축조되었다. 후에 화재로 소실되었으나 지금은 다시 복원되었다. 새로 건축한 등왕각은 송대 건축 양식을 모방한 대형 건축물로 장난 3대 누각 중 가장 높은 누각이다.

苏州园林

　　苏州园林是中国江苏苏州山水园林建筑的统称，又称苏州古典园林。1997年，苏州古典园林作为中国园林的代表被列入《世界遗产名录》，被胜誉为"咫尺之内再造乾坤"，是中华园林文化的翘楚和骄傲。其中沧浪亭、狮子林、拙政园、留园并称四大名园，是风景秀丽的旅游胜地。

苏州园林 쑤저우 원림

쑤저우 원림

　쑤저우 원림은 중국 장쑤성 쑤저우의 산수 원림 건축의 통칭으로, 쑤저우 고전古典 원림이라고도 부른다. 1997년 쑤저우 고전 원림은 중국 원림의 대표로서 '세계문화유산'에 등재되었다. '작은 공간에서의 천지창조'라는 이름으로 불리며, 중화 원림 문화의 자랑이다. 그중 창랑정滄浪亭, 사자림獅子林, 졸정원拙政園, 유원留園 등 4대 원림은 경치가 수려한 관광명소이다.

中国十大名胜古迹　중국 10대 명승고적

1. 万里长城　만리장성
2. 桂林山水　구이린 산수
3. 北京故宫　베이징 고궁
4. 杭州西湖　항저우 서호
5. 苏州园林　쑤저우 원림
6. 安徽黄山　안후이 황산
7. 长江三峡　창장 삼협
8. 台湾日月潭　타이완 일월담
9. 承德避暑山庄　청더 피서산장
10. 西安秦兵马俑　시안 진나라 병마용

安徽黄山　안후이 황산

중국문화의 모든 것
이것이 중국이다

主编 徐枫·杨建军
编著 莫旭强·邓炯·余珊
译 池圣女

펴낸이 정규도
펴낸곳 (주) 다락원

초판 1쇄 발행 2022년 2월 8일

기획·편집 오혜령, 이상윤
디자인 박나래
조판 최영란

다락원 경기도 파주시 문발로 211
전화 (02)736-2031(내선 250~252 / 내선 430, 435)
팩스 (02)732-2037
출판등록 1977년 9월 16일 제406-2008-000007호

정가 16,000원

ISBN 978-89-277-2297-7 03720

www.darakwon.co.kr
다락원 홈페이지를 방문하시면 상세한 출판 정보와 함께 동영상 강좌, MP3 자료 등
다양한 어학 정보를 얻으실 수 있습니다.